Lernbereich

Sprechen, Zuhören, Spielen

4 Bereite dich auch auf das Vorlesen der folgenden Texte vor.
- Arbeite mit einem Partner.
- Sprecht ab, wer welchen Text zum Vorlesen vorbereitet.
- Überlegt euch zwei Fragen, die ihr eurem Partner nach dem Vorlesen zu eurem Text stellen wollt.

Lest euch dann gegenseitig die Texte vor, stellt anschließend eure Fragen.

→ Seite 8 ff., 143, 173, 247, Arbeitstechnik „Das Vorlesen eines Textes vorbereiten"

Pflopp – Ich kannte auch einen, dessen Aufgabe mir heute noch schleierhaft ist. Ich vermute beinah, er sollte nichts weiter tun als einfach bloß spuken. Wir nannten ihn Pflopp. Nachts, wenn wir im Bett lagen, hörten wir, wie er in der Küche seufzend dem Ausguss entstieg. Er war sehr lang und sehr dürr, er musste seine Glieder immer erst einzeln durch die Siebmaschen ziehen. Zuletzt kam der Kopf dran; man hörte deutlich, wie er dran zerrte. Hatte er ihn endlich heraus, machte es „pflopp", und nun wussten wir, Pflopp ging in der Küche herum, aß die Vierfruchtmarmelade auf, ließ die Mausefalle zuklappen, biss Würste an und klebte die Abendzeitung an den Fliegenfänger. Punkt eins ging auf dem Klo der Wasserzug. Dann wussten wir, Pflopp hatte sich runtergespült. Frieda hatte für Pflopps Existenz gar kein Verständnis; sie behauptete jedes Mal, wir hätten die Wurst angebissen; es gab oft Streit deswegen.

Der Zeugnisgeist – Als wir in die Schule kamen, gab es den Zeugnisgeist. Er wohnte im Holzschuppen auf dem Schulhof, und hatten wir einen Aufsatz geschrieben, und es rumpelte drin, war der Fall klar: Es gab eine Fünf. Auch auf Versetzungsfragen reagierte er prompt. Am Vortag der Konferenz brauchte, wer mutig war, nur sein Ohr an die Schuppenwand zu legen. War es still drin, konnte man durchkommen; fiel Holz runter, musste man damit rechnen, sitzen zu bleiben. Es stimmte fast immer. Einige behaupteten, den Zeugnisgeist auch gesehen zu haben. Er habe eine glutrote Glatze, bösartige Schweinsaugen, ein Beil und einen blutigen Schnurrbart gehabt. Ich war arg enttäuscht; das erinnerte doch sehr an unsern Pedell[3]. Geistern, fand ich, war man mehr Fantasie schuldig.

[3] der Pedell: früher die Bezeichnung für den Hausmeister

5 Gib deinem Vorlesepartner eine Rückmeldung.
Was war gut am Vorlesen?
Was ist dir aufgefallen?
Welche Tipps kannst du deinem Partner oder deiner Partnerin geben?
Konntet ihr die Fragen beantworten?

→ Seite 63, 173, 246, Arbeitstechnik „Eine Rückmeldung geben"

sich konzentrieren / Vorlesen und Zuhören 9

Auf einigen Seiten im Buch findest du **Online-Links**. Damit gelangst du zu Informationen im Internet, zu weiterführenden Seiten und zu Arbeitsblättern. Gehe einfach auf **www.klett.de/online** und gib in das Suchfeld den entsprechenden Link ein.

Online-Link
313272-0130

Online-Link zum Hörverstehen
Über diesen Link gelangst du zu Hörbeispielen und zu Seiten mit Aufgaben zum Hörverstehen.

Online-Link
Hörverstehen
313272-0010

Tipps und Verweispfeile
In den Tipps am Rand findest du Hinweise zu Texten und Aufgaben. Pfeile verweisen auf andere Seiten im Buch, die für dich interessant sein könnten.

TIPP!
Notiere in ein oder zwei Sätzen, worum es in dem Gedicht geht.

→ **Seite 38,**
Präteritum

Extra-Aufgaben
Auf vielen Seiten findest du Extra-Aufgaben. Wenn du schon etwas schneller und selbstständiger arbeitest, probiere aus, ob du auch diese Aufgaben lösen kannst.

5 EXTRA

In diesen Kästen findest du **Arbeitstechniken** und **Merkwissen**.

Arbeitstechnik
Interessant und spannend
1 Denkt daran, dass die Le

Merke
Das **Perfekt** verwendet ma
Beim Bilden des Perfekts h

RKE SEITEN

en
rufs oder
nst.

☑

iten,
n

Für Lehrer:

Testen und Fördern

Über diesen Link gelangen Sie zu unserem **kostenlosen** Online-Service **Testen und Fördern** mit individuellen Diagnose- und Fördermaterialien.

Online-Link
313272-0000

deutsch.kombi plus 2

Sprach- und Lesebuch für die 6. Klasse

Herausgegeben von:
Sabine Utheß

Erarbeitet von:
Susanne Greving, Hans-Werner Huneke,
Josef Käuper, Manfred Litz, Petra Middelmann,
Gerd Schemel, Horst Schierhorn,
Christa Schürmann, Susanne van Treeck,
Sabine Utheß, Burkhard Vollmers

Ernst Klett Verlag
Stuttgart · Leipzig

Unter Verwendung von Materialien von:
Claudia Barz, Rita Lassen, Helga Paljan, Regina Wieland, Herta Wölfl

1. Auflage

1 5 4 3 2 1 | 15 14 13 12 11

Alle Drucke dieser Auflage sind unverändert und können im Unterricht nebeneinander verwendet werden.
Die letzte Zahl bezeichnet das Jahr des Druckes.

Herausgeberin: Sabine Utheß
Autorinnen und Autoren: Susanne Greving, Hans-Werner Huneke, Josef Käuper, Manfred Litz, Petra Middelmann, Gerd Schemel, Horst Schierhorn, Christa Schürmann, Susanne van Treeck, Sabine Utheß, Burkhard Vollmers

Redaktion: Susanne Lange-Mellert, Veronika Roller
Herstellung: Dea Hädicke

Gestaltung: normal design, Schwäbisch Gmünd
Umschlaggestaltung: normal design, Schwäbisch Gmünd
Illustrationen: Andrea Dölling, Augsburg; Cornelia Haas, Münster; Cornelia Kurtz, Boppard; Cleo-Petra Kurze, Berlin; Inge Voets, Berlin; Katja Wehner, Leipzig; Joachim Zwick, Gießen
Satz: SOFAROBOTNIK, München
Reproduktion: Meyle+Müller Medien-Management, Pforzheim
Druck: Offizin Andersen Nexö, Leipzig

Printed in Germany
ISBN 978-3-12-313272-8

9 783123 132728

Inhalt

Basis

Basis-Seiten: Sprechen, Zuhören, Spielen ; Schreiben ; Lesen und Literatur – Umgang mit Texten und Medien

R, G, S **Basis-Seiten:** Rechtschreibung, Grammatik, Sprachbetrachtung

Plus

EXTRA **Plus-Seiten:** zum Weiterarbeiten und Ausbauen

TRAINING **Plus-Seiten:** zum Wiederholen und Festigen

1 Unterwegs zum Zuhören

Wege zu Konzentration und Entspannung

1 Ankunft Setzt euch bequem hin, schließt die Augen und entspannt euch. Atmet tief und ruhig ein. Der Spielleiter führt euch jetzt durch euren heutigen Tag. Dabei erlebt jeder den Tag ruhig in Gedanken noch einmal:

- Wann bist du heute aufgestanden?
- Wie hast du dich beim Aufstehen gefühlt?
- Wem bist du zuerst begegnet?
- Was ging dir beim Frühstück durch den Kopf?
- Welche Sorgen möchtest du für eine Weile zur Seite legen? Packe sie in eine Kiste, die jemand aus dem Raum trägt.

2 Regentropfen Nimm in jede Hand einen Stift. Setze dich ganz entspannt hin und schließe die Augen. Der Spielleiter geht leise herum und tippt nacheinander jedem auf die Schulter. Wenn du berührt worden bist, sprichst du in Gedanken immer wieder das Wort „Regentropfen". Dabei schlägst du die beiden Stifte leicht gegeneinander in dem Rhythmus, in dem du das Wort „Regentropfen" sprichst. Wenn jeder seinen Rhythmus gefunden hat, berührt der Spielleiter nacheinander wieder jeden an der Schulter. Du sitzt dann wieder ganz ruhig, bis alle aufgehört haben. Beschreibe, was du während der Übung gedacht und empfunden hast.

3 Rhythmuswechsel Der Spielleiter beginnt einen einfachen Rhythmus zu klatschen. Alle machen mit. Wenn alle gleichmäßig klatschen, wechselt der Spielleiter den Rhythmus. Sogleich versuchen alle, den neuen Rhythmus mitzuklatschen. Macht viele „Klatschrunden", jeder soll einmal Spielleiter sein.

4 Energiekreis Setzt oder legt euch in einen Kreis und gebt euch die Hände. Du spürst nun, wie die Wärme und die Energie deines rechten Nachbarn in deine rechte Hand strömt. Diese Energie fließt jetzt durch deinen ganzen Körper und du gibst sie an deinen linken Nachbarn weiter. Immer wieder bekommst du Wärme und Energie von rechts und gibst sie nach links weiter. Du spürst, wie ein Energiekreis durch alle hindurchströmt. Berichte nach der Übung, wie du dich gefühlt hast.

5 Fantasie-Reise Setze dich ganz bequem hin. Schließe die Augen. Der Spielleiter spricht leise und sehr langsam den folgenden Text. Er macht beim Sprechen Pausen zwischen den Sätzen.

TIPP!
Mit sanfter Musik geht die Fantasie-Reise noch mal so gut.

Du sitzt ganz entspannt. – Du fühlst, wie deine Füße fest auf dem Boden stehen. – Du atmest ganz ruhig. – Du verlässt jetzt das Klassenzimmer, die Schule, den Ort und kommst auf eine Wiese. – Du fühlst dich sehr wohl. – Eine Blume auf der Wiese gefällt dir besonders gut. – Sieh dir deine Blume genau an, ihre Form, ihre Farbe. – Wenn sie Blätter hat, sieh dir auch deren Form und Farbe an. – Du riechst jetzt an deiner Blume. – Sieh dir die Umgebung der Blume an. – Du läufst los. – Du triffst jemanden. – Du fühlst dich entspannt und ruhig. – Du gehst auf ihn zu und siehst ihn an. – Du drehst dich langsam um, du kehrst zurück in den Ort, in die Schule, in das Klassenzimmer …
Du atmest ganz ruhig ein und aus. – Du öffnest jetzt die Augen.

Vorlesen und Zuhören

1 Lasst euch den folgenden Text vorlesen oder nutzt den Online-Link. Schließt die Bücher und hört konzentriert zu.

Wolfdietrich Schnurre

Mein Umgang mit Geistern

Anton – So mit das netteste Gespenst, das ich kannte, ist Anton gewesen. Anton war ein Schwebegeist.
Er ist immer gekommen, wenn ich was ausgefressen hatte. Er trug ein langes wallendes[1] Hemd und hatte einen Stehkragen um, der mit Blumen verziert war. Füße hatte er nicht, Arme auch nicht, sein Gesicht war sehr alt und maßlos vergrämt[2]. Er sprach nicht, er summte nur. Es klang wie das Brummen einer heiseren Hummel.
Einmal hatte ich vergessen, dem Karnickel zu fressen zu geben. Kaum war ich eingeschlafen am Abend, ist Anton gekommen. Ich muss hier einfügen, er konnte den Kopf wechseln. An jenem Abend trug er den Kopf eines verdursteten Kaninchens.
Ich schrie so laut, dass Vater kam und mich weckte. Ich rannte gleich raus, weil ich dachte, dem Kaninchen wäre etwas passiert. Da sah ich, ich hatte nur vergessen, ihm zu trinken zu geben.
Vater fand Anton sehr nützlich. Ich weiß nicht so recht; ich hatte zwar nichts gegen Anton, aber direkt nützlich fand ich ihn eigentlich nicht.

Online-Link
Hörverstehen
313272-0008

[1] ein wallendes Hemd: ein weites Hemd, das Falten wirft

[2] maßlos vergrämt: sehr sorgenvoll

2 Beantwortet folgende Fragen zum Text:
- Wie sieht der Geist Anton aus?
- Wann ist Anton immer gekommen?
- Was ist diesmal passiert?

3 Du sollst nun den Text selbst laut vorlesen. So kannst du dich darauf vorbereiten:

TIPP!
Kopiere den Text und kennzeichne darin Pausen und Betonung. Verwende geeignete Zeichen dafür.

Arbeitstechnik

Das Vorlesen eines Textes vorbereiten
1. Lies den Text einige Male halblaut.
2. Mache bei jedem Satzzeichen eine Pause.
3. Senke bei einem Punkt die Stimme.
4. Entscheide, wo du laut und wo du eher leise sprichst.
5. Überlege dir, welche Stellen du besonders betonst.

4 Bereite dich auch auf das Vorlesen der folgenden Texte vor.
- Arbeite mit einem Partner.
- Sprecht ab, wer welchen Text zum Vorlesen vorbereitet.
- Überlegt euch zwei Fragen, die ihr eurem Partner nach dem Vorlesen zu eurem Text stellen wollt.
- Lest euch dann gegenseitig die Texte vor, stellt anschließend eure Fragen.

→ **Seite 8 ff., 143, 173, 247,** Arbeitstechnik „Das Vorlesen eines Textes vorbereiten“

Pflopp – Ich kannte auch einen, dessen Aufgabe mir heute noch schleierhaft ist. Ich vermute beinah, er sollte nichts weiter tun als einfach bloß spuken. Wir nannten ihn Pflopp. Nachts, wenn wir im Bett lagen, hörten wir, wie er in der Küche seufzend dem Ausguss entstieg. Er war sehr lang und sehr dürr, er musste seine Glieder immer erst einzeln durch die Siebmaschen ziehen. Zuletzt kam der Kopf dran; man hörte deutlich, wie er dran zerrte. Hatte er ihn endlich heraus, machte es „pflopp“, und nun wussten wir, Pflopp ging in der Küche herum, aß die Vierfruchtmarmelade auf, ließ die Mausefalle zuklappen, biss Würste an und klebte die Abendzeitung an den Fliegenfänger. Punkt eins ging auf dem Klo der Wasserzug. Dann wussten wir, Pflopp hatte sich runtergespült. Frieda hatte für Pflopps Existenz gar kein Verständnis; sie behauptete jedes Mal, wir hätten die Wurst angebissen; es gab oft Streit deswegen.

Der Zeugnisgeist – Als wir in die Schule kamen, gab es den Zeugnisgeist. Er wohnte im Holzschuppen auf dem Schulhof, und hatten wir einen Aufsatz geschrieben, und es rumpelte drin, war der Fall klar: Es gab eine Fünf. Auch auf Versetzungsfragen reagierte er prompt. Am Vortag der Konferenz brauchte, wer mutig war, nur sein Ohr an die Schuppenwand zu legen. War es still drin, konnte man durchkommen; fiel Holz runter, musste man damit rechnen, sitzen zu bleiben. Es stimmte fast immer.
Einige behaupteten, den Zeugnisgeist auch gesehen zu haben. Er habe eine glutrote Glatze, bösartige Schweinsaugen, ein Beil und einen blutigen Schnurrbart gehabt. Ich war arg enttäuscht; das erinnerte doch sehr an unsern Pedell[3]. Geistern, fand ich, war man mehr Fantasie schuldig.

[3] der Pedell: früher die Bezeichnung für den Hausmeister

5 Gib deinem Vorlesepartner eine Rückmeldung.
- Was war gut am Vorlesen?
- Was ist dir aufgefallen?
- Welche Tipps kannst du deinem Partner oder deiner Partnerin geben?
- Konntet ihr die Fragen beantworten?

→ **Seite 63, 173, 246,** Arbeitstechnik „Eine Rückmeldung geben“

→ **Seite 8 f., 143, 173, 247,** Arbeitstechnik „Das Vorlesen eines Textes vorbereiten“

1 Stelle fest, wie gut du zuhören kannst.
- Suche dir zwei Vorlesepartner.
- Jeder übernimmt einen Text zum Vorlesen.
- Jeder notiert Fragen zum Inhalt seines Textes, die die Zuhörer nach dem Vorlesen beantworten sollen.

2 Lest euch jetzt die Texte gegenseitig vor. Stellt anschließend eure Fragen und lasst sie von den Zuhörern beantworten.

Online-Link
Hörverstehen
313272-0010

Vorsicht Einbrecher!

Schon fünf Tage hatten Edwin und Hugo das Haus in der Parkstraße beobachtet. Von einem Hund, einem wachsamen Nachbarn oder gar einer Alarmanlage war nichts zu sehen. Die Besitzer schienen länger verreist zu sein. Nur das große Wohnzimmerfenster führte auf die Straße, sonst war das Haus gut getarnt.
„Wenn wir die Rollladen im Wohnzimmer herunterlassen, können wir uns ungestört bei Licht im Haus umsehen. So eine günstige Gelegenheit kommt so schnell nicht wieder“, freute sich Hugo und rieb sich die juckenden Langfinger.
Gesagt, getan. Wie es sich für Profis gehört, waren sie schnell und lautlos im Haus.
So viele wunderbare Sachen! Bestimmt gab es auch einen Safe. „Los, den suchen wir und knacken ihn, darin bin ich Spezialist“, rief Edwin. Er sah sich schon Geld und Schmuck herausschleppen.
Aber was war das? Den beiden feinen Herren stellten sich beim Ton der Polizeisirenen die Nackenhaare auf. Wer oder was hatte sie verraten? Als sie in Handschellen vor dem Haus standen, konnten sie den „Verräter“ sehen! Die verreisten Hausbesitzer hatten von außen auf die Rollladen geschrieben: „Vorsicht Einbrecher. Polizei verständigen!“
Mit so einer cleveren Hausversicherung hatten die beiden nicht gerechnet. Hugo seufzte, als sich die Tür des Polizeiwagens hinter ihm schloss.

Die gestohlene Armbanduhr

Online-Link
Hörverstehen
313272-0011

Ein Freund erzählte mir von seiner ersten Reise nach New York: Er kam in seinem Hotel am Broadway an und entschloss sich, nachdem er sich geduscht und zu Abend gegessen hatte, noch zu einem kleinen Spaziergang durch die nächtlichen Straßen. Es waren viele Leute unterwegs. Plötzlich fühlte er sich von hinten am Handgelenk berührt. Er drehte sich um und sah einen jungen Mann hinter sich. Im gleichen Augenblick entdeckte er, dass seine Armbanduhr fehlte. Er hielt den Mann mit beiden Armen fest und herrschte ihn an[1]: „Give me that watch!“ Der junge Mann war vollkommen überrascht und gab bereitwillig die Uhr heraus.
Als er kurze Zeit später in sein Hotelzimmer zurückkam, bemerkte er, dass er seine Armbanduhr im Bad abgelegt hatte.

[1] jemanden anherrschen: jemanden anschreien

3 Lass dir den folgenden Text zwei- oder dreimal vorlesen. Achte auf alle Einzelheiten. Kannst du die Frage am Ende beantworten?

Ein Fall für Inspektor Meyersberger

Online-Link
Hörverstehen
313272-0011

„Eddi Schlichtig wartete vor der Wohnung seiner Tante auf mich, als ich eintraf“, sagte Polizeiwachtmeister Müller. „Nach dem, was er mir erzählte, hielt ich es für angebracht, die Tür aufzubrechen.“
Inspektor Meyersberger registrierte, wie ein Kollege von der Spurensicherung das Mobilteil des Telefons von der Basisstation nahm, um es zu untersuchen. „Hat Schlichtig irgendetwas berührt, als Sie beide hier hereinkamen? Vielleicht aus Versehen?“ Der Wachtmeister schüttelte den Kopf. „Okay, dann holen Sie ihn jetzt wieder herein!“ Der junge Mann schien ziemlich betroffen zu sein. Unentwegt starrte er auf den Sessel, in dem sich vor Kurzem noch die Leiche seiner Tante befand. Er sagte: „Sie hat mich vor zwei Stunden angerufen, war vollkommen niedergeschlagen, meinte, ihr Leben sei sinnlos geworden.“
Der Inspektor zeigte auf ein Schriftstück in einer Klarsichthülle und sagte: „In ihrem Testament vererbt Ihre Tante Ihnen alles. Und das ist viel, sehr viel. Allerdings fehlt die Unterschrift.“ „Davon wusste ich nichts“, murmelte der Neffe, „sie kam bestimmt nicht mehr dazu. Ich habe am Telefon den Pistolenschuss gehört und bin sofort hierhergekommen. Doch da stand ich vor der verschlossenen Tür. Sofort habe ich die Polizei gerufen.“
Der Inspektor entgegnete: „Ich glaube Ihnen kein Wort. Ich denke, Sie haben Ihre Tante erschossen und legten dann das gefälschte Testament hin.“ – Wie kam der Inspektor zu dieser Vermutung?

Der Inspektor registrierte, wie ein Kollege von der Spurensicherung das Mobilteil des Telefons von der Basisstation nahm, um es zu untersuchen. Hätte sich die Tante während des Telefonats erschossen, hätte sie es nicht mehr zurücklegen können.

Rechtschreibstrategie: Mitsprechen

→ **Seite 240 f.,** Rechtschreib-strategien

An vielen Stellen dieses Buches findest du Texte zu verschiedenen Rechtschreibbesonderheiten. Es gibt mehrere Möglichkeiten, mit den Texten zu arbeiten. Du findest sie auf den Seiten 12–15.

Arbeitstechnik

Beim Schreiben mitsprechen

1. Achte darauf, langsam und deutlich zu schreiben.
2. Gliedere dabei die Wörter in Silben und sprich Silbe für Silbe wie ein Roboter mit.
3. Lies nach jedem Wort noch einmal genau, was du geschrieben hast.
4. Berichtige die Wörter, die du falsch oder undeutlich geschrieben hast.

1 Diktiert euch gegenseitig folgende Bandwurmwörter:

Einbruchsbeobachtungsprotokolle
Gespenstergeschichtenschreiber
Hundestaffelleiterin

2 Diktiert euch gegenseitig den folgenden Text über eine Fantasie-Reise:

Am Meer
Mit meiner Schwester liege ich auf einer Luftmatratze. Unsere Augen sind geschlossen. Wir bewegen uns auf dem Wasser. Die Wellen schaukeln uns ganz leise. Wir denken an die Ferien. Es ist wunderschönes Wetter. Die Sonne scheint. Nur kleine Wölkchen ziehen dahin.

3 **Ro-bo-ter-dik-tat** Arbeitet mit einer Partnerin oder einem Partner. Diktiert euch gegenseitig einen Text übertrieben deutlich, sodass der andere möglichst keine Fehler macht. Wenn trotzdem Fehler gemacht werden, werden sie dem angerechnet, der diktiert hat.

Sommerferien
Die Sommerferien haben begonnen. Alle Schülerinnen und Schüler freuen sich auf die freien Tage. Manche fahren mit ihren Eltern und Geschwistern in den Urlaub. Sie wollen in den Bergen wandern oder im Meer schwimmen. Manche machen einen Ausflug mit dem Fahrrad und wollen irgendwo zelten. Andere fahren in ein Ferienlager.

Rechtschreibstrategie: Ableiten

Arbeitstechnik

Ableiten

1. Am Wortende b – p?, d – t?, g – k? → verlängern
2. t-Signal beim Verb → Grundform bilden, in Silben sprechen
3. Ein ä – e oder äu – eu? → verwandte Wörter mit a/au suchen
4. Ein h? → h am Silbenanfang hörbar machen

→ **Seite 104 ff., 241,** Rechtschreibstrategie „Ableiten“

1 Überlege, wie man folgende Wörter schreibt.
Sprich so: Strand – Strände, also mit d.
Schreibe so: Strand – d – Strände

TIPP!
Bei den Nomen/Substantiven hilft dir die Pluralform und bei den Verben der Infinitiv (die Grundform).

Stran? – Ber? – Wal? – Han? – Kin? – Ta? – We? – Ausflu? – Betru? – Wan? – Hal?! – star? – kal? – bal? – er ho? – sie flo? – er fan? – sie ban? – er bo? – sie la?

2 Setze aus folgenden Silben Wörter zusammen:

Recht – hö – Re – schreib – Zu – gen – kon – trop – tex

le – grup – Dik – rer – pe – fen – te – tat – trol

3 Suche verwandte Wörter mit a oder au im Wortstamm, z. B.
täglich – Tag; Bäume - Baum

täglich – Wälder - Nähe – ängstlich – er fällt – kräftig – sie fängt – Bäume – Häuser – Mäuse – bläulich – sie läuft – er träumt

4 Überlege, wie du die richtige Schreibung ableiten kannst.
Schreibe so:
sie sagt – sa-gen; er geht – ge-hen

sie sagt – er geht – es bleibt – es gibt – sie dreht – er schreibt – es steht – es fliegt – sie steigt – er gräbt – sie leiht – er mäht

Rechtschreibstrategie: Großschreibtests

1 In dem folgenden Textausschnitt sind einzelne Wörter markiert. Prüfe, welche Tests zu welchen Wörtern passen.

Erinnerungen

„Weißt du noch", begann Helena zu erzählen, „unser Fußballturnier in der letzten Ferienwoche? Oh, war das toll!" Sie sah dabei fröhlich auf ihr verbundenes Knie. Trotz der kleinen Verletzung hatten alle viel Spaß gehabt. Leider konnte Toni, der beste Stürmer der Mannschaft, wegen einer Krankheit nicht mitspielen. Trotzdem hatten sie durch zwei tolle Schüsse von Emre gewonnen. Das Spiel war für alle ein unvergessliches Erlebnis.

→ **Seite 64, 235, 241,** Arbeitstechnik „Tests zur Großschreibung von Nomen"

Arbeitstechnik

Die Großschreibung testen
- kann man es anfassen, sehen?
- ein Begleiter: der, die, das; ein, eine; mein, meine vorhanden?
- Endung -ung, -heit, -keit, -nis, -schaft, -tum am Ende des Wortes?
- steht ein verändertes Adjektiv vor dem Wort?

2 Schreibe den Text in normaler Schreibweise auf.

EIN TOLLES GEFÜHL

IHR LEHNT EUCH ENTSPANNT ZURÜCK: EURE AUGEN SIND GESCHLOSSEN. ERINNERUNGEN WERDEN WACH. IHR DENKT AN EINEN SEHR SCHÖNEN TAG. IHR HABT EIN ERFOLGSERLEBNIS ODER EINE LANG ERSEHNTE BEGEGNUNG. IHR BEKOMMT EIN WUNDERSCHÖNES GESCHENK ODER EIN GEHEIMER WUNSCH GEHT IN ERFÜLLUNG. IHR FÜHLT EUCH SEHR WOHL. IHR EMPFINDET DANKBARKEIT UND FREUDE.

3 Vergleicht eure Texte in Partnerarbeit. Begründet, warum ihr Wörter großgeschrieben habt.

4 Bilde Nomen von folgenden Verben und schreibe diese mit Artikel auf, z. B. *die Verletzung*.

verletzen – wohnen – bilden – erkranken – begegnen – erfüllen – begleiten – erleben – ereignen – geschehen – zeugen – wagen – bilden – ergeben

Rechtschreibstrategie: Merken der Schreibweise

→ Seite 106, 156, 241, Rechtschreibstrategie „Merken“

1 Tauscht euch darüber aus, welche der folgenden Übungsformen ihr kennt und welche ihr am liebsten nutzt.

Fehlerwörterheft, Rechtschreibkartei, Selbstdiktat, wiederholtes Aufschreiben, Laufdiktat, Partnerdiktat, Klappdiktat, Markieren von Problemstellen …

2 Schreibe die folgenden Merkwörter ab. Stelle fest, an welchen Stellen du mit dem „Mitsprechen“ und „Ableiten“ nicht weiterkommst. Markiere diese Stellen, z. B. Rhythmuswechsel.

Rhythmuswechsel, Konzentration, Vierkampf, Disziplin, Gefühl, mehr, Erzählung, Draht, Maibowle, Meeresrauschen, wohnen, vielleicht, Großstadt, Erwachsene, Schreibstil, Novembertag, Orchester, Rahmen, Violine, Ähnlichkeit, sehr, Klaviermusik, Vorwärtsbewegung, Lexikon, Hochzeitspaar, Glückskind, Blumenvase, Siegerehrung, Bootssteg

3 Vergleicht eure Markierungen in den Merkwörtern von Aufgabe 2 und besprecht, wie ihr euch diese Wörter einprägen könnt. Übt die Wörter und diktiert sie euch anschließend gegenseitig.

4 EXTRA Finde heraus, was die folgenden Wörter bedeuten und aus welcher Sprache sie stammen. Du kannst dazu ein Wörterbuch nutzen.

Talkshow, Fan, Display, Chatroom
Smile, Computerfreak, Ticket
Layout, User, E-Book, Video

Sammle weitere Fremdwörter zum Thema Medien.

5 So kannst du auch üben: Gestalte schwierige Wörter mit unterschiedlicher Schrift und mit Farben oder benutze bei diesen Wörtern für jede Silbe eine andere Farbe.
Du kannst auch Wörter zum Üben immer wieder in die Luft schreiben oder ein Lernplakat für dich selber oder die Klasse gestalten.

Zur Wiederholung

→ **Seite 12, Aufgabe 3,** Erklärung: Roboterdiktat

1 Diktiert euch gegenseitig den Text als „Ro-bo-ter-dik-tat". Sprecht dabei sehr deutlich und trennt die Silben, damit euer Partner oder eure Partnerin möglichst keine Fehler macht.

Ratten sind keine dummen Tiere

Ratten sind besonders schlau. Diese Tiere haben sich über die ganze Welt verbreitet. Sie klettern auf Schiffe und schaffen es, in weit entfernte Länder zu kommen. Rate einmal, wie sie dort ohne Futter überleben können? Sie knabbern einfach alles an und finden dabei immer etwas, was sie sich dann schmecken lassen. Auf manchen Schiffen werden deshalb Katzen mitgenommen. Mit etwas Glück können sie einige Ratten fangen. Wenn die Katzen keine guten Jäger sind, dann müssen sie hungern und sind am Ende der Reise dünner als die Ratten.

2 **tz oder z?** Schreibe den folgenden Text ab. Setze dabei die fehlenden Buchstaben ein.

Le✎te Woche he✎te Fri✎i bli✎schnell über die Kreu✎ung. Plö✎lich passierte es: In der Mitte des Pla✎es stür✎te er. Er schrie auf, denn sein Fuß schmer✎te. Ein Polizist stoppte die Autos und fragte: „Bist du verle✎t?" Nein, Fri✎i war nichts passiert. Er hob seine Mü✎e auf, bedankte sich her✎lich beim Polizisten und ging auf die andere Seite. Dort pu✎te er seine Jacke ab und wischte den Schmu✎ von seiner Hose. Nanu, der Schmer✎ in seinem Fuß war jetzt wieder da. Sollte er vielleicht doch zum Ar✎t gehen?

3 **d oder t, b oder p, g oder k?** Übernimm die Tabelle in dein Heft und ergänze sie wie im Beispiel.

Plural (Mehrzahl)	**Infinitiv** (Grundform)	**1. Vergleichsstufe** (Komparativ)
Zwerg – Zwerge	*er trägt – tragen*	*klug – klüger*
Gel?	er trin?t	star?
Wel?	er lü?t	gro?
Wer?	er gi?t	schrä?
Flu?	er glau?t	kal?
Die?	er grä?t	lie?
Gra?	er hu?t	mil?

4 Schreibe aus dem Text alle Wörter mit ä und äu heraus und ergänze jeweils ein verwandtes Wort mit a oder au, z. B. Nächte – Nacht.

Herbst

Ben ist umgezogen und wohnt jetzt mit seiner Familie in einem neuen Haus. In den ersten **Nächten** schläft er schwer ein und hat merkwürdige Träume:
Einmal fegt ein Sturm um die Häuser und reißt die Dachziegel von den Dächern. Es regnet in die Räume des neuen Hauses. Ben und seine Schwester verteilen auf dem Fußboden Töpfe, Näpfe und Gläser, um den Regen aufzufangen.
In einem anderen Traum pfeift wieder ein kräftiger Sturm um die Häuser. Er vernichtet in dem Gärtchen der Kinder alle Blumen und Kräuter, auch die Bäume und Sträucher bei den Nachbarn.
Am folgenden Tag berichtet Ben beim Frühstück von seinen Träumen.

5 Schreibe zu jedem Wort möglichst viele Wörter auf, z. B.
Gruß – Grüße – grüßen – Grußwort – Begrüßung – gegrüßt

Gruß | Fuß | schließen | außen

weiß | Straße | stoßen | groß | Spaß

6 Schreibe die Sätze ab und setze dabei jeweils das passende Wort ein.

1. **Meer** oder **mehr**? → Sie hatten keine Lust ✎, jedes Jahr ans ✎ zu fahren.
2. **fast** oder **fasst**? → Er ✎ den Jungen so hart an, dass dieser ✎ schreien muss.
3. **fiel** oder **viel**? → Sie sah nicht ✎ und ✎ beinahe hinunter.
4. **ist** oder **isst**? → Er ✎ immer wenig, wenn er krank ✎.
5. **seid** oder **seit**? → ✎ dem Herbst ✎ ihr nicht mehr hier gewesen.
6. **Bad** oder **bat**? → Sie ✎ ihn, das ✎ zu säubern.

7 Bilde selbst Sätze mit folgenden Wortpaaren, z. B. 1. Der Postbote konnte den Namen nicht entziffern. Deshalb nahm er das Paket wieder mit.

1. Namen – nahmen
2. Boot – bot
3. See – seh
4. Rat – Rad
5. Feld – fällt
6. Held – hält

2 Erzähl mal!

Erzählstunden

TIPP!
Noch besser könnt ihr erzählen, wenn ihr z. B. einmal an einen anderen Ort geht: in die Bibliothek, in die Cafeteria, in eure Sitzecke oder in einen anderen Raum eurer Schule.

TIPP!
Wenn ihr euch beim Erzählen gegenseitig mit einer Videokamera filmt, könnt ihr anschließend selbst eure Mimik und Gestik kontrollieren.

Zum Geschichtenerzählen könnt ihr euch in einem Erzählkreis zusammensetzen. Wenn ihr die folgenden Hinweise beachtet, werden euch alle aufmerksam zuhören.

Arbeitstechnik

Von Erlebnissen erzählen

1. Wähle ein Erlebnis aus, das für andere interessant ist.
2. Denke daran, dass die Zuhörer von dem, was du erzählen willst, noch nichts wissen.
3. Mache deine Geschichte spannend. Versuche, die Spannung langsam zu steigern, und komme nach dem Höhepunkt zügig zum Ende.
4. Gestalte deine Erzählung durch passende und auch ungewöhnliche Wörter. Bilde verständliche Sätze, die nicht zu lang sind.
5. Achte auf Mimik[1] und Gestik[2]; mit deiner Körpersprache kannst du die Erzählung eindringlicher gestalten.
6. Beachte die Reaktionen deiner Zuhörer: Komme zur Sache oder steigere die Spannung, wenn das Interesse nachlässt. An manchen Stellen kannst du auch eine Frage stellen, auf die du aber gar keine Antwort erwartest. Das erhöht die Aufmerksamkeit deiner Zuhörer.

[1] die Mimik: Gesichtsausdruck
[2] die Gestik: mit dem Körper und den Händen „sprechen"

1 In der 6c wurden folgende Geschichten für den Erzählkreis angekündigt:

Schock bei der Bootsfahrt – Eingeschneit – Gefährlicher Scherz – Kleine Katze gefunden – Verhext! – Hilfe, eine Spinne! – Eigentor

Stellt Vermutungen darüber an, wovon hier erzählt werden wird.

2 Lies die folgende Geschichte.

Plötzlich entdeckte ich die Spinne. Sie war mindestens so groß wie meine Hand und sie kroch langsam die Zimmerdecke entlang, bis sie genau über meinem Gesicht verharrte. Ich wollte schreien und ich konnte nicht. Ich wollte aufspringen und ich konnte nicht. [...]
Die Spinne hatte glänzende tote Augen, die etwas vorgewölbt auf ihrem Kopf saßen. An ihren Beinen wuchsen feine schwarze Härchen. Sie saß ganz reglos und starrte mich an. Es war wirklich die größte Spinne, die ich je gesehen hatte. Es war die größte Spinne der Welt. Jetzt presste sie langsam einen schleimigen Silberfaden aus sich heraus und begann sich abzuseilen.
Ich konnte mich immer noch nicht bewegen. Ich stellte mir vor, wie sie mich einspinnen würde, so wie es mit den Fliegen passiert war, die im frühen Herbst in den Spinnennetzen an Hansi Pfeifers Jägerzaun[1] hingen. Ich hatte Schweißtropfen auf der Stirn und einen Kloß im Hals[2], an dem ich fast erstickte. Die Spinne kam immer näher. Dabei wurde sie immer größer. Und als sie fast mein Gesicht berührte, konnte ich plötzlich schreien.
Ich schrie und sprang auf und zog am grauen Gurt des Rollladens, der mit Schwung nach oben sauste. Gleichzeitig riss ich das Fenster auf, zerriss dabei die Gardine, und plötzlich hörte ich auch, was ich schrie, nämlich: „Rainer!“ Er zögerte nicht eine Sekunde, nahm kurz Anlauf und schwang sich über das Fensterbrett ins Zimmer. Ich zeigte auf die Spinne.

[1] der Jägerzaun: ein Holzzaun aus schrägen Latten

[2] einen Kloß im Hals haben: vor Aufregung oder Angst fühlt sich der Hals sehr eng an

3 Wie gelingt es der Erzählerin, spannend zu erzählen? Tauscht euch darüber aus.

TIPP!
Kopiere den Text. Markiere darin die Stellen, die Spannung erzeugen.

4 EXTRA Erfinde eine Fortsetzung zu der Geschichte aus Aufgabe 2 und erzähle sie im Erzählkreis.

Geburtstagspartys

→ **Seite 18 f., 246 f.,** Arbeitstechnik „Von Erlebnissen erzählen“

1 Drei Kinder erzählen von ihrem Geburtstag. Lies die Erzählanfänge zuerst leise. Lies sie dann laut, sodass du merkst, wie unterschiedlich hier erzählt wird.

Am Freitag hatte ich Geburtstag. Beim Mittagessen hat meine Mutter gesagt: „Ich bin gespannt, was deine Freunde zu deiner selbst gebackenen Geburtstagstorte sagen.“ Mein Vater hat schon wieder nach seinem Mantel gegriffen: „Ich muss ins Büro“, hat er beim Hinausgehen gesagt. „Viel Spaß beim Feiern! Übrigens hoffe ich, dass du jetzt mit deinen zwölf Jahren etwas vernünftiger wirst! Also dann, bis heute Abend.“ Das war mal wieder typisch mein Vater! Ihr kennt ja seine Art. Wirklich typisch. – Dann war es erst Viertel nach eins. Ich bin in mein Zimmer gegangen und habe schon einmal die Musik für später herausgesucht …

Gestern hab ich Geburtstag gehabt. Endlich zwölf! Mann, ich war vielleicht aufgeregt. Schon die Nacht vorher war schrecklich. Aufgewacht – erst 3 Uhr! Wieder eingeschlafen, wieder wach geworden. Und so ging's weiter. Was für eine Nacht! Beim Frühstück hab ich mir natürlich voll den Kakao über meinen neuen Pulli gekippt. Typisch! Ich war vielleicht sauer. Geschenke, ja klar, die gab's auch. Aber egal, nachmittags die Fete, die hat's gebracht.

Vor fünf Tagen bin ich zwölf Jahre alt geworden. Endlich wieder ein Jahr älter! In letzter Zeit geht mir die Kleinkinderbehandlung ziemlich auf die Nerven. Von meinem Vater hab ich diese Ohrringe bekommen, schön, nicht? Am Nachmittag hab ich dann mein neues Top angezogen, ihr wisst schon, das mit dem Pferdefoto vorne drauf. David wollte auch zu meiner Geburtstagsparty kommen und hat versprochen, seine CDs mitzubringen. In der Schule bin ich ziemlich erschrocken: Der Hofmann hat mich beim Träumen erwischt …

2 Beschreibe, wie du dir die drei Erzähler vorstellst:
- Wie sprechen sie wohl?
- Wie verhalten sie sich dabei?
- Wie bewegen sie sich und was für ein Gesicht machen sie beim Erzählen?

3 Versuche einmal, die Erzähler zu spielen.
Überlege dazu, in welchem Tonfall sie sprechen und wie sie ihre Worte mit Gestik und Mimik unterstreichen könnten.
Du darfst beim Erzählen die Sätze und Worte auch verändern.

TIPP!
Manchmal hilft es, wenn man etwas übertreibt.

4 Setzt euch in Gruppen zusammen. Jeder erzählt nun ein eigenes Erlebnis. Die Zuhörerinnen und Zuhörer notieren, was ihnen an dem Erzähler auffällt, z. B.

→ **Seite 246,** Arbeitstechnik „Eine Geschichte erzählen"

Olga
- hat die Augen weit aufgerissen, als sie erzählte, wie erstaunt sie über ihr Geschenk war
- hat die Stimme ihres Vaters nachgeahmt
- hat vorgemacht, wie sie das riesige Geschenk ausgepackt hat
- hat mit den Händen gezeigt, wie groß das Geschenk war

Paul
- hat vorgeführt, wie er über den Zaun geklettert ist
- hat geflüstert, als er erzählte, wie unheimlich es in der Hütte war
- hat beim Erzählen vorgespielt, wie er gebückt gelaufen ist und vorsichtig nach links und rechts geschaut hat
- hat gezeigt, wie überrascht er war

5 Gebt euch gegenseitig Rückmeldungen. Besprecht nach jeder Erzählung,
- was euch an den einzelnen Erzählern gut gefallen hat,
- an welchen Stellen euch Mimik, Gestik und das Verändern der Stimme besonders passend erschien.

Nutzt dazu eure Notizen aus Aufgabe 4.

→ **Seite 18,** Erklärungen zu Mimik und Gestik

6.00 Uhr – Ein letzter Traum

1 In dem folgenden Text werden verschiedene Träume erzählt. Lies oder höre dir an, um welche Träume es geht. Mache dir dazu Notizen.

Susanne Kilian

Träumen

Online-Link
Hörverstehen
313272-0022

Es gibt Tage, da wache ich morgens auf und bin fröhlich. Warum, weiß ich nicht. Es kommt mir so vor, als hätte ich die ganze Nacht gelacht. Oft kann ich mich nicht erinnern, was ich geträumt habe. Manchmal sind es wunderbare lustige, märchenhafte Träume. Überhaupt geht es in den Träumen so zu wie im Märchen. Sind Träume bunt? Haben sie Farben, solche, wie ich sie normal sehe, oder sind es ganz andere Farben? Vielleicht sind sie nur schwarz-weiß, wie Zeitungsbilder? Rede ich, wenn ich träume, lache ich? Weine ich richtig? Einmal bin ich aufgewacht, mitten in der Nacht, und meine Augen waren nass. Wo war ich? Ich war an einem wüsten einsamen Ort, und mir sind furchtbare Sachen geschehen. Welche, wusste ich nicht, es war eben so. Da waren Leute. Eine riesige Menge, und sie rannten hinter mir her, und ich lief wie in Sirup[1], kriegte die Füße nicht hoch und hörte sie schreien … Ich hoffte im Traum, ich weiß das noch genau, ich hoffte, dass es ein Traum wäre. Nur ein Traum! Aber es war schreckliche Wirklichkeit: Ich fiel und fiel in diesen Sirupweg und weinte und schrie … da wachte ich auf. Langsam wurde ich unvorstellbar glücklich – es war doch nur ein Traum! Nichts davon war geschehen. Nichts war wirklich. Mein Kopfkissen kam mir weicher als sonst vor, meine Decke wärmer. Ich war geborgen und in Sicherheit.

[1] der Sirup: dickflüssiger, klebriger Saft

Am allerliebsten mag ich Träume, in denen ich …
Also, es fängt meistens so an, dass ich auf einem Turm stehe oder einem Dach, hoch über allem. Ich weiß, ich werde sofort runterfallen. Davor habe ich Angst und zittere. Aber von einem Moment auf den anderen bin ich ganz sicher, dass mir nichts geschehen wird: Ich kann doch fliegen! Ich lasse mich einfach fallen und fliege. Sehe die Häuser unter mir. Die Häuserdächer. Fliege über Wälder und große Wasserflächen, so sicher und leicht wie ein Vogel.
Solche Träume müssten Wirklichkeit sein. Warum kann ich im Traum etwas, was ich sonst nicht kann?

2 Tauscht euch über eure Erfahrungen mit Träumen aus:
Habt ihr ähnliche oder andere Träume? Manche Träume kommen immer wieder.

3 Beratet euch gegenseitig, welcher Traum für eine Erzählung geeignet sein könnte.

4 Schreibe deine Erzählung in Stichworten auf, sodass du in der nächsten Erzählstunde spannend davon erzählen kannst.
Suche dafür passende Wörter zu schönen, wunderbaren, fantastischen, Angst einflößenden oder unverständlichen Träumen, z. B.

- wunderschön
- eine duftende, bunte Blumenwiese
- herrlicher, heller Tag
- fröhliches Vogelgezwitscher
- lautes Summen
- dunkler, endloser, tiefer Wald
- strahlende Sonne

5 Bereite dich auf das Erzählen deiner Geschichte vor und probiere aus, an welchen Stellen du lauter oder leiser sprechen solltest und wann du deine Stimme heben oder senken könntest.

TIPP!
Du kannst dein Traumerlebnis vorher deinen Eltern, Geschwistern oder Freunden erzählen, um zu sehen, wie deine Erzählung wirkt.

Aufregung im Ferienlager

Heulgeräusche rauben Nachtruhe

Altrum. Seit einer Woche schrecken die Teilnehmer des Ferienlagers auf der winzigen Insel Altrum Nacht für Nacht aus dem Schlaf auf. Furchtbare Heulgeräusche rauben ihnen die Nachtruhe. Alle rätseln. Was ist die Ursache? Der Wind, der durch die alten Bäume pfeift? Ein wildes Tier, das schrecklich heult? Ein Schiff, das sich in Seenot befindet? Ein Detektivteam unter dem Vorsitz der Sprecherin des Zeltlagers, Johanna, soll gebildet werden und versuchen, der Sache auf die Spur zu kommen.

Sachdienliche Hinweise bitte mündlich oder schriftlich an: Zelt Nr. 14

Wer macht mit?
Ein Detektivteam soll gebildet werden. Interessierte können sich in Zelt 14 bei Johanna melden oder eine kurze Bewerbung abgeben.

Bewerbung

Ich bewerbe mich um einen Platz im Detektivteam. Ich bin zwölf Jahre alt und komme aus Hagen. Dort gehe ich in die 6. Klasse. Ich wohne hier mit meinen Freundinnen in Zelt Nr. 8. Ich mache gern beim Untersuchungsausschuss mit, weil ich die Suche nach dem Heulton spannend finde. Außerdem kann ich Karate.

Paloma

1 Schreibe die Verben aus der Bewerbung heraus. Sie stehen alle in derselben Zeitform. Wie heißt die Zeitform?

2 Versetze dich in Christian, Debora oder Andrej. Überlege, wie sie sich bei Johanna vorstellen. Du kannst aber auch eine andere Person erfinden oder dich selbst darstellen. Spielt die Szenen in der Klasse vor.

Das Detektivteam setzt sich wie folgt zusammen:
Paloma, Christian, Debora, Andrej, Johanna.

Christian
13 Jahre,
Zelt 4

Mitglied des Fußballvereins TuS Sundern
Hobby: Krimis lesen

Debora
12 Jahre,
Zelt 15

Heimatort: Lippstadt
Hobby: schwimmen

Andrej
12 Jahre,
Zelt 7

Turnverein Warendorf
Hobbys: kochen und zaubern

Merke

Das **Präsens** verwendet man,
- wenn man über etwas spricht, das gerade geschieht *(sie geht, sie sieht …)*,
- wenn man etwas sagt, das immer gilt *(ich heiße …)* oder
- wenn man über etwas spricht, das in der Zukunft geschieht *(Morgen fahre ich nach Altrum.)*.

→ **Seite 234 f.,** Wortarten, Zeitformen des Verbs

→ **Seite 244 f.,** Liste unregelmäßiger Verben

Das Detektivteam nimmt die Arbeit auf

1 Schreibe alle Verbformen aus der Sprechblase heraus, z. B.
ich bin gegangen
Wie heißt diese Zeitform? Erkläre, wie sie gebildet wird.

2 EXTRA Johanna hat über ihr Handy viele Anrufe bekommen. Erfinde mit deiner Partnerin oder deinem Partner ein Erlebnis mit den Heulgeräuschen. Bereitet zu zweit ein Telefongespräch vor und spielt es in der Klasse.

3 Johanna hat auch einige Briefe erhalten, in denen besonders merkwürdige Erlebnisse erzählt werden. Lies den Brief von Hülya durch und untersuche, welche Zeitform sie verwendet hat.

TIPP!
Wenn du wissen willst, was das Detektivteam herausgefunden hat, schau dir die Seiten 38 bis 41 an.

Hülya — Altrum, 3. Juli
Zelt 7

Liebe Johanna,
gestern Abend hörte ich wieder die komischen Geräusche. Und das kam so: Ich las gerade einen spannenden Krimi. Plötzlich erschrak ich fürchterlich. Vor meinem Zelt huschte ein großer Schatten vorbei. Ich rannte sofort raus, entdeckte aber niemanden. Ich wartete lange und auf einmal hörte ich, wie der Heulton einsetzte. Hinter dem Küchenzelt …

4 Schreibe den Brief von Hülya zu Ende. Versuche dabei, in der Zeitform zu bleiben, in der ihr Brief beginnt.

5 Unterstreiche alle Verbformen in deinem Brief.
Tausche anschließend den Brief mit einem Partner oder einer Partnerin.
Überprüfe, ob die richtige Zeitform eingehalten wurde.
Korrigiere die Rechtschreibung, wenn du Fehler findest.

6 Lest einige Briefe in der Klasse vor.

7 Vergleiche die Verbformen aus der Bewerbung von Paloma (Seite 25 oben), aus dem Telefonanruf von Tobias (Seite 26 oben) und aus dem Brief von Hülya (Seite 26 unten).
- Übernimm die folgende Tabelle in dein Heft.
- Überlege, wie die drei Zeitformen heißen.
- Ersetze die Fragezeichen durch die Begriffe.
- Trage die Verbformen aus den Texten in die Spalten ein.

?	?	?
(ich) bewerbe (mich)	(ich) bin gegangen	(ich) hörte

8 Bilde von den folgenden Verben die Perfekt- und die Präteritumsform und schreibe sie in dein Heft,
z. B. verlieren – ich habe verloren – ich verlor

→ **Seite 244 f.,** Liste unregelmäßiger Verben

verlieren verraten lügen sehen

wissen schreien erkennen rennen

Merke

Das **Perfekt** und das **Präteritum** verwendet man, wenn man von etwas Vergangenem erzählt oder über Vergangenes berichtet *(ich bin gelaufen, ich habe gehört; ich lief, ich hörte).*

→ **Seite 234 f.,** Wortarten, Zeitformen des Verbs

9 EXTRA Bilde Sätze. Verwende darin die Verben aus Aufgabe 8.
Du kannst auch eine kleine Geschichte über die Ereignisse im Ferienlager schreiben, in der die Verbformen vorkommen. Vielleicht willst du dazu auch ein Bild malen?

TIPP!
Lies dir dazu noch einmal die Texte auf den Seiten 24 – 26 durch.

Erlebnisse

1 Lies, was Olaf erzählt hat.

Zum Glück nur ein Traum

Oft habe ich morgens vergessen, was ich geträumt habe. Aber an diesen Traum erinnere ich mich gut:
Mein kleiner Bruder und ich spielen am Fluss. Eisschollen treiben an uns vorüber, viele kleine, aber auch ganz große. Auf einmal kommt da eine Riesenscholle direkt auf uns zu. Da gibt es kein Halten. Flori und ich springen hinauf. Christian, der aus der Zehnten, kommt gerade ans Ufer. Er hebt die Arme und schreit: „Nein, halt …!“ Doch wir fühlen uns so stark und rufen: „Feigling!“
Wir sehen, wie Hunderte von Eisschollen an uns vorbeiziehen. Aber dann beginnt auch unsere Scholle zu treiben und plötzlich sind wir viele Meter vom Ufer entfernt. Mich packt jetzt eine schreckliche Angst. Wir treiben weiter und immer weiter, schneller und immer schneller. Es wird dunkler und immer dunkler. Das Grauen ergreift mich.
Wohin geht die Reise? Flori fängt jetzt auch noch an zu weinen. Ich schimpfe hilflos: „Hör auf zu heulen!“ Das Ufer ist menschenleer. Ich schreie trotzdem, aber keiner hört uns, keiner bemerkt uns. Jetzt sehe ich am Ufer Christian, er fährt auf dem Fahrrad. Ich will wieder schreien, bekomme aber keinen Ton heraus. Hilfe, wir ertrinken!
Und da bin ich aufgewacht, schweißgebadet. Flori schlief ganz ruhig in seinem Bett.

TIPP!
Kopiere zuerst den Text und markiere darin die Verben im Präsens. Dann fällt dir das Umschreiben leichter.

2 Olaf erzählt seinen Traum im Präsens. Schreibe den Text in der Vergangenheit auf. Verwende das Perfekt, z. B.
Mein kleiner Bruder und ich haben am Fluss gespielt …

→ **Seite 234 f.,** Wortarten, Zeitformen des Verbs

Merke

Beim Bilden des **Perfekts** helfen die Verben ***haben*** und ***sein***. Sie heißen deshalb Hilfsverben.
Die Verben der Fortbewegung *(fahren, fliegen, gehen, laufen, reiten, schwimmen …)* und die Verben *sein, werden, bleiben, kommen, geschehen* bilden das Perfekt mit ***sein***. Alle anderen Verben bilden das Perfekt mit ***haben*** *(z. B. ich bin gegangen, ich bin gewesen, ich bin geblieben, ich bin gekommen; ich habe geschrieben, ich habe erzählt).*

3 Schr… …er *haben* in der richtig…

So ei…

Neul… …mmen. Ich ✎ mit mei-
ner … …ammelt. Plötzlich ✎ es
neb… …ch da an
me… …könnt euch denken,
wi… …ck die Luft angehalten.
A… …gedreht. Da ✎ ich
g… …gewesen ✎. Und wisst
j… …n Halbmond, den sie

Liebe Eltern!

Hier im Ferienlager gefällt es mir sehr gut. Bis jetzt haben wir jeden Tag etwas Interessantes unternommen. Seit Freitag geschieht hier etwas Unheimliches. Jede Nacht schrecken wir aus dem Schlaf auf. Komische Heulgeräusche geben allen Rätsel auf. Was ist die Ursache? Wir haben schon an Wölfe gedacht. Gestern Abend ist Folgendes passiert: Ich las gerade einen Krimi, als ein Schatten an meinem Zelt „vorbeiflog". Ich rannte sofort raus, sah aber nichts. Etwas später begann wieder das seltsame Heulen. Jetzt haben wir ein Detektivteam gebildet. Ich denke, wir kommen dem Rätsel auf die Spur. Ich finde die Sache unheimlich spannend. Ich schreibe Euch, sobald es etwas Neues gibt.

Eure Debora

5 Übernimm die Tabelle in dein Heft. Trage alle Verbformen aus Deboras Brief ein. Vervollständige die Eintragungen wie im Beispiel.

→ **Seite 244 f.,** Liste unregelmäßiger Verben

Präsens	Präteritum	Perfekt	Infinitiv/Grundform
(es) gefällt (mir)	(es) gefiel (mir)	(es) hat (mir) gefallen	gefallen
…	…	(es) ist (etwas) geschehen	…

3 Was geschah dann?

Online-Link
Hörverstehen
313272-0030

1 Lies den Anfang der folgenden Geschichte.

Anthony Browne

Der Tunnel

Einst lebten zwei Geschwister, die waren sich gar nicht ähnlich. Sie waren in allem verschieden.
Die Schwester saß allein zu Hause, las und träumte, der Bruder spielte draußen mit seinen Freunden, schrie und lachte und raufte sich mit den anderen Jungens.
Nachts schlief er friedlich in seinem Zimmer. Sie aber lag wach und lauschte den Geräuschen der Nacht. Manchmal schlich er sich in ihr Zimmer, um sie zu erschrecken, denn er wusste, dass sie sich im Dunkeln fürchtete.
Immer wenn sie zusammen waren, stritten und zankten sie sich lautstark. Die ganze Zeit.

2 Besprecht,
- worum es in dem Geschichtenanfang geht,
- wie das Mädchen darin beschrieben wird und
- wie der Junge darin beschrieben wird.

Lest die Textstellen vor, in denen darüber etwas gesagt wird.

3 Tauscht euch darüber aus, wie Jungen und Mädchen eurer Meinung nach sind. Lest dann, wie die Geschichte weitergeht.

Online-Link
Hörverstehen
313272-0031

Eines Morgens wurde es ihrer Mutter zu bunt.
„Raus mit euch", sagte sie, „und versucht wenigstens dieses eine Mal, nett zueinander zu sein. Und kommt pünktlich zum Mittagessen zurück."
Aber der Junge wollte nicht, dass seine kleine Schwester mit ihm ging.
Sie gingen zu einem Schuttabladeplatz.
„Warum musst du bloß mitkommen?", murrte er.
„Es ist nicht meine Schuld", sagte sie. „Ich wollte nicht an diesen schrecklichen Ort kommen. Er macht mir Angst."
„Ach, du Baby", sagte der Bruder. „Du fürchtest dich vor allem." Er ging auf Entdeckungsreise.
„He! Komm her!", schrie er nach einer Weile. Sie ging zu ihm hinüber.
„Schau mal!", sagte er. „Ein Tunnel! Komm, lass uns nachsehen, was am anderen Ende ist."
„N-nein, das darfst du nicht", sagte sie. „Vielleicht gibt es Hexen … oder Geister … oder irgendwas dort unten."
„Sei nicht albern", sagte der Bruder. „Das ist doch Kinderzeug."
„Wir müssen zum Mittagessen zurück sein …", sagte sie.
Seine Schwester fürchtete sich vor dem Tunnel. Deshalb wartete sie, bis er wieder herauskäme. Sie wartete und wartete. Aber er kam nicht. Sie war den Tränen nahe. Was konnte sie tun? …

4 Sprecht über das Verhältnis der Geschwister zueinander:
- Wie geht der Junge mit seiner Schwester um?
- Warum benimmt er sich so?
- Wie reagiert das Mädchen darauf?

5 Setzt euch in Gruppen zusammen und überlegt gemeinsam, wie die Geschichte weitergehen könnte:
- Was tut das Mädchen wohl als Nächstes?
- Was ist dem Jungen passiert?
- Wie geht die Geschichte zu Ende?

Einen Erzählplan entwerfen

1 Erfinde zu der Geschichte „Der Tunnel“ von Seite 30, 31 ein Ende zum Aufschreiben. Dazu entwirfst du zunächst einen Erzählplan. Gehe so vor:
- Entscheide zuerst, welchen Erzählweg du wählen willst. Was tut das Mädchen in deiner Geschichte: Geht es in den Tunnel oder nicht?
- Schreibe deine Entscheidung auf.
- Gehe dann in Gedanken durch, was weiter geschieht.
- Beim Durchdenken kommst du immer wieder an Entscheidungspunkte. Schreibe sie auf und entscheide dich jeweils für eine Möglichkeit, z. B.:

TIPP!
Du kannst deine Entscheidungen auch auf Kärtchen festhalten, die du dann zu einem Erzählplan zusammenlegst.

2 Schreibe alle Erzählschritte bis zum Ende der Geschichte auf.

3 Schreibe nun deine Geschichte mithilfe deines Erzählplans auf.
- Überlege dabei, was das Mädchen tat, rief, dachte und fühlte.
- Beschreibe auch die Orte, zu denen es ging.

Du kannst dazu die Formulierungen auf der nächsten Seite nutzen:

Was dachte das Mädchen?
„Was soll ich bloß machen?“, „Ob Mama uns schon sucht?“,
„Warum hilft mir denn keiner?“, „Ob ich weiter hier warte?“,
„Das ist so gemein!“, „Wie eklig!“, „Wo ist er nur?“, „Hoffentlich ist nichts passiert!“, „Igitt, was ist das?“ …
Was tat und fühlte das Mädchen?
tastete sich vorwärts, rutschte aus, erschrak, kroch auf dem Boden, stieß sich den Kopf, flüsterte leise vor sich hin, weinte, dachte nach, schrie auf, fror, hatte Angst …
Was rief das Mädchen?
„Hallo!“, „Wo bist du?“, „Melde dich doch!“, „Lass mich nicht allein!“, „Ich gehe jetzt alleine nach Hause, wenn du nicht kommst!“, „Ist dir etwas passiert?!“ …
Wie war es an dem Ort?
dunkel, kalt, unheimlich, glitschig, eklig, nass, mit Moos bewachsen, Fledermäuse hingen an der Decke, Ratten krochen aus Löchern, Spinnwebfäden überall …

TIPP!
Verwende die wörtliche Rede, wenn du schreibst, was das Mädchen dachte oder sagte.

→ **Seite 244 f.,** Liste unregelmäßiger Verben

4 Lies deine Geschichte noch einmal durch. Prüfe, ob die Erzählschritte richtig angeordnet sind oder ob du noch etwas ergänzen musst, damit keine „Erzähllöcher“ entstehen.

Arbeitstechnik

Eine Geschichte mithilfe eines Erzählplans weiterschreiben

1. Überlege, welche Möglichkeiten es für den Fortgang der Geschichte gibt (z. B. wie die Personen handeln könnten). Entscheide dich für eine Möglichkeit. Schreibe deine Entscheidung auf.
2. Überlege, was dann passieren könnte. Dabei kommst du wieder an einen Entscheidungspunkt. Notiere deine Entscheidung.
3. Durchdenke auf diese Weise die gesamte Geschichte. Halte die einzelnen Erzählschritte fest und entwirf so deinen Erzählplan.
4. Gehe am Schluss mithilfe des Erzählplans deine Geschichte in Gedanken durch: Passt alles zusammen? Fehlt etwas?
5. Schreibe die Geschichte nun anhand deines Plans auf.

5 Stellt eure Geschichten in der Klasse vor:
- Wer hat die spannendste Geschichte erfunden?
- Wer die traurigste?
- Wer die fantastischste?

Den Text überarbeiten

Die erste Fassung eines Textes ist meist nicht die beste. Deshalb ist es gut, wenn du den Text später noch einmal in Ruhe durchliest und dabei auf bestimmte Punkte achtest.

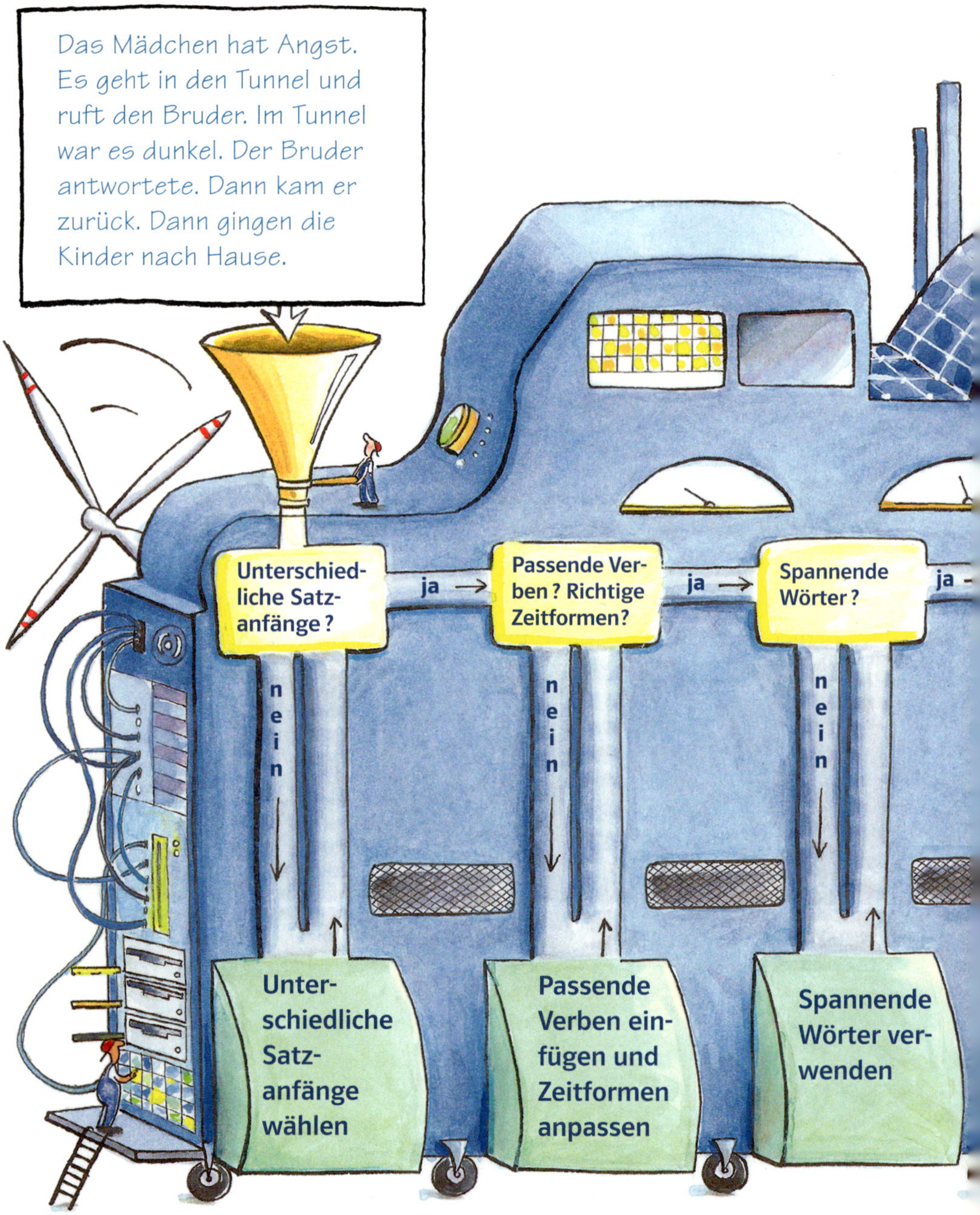

1 Schaut euch die Text-Überarbeitungsmaschine an. Erklärt, was genau in der Maschine ergänzt und verbessert wird.

2 Lies die überarbeitete Fassung des Textes, die gerade aus der Maschine kommt. Untersuche mit deiner Partnerin oder deinem Partner, was alles geändert wurde.

3 Überarbeite nun mithilfe der Maschine deinen eigenen Text von Seite 32 f.

4 Stellt eure überarbeiteten Geschichten in der Klasse vor.
Überprüft, ob die Geschichten besser geworden sind.

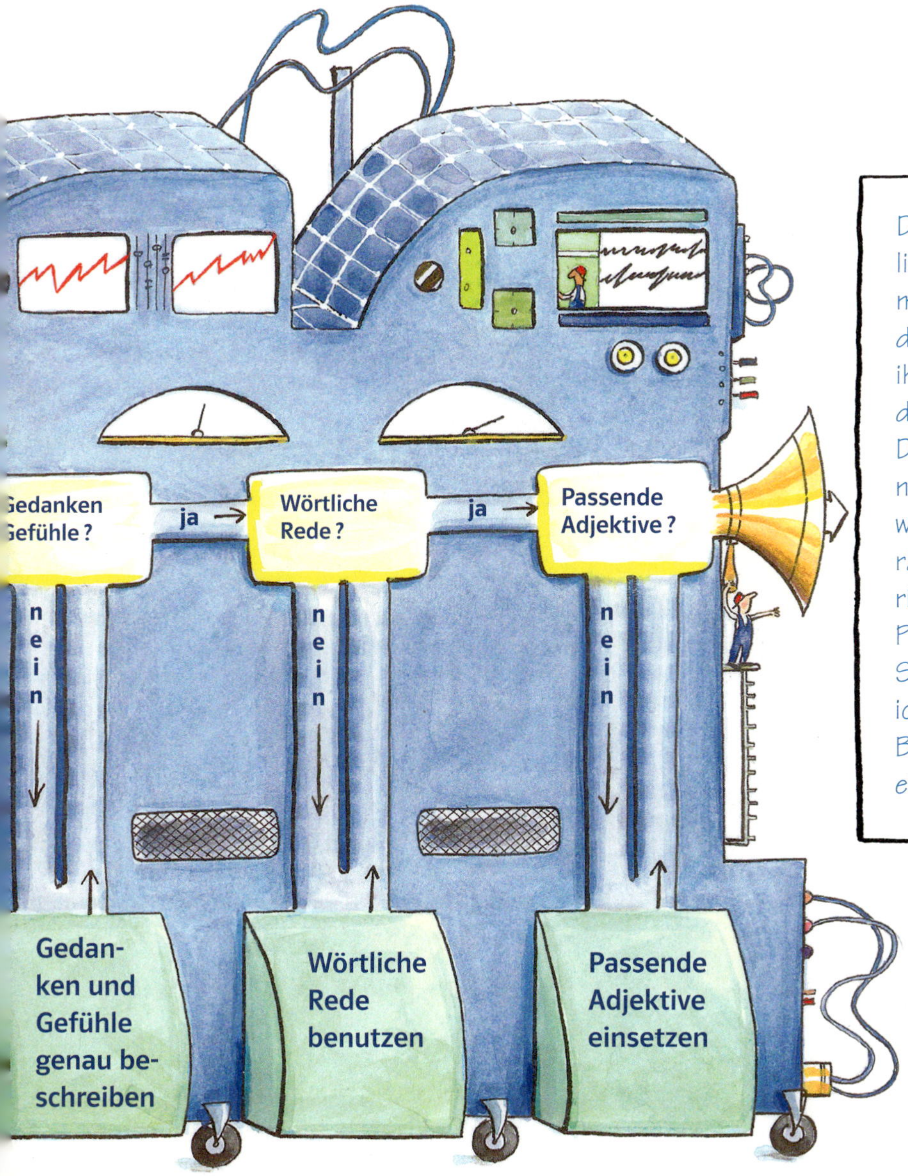

Das Mädchen hatte schreckliche Angst. Es dachte: Was mache ich nur? Bloß nicht in den Tunnel! Aber ich muss nach ihm sehen! Entschlossen kroch die Kleine in das unheimliche Dunkel. Sie konnte nicht erkennen, wohin sie rutschte. Da, was war das für ein seltsames Geräusch? Mit zittriger Stimme rief die Schwester: „Tobias!“ Plötzlich hörte sie die leise Stimme des Bruders: „Warte, ich komme zurück!“
Bald gingen beide Kinder, ohne ein Wort zu sagen, nach Hause.

1 Lies den folgenden Geschichtenanfang.

Der kleine Hund

Elfi war gerade zwölf Jahre geworden. Kurz nach Weihnachten strampelte sie auf ihrem Fahrrad gegen einen eisigen Ostwind an, um ihre Freundin Julia zu besuchen. Ein Stück des Weges musste sie auf einem Fahrradweg an der Landstraße entlangfahren. Schon von weitem sah sie am Straßenrand ein zusammengekauertes schwarz-weißes Knäuel liegen. Vorsichtig näherte sie sich. Da hob ein kleiner, unglaublich süßer Hund seinen Kopf und blinzelte sie Hilfe suchend an. Elfi überlegte, was sie tun sollte. Sollte sie …

2 Wie soll die Geschichte weitergehen? **Wähle A, B, C, oder D:**

A: … den Hund mitnehmen? Was würden ihre Eltern dazu sagen?
B: … erst einmal mit Julia alles besprechen?
C: … die Polizei benachrichtigen? Würde die wissen, was zu tun ist?
D: … einfach wegfahren und darauf hoffen, dass sich schon irgendwer um den Hund kümmern wird?

A Elfi nahm das Hündchen unter den Arm und strampelte sofort weiter. Das war ganz schön schwierig mit einem Hund unter dem Arm. Völlig außer Puste kam sie zu Hause an. Ihre Mutter wollte ihren Augen nicht trauen. Elfi erzählte ihr, wie sie das Tier gefunden hatte: „Ich konnte ihn doch nicht einfach dort liegen lassen!“ Ihre Mutter musste das doch einsehen! Auch der kleine Hund schaute die Mutter flehend an. Die Mutter …

B Elfi packte das hilflose Bündel ein und radelte zu Julia. War das süß! Julia war begeistert, sie wollte sofort ihre Eltern fragen, ob sie den Hund behalten dürfte. Gemeinsam überlegten sie, wie sie Julias Eltern überzeugen könnten.
Julia ging zuerst allein ins Haus und fragte …

C Sofort drehte sie um und fuhr wieder nach Hause. Dort war zwar niemand, aber sie wusste auch so, was sie zu tun hatte. Sie holte das Telefonbuch heraus und rief bei der Polizei an. Die Beamten hatten zwar noch nichts von einem verschwundenen Hund gehört, aber …

TIPP!
Schreibe auch auf, was die verschiedenen Personen denken, sagen und fühlen.

D Sie fuhr schnell weiter. Ihrer Freundin Julia erzählte sie zunächst nichts von ihrem Fund, denn irgendwie hatte sie ein schlechtes Gewissen …

3 Verfasse nun einen Schluss zu der Geschichte, die du ausgewählt hast. Versuche dabei, das Geschehen möglichst anschaulich zu beschreiben.

4 Lies, wie Annika, Nico und Fatma die Geschichte von dem kleinen Hund beendet haben.

Annika: Die Mutter überlegte einen Moment. „Du bist ja wirklich ein ganz Süßer!", sagte sie und drückte das frierende Hündchen fest an sich. Dann entschied sie, den Hund erst einmal zu versorgen. „Und was machen wir, wenn er sich nicht mit Findus versteht?", fragte sie. Findus war der niedliche schwarze Kater, den sie schon vor Jahren gefunden hatten. Und tatsächlich fauchte der anfangs fürchterlich, wenn der kleine Hund auch nur in seine Nähe kam. Tagelang versuchte Elfis Vater vergeblich, den Besitzer des Hundes ausfindig zu machen. In dieser Zeit aber war der drollige Kerl der ganzen Familie ans Herz gewachsen. Und so konnte Findus II, wie sie ihn nannten, für immer in Elfis Familie bleiben.

Nico: Julia fragte ihren Vater: „Papa, was würdest du tun, wenn du einen kleinen, hilflosen Hund im Wald finden würdest?" Der Vater schaute erstaunt auf. „Julia, was ist los? Wo ist dieser Hund?" Julia gab ihrer Freundin ein Zeichen, mit dem gefundenen Tier hereinzukommen. Der Hund wurde gefüttert. In der Zwischenzeit rief der Vater verschiedene Stellen an und erfuhr, dass im Fundbüro schon eine Vermisstenmeldung eingegangen war. Schon bald wurde Bello, so hieß der Kleine nämlich, von seinem Besitzer abgeholt.

Fatma: Julia freute sich über Elfis Besuch. Endlich konnte sie jemandem ihre Weihnachtsgeschenke zeigen. „Ich habe das schönste Weihnachtsgeschenk der Welt bekommen!", schwärmte sie. „Du errätst es nicht, niemals!" Sie verdrehte ihre Augen geheimnisvoll. Dann führte sie Elfi die Treppe hinauf. „Pst!", ganz vorsichtig öffnete sie ihr Zimmer. Hinten in der Ecke, in einem Körbchen, schlief Charlie, ein winziger weißer Pudel. War der süß! „Gefällt er dir nicht?", fragte Julia erstaunt, als sie Elfis erschrockenes Gesicht sah. Elfi konnte sich gar nicht mit Julia über den süßen Winzling freuen. Sie dachte nur noch an eines: Sie hatte den kleinen Hund an der Straße im Stich gelassen! Sie erzählte Julia von ihrem Kummer. Sofort machten sich beide Mädchen auf den Weg, um den Hund zu suchen. Der aber war verschwunden. Sie suchten noch lange, aber vergeblich: Der Hund war weg. Noch lange Zeit blieb in Elfis Herz eine kleine Wunde, die immer dann aufbrach, wenn sie einen niedlichen kleinen Hund sah.

5 Welche Geschichte gefällt dir am besten? Begründe schriftlich deine Meinung.

6 Schreibe auf, wie du an Elfis Stelle gehandelt hättest.

Wachen nach Mitternacht: Streng geheim!

TIPP!
Wenn ihr wissen wollt, was im Ferienlager geschehen ist, lest auf den Seiten 24–26 nach.

Seit einer Woche schrecken die Teilnehmer des Ferienlagers auf der Insel Altrum jede Nacht aus dem Schlaf auf. Unheimliche Heulgeräusche rauben ihnen die Nachtruhe. Alle rätseln. Johanna hat ein kleines Detektivteam gebildet, das die geheimnisvollen Vorgänge im Ferienlager aufklären soll. Sie berichtet:

„Nachdem ich schon gestern den ganzen Tag **...**, kam mir jetzt endlich der rettende Gedanke. Wie ihr wisst, setzte sich unser Team letzte Woche zusammen, weil die Bewohner des Zeltlagers Beschwerden **...** Immer wieder hörte man nachts diesen Heulton, obwohl wir uns alle erdenkliche Mühe **...**, das Geheimnis zu lüften. Nachdem wir trotz der Mithilfe aller Bewohner dem Geräusch noch immer nicht auf die Spur **...**, beschloss ich gestern Nacht, ab sofort Wachen von Mitternacht bis drei Uhr morgens aufzustellen."

1 Schreibe Johannas Bericht ab und setze die folgenden Verben richtig ein.

gekommen sind | nachgedacht hatte | eingereicht hatten | gegeben hatten

2 Die Zeitformen, die Johanna in ihrem Bericht verwendet hat, heißen Perfekt und Plusquamperfekt. Schreibe die Plusquamperfektformen aus dem Text zusammen mit der Perfektform auf, z. B.
ich hatte nachgedacht – ich habe nachgedacht; sie hatten – ...

3 Bilde das Plusquamperfekt von folgenden Verben, z. B.:
ich höre – ich hatte gehört, ...

ich höre | ich komme | ich renne | ich weiß | ich schreie | ich erkenne | ich bleibe | ich liege

Merke

Das **Plusquamperfekt** verwendet man, wenn man von einem Geschehen erzählt oder über ein Geschehen berichtet, das noch vor dem geschehen ist, was man im Präteritum ausdrückt, z. B.
Nachdem die Wächter den Heulton ***gehört hatten****,* ***rannten*** *sie los.*
Um das Plusquamperfekt zu bilden, braucht man die Hilfsverben ***haben*** und ***sein*** im Präteritum: *wir* ***hatten*** *gehört; ich* ***war*** *gekommen.*

→ **Seite 234 f.,** Wortarten, Zeitformen des Verbs

→ **Seite 244 f.,** Liste unregelmäßiger Verben

Eine Nachtwache wird organisiert

Wachplan von Mitternacht bis 3 Uhr

Nacht	Personen	Ort/Wache	Heulton während der Wachzeit	Heulton außerhalb der Wachzeit
1.	Johanna/Paloma	Bootswerft	1.15 Uhr Leuchtturm	
2.	Debora/Christian	Leuchtturm	2.30 Uhr Kirche	
3.	Andrej/Johanna	Kirche		3.30 Uhr Leuchtturm
4.	Debora/Paloma	Leuchtturm	2.00 Uhr Bootswerft	
5.	Christian/Andrej	Bootswerft		3.15 Uhr Kirche
6.	Debora/Paloma	Kirche	0.20 Uhr Leuchtturm	
7.	Christian/Andrej	Bootswerft		3.05 Uhr Kirche
8.	Johanna/Paloma	Leuchtturm	24.00 Uhr Kirche	

TIPP!
Überlegt, wer vom Detektivteam überhaupt Gelegenheit hatte, den Heulton zu verursachen.

1 Nach acht Nächten mit Wachen gehen Johanna die folgenden Gedanken durch den Kopf. Setze sie richtig zusammen und ergänze dabei die fehlenden Verbformen im Plusquamperfekt.

2 Wenn du jetzt den Wachplan noch einmal genau überprüfst, kommst du auf die Lösung des Geheimnisses: Der Inselschreck ist ein Mitglied des Detektivteams!

Als Andrej und ich in der dritten Nacht bei der Kirche Wache … (halten),

ertönte das Geräusch kurz nach 3 Uhr an der Kirche.

Auch gestern Nacht fanden wir das Geheimnis nicht heraus,

heulte es anschließend um 3.30 Uhr am Leuchtturm.

Immer wenn Christian und Andrej zusammen an der Bootswerft … (sein),

Nachdem Petra und Paloma in der sechsten Nacht an der Kirche … (einnicken),

denn ich … mit Paloma am Leuchtturm … (sich verstecken).

wachten sie durch das Heulen am Leuchtturm auf.

Wir werden ihn überlisten!

1 Johanna ist wütend. Sie wird es dem Inselschreck zeigen! Sie greift zum Handy und spricht sofort mit einem Mitglied des Detektivteams. Versetzt euch in Johannas Lage. Überlegt, wie sie weiter vorgehen wird.

2 Schreibe das Gespräch weiter, bleibe dabei in der Zeitform, die Johanna verwendet, z. B.
Mitglied des Detektivteams: Du hast recht, wir werden ihn schnappen …

3 Besprecht: Warum wählt Johanna diese Zeitform?

4 Arbeitet zu zweit: Einer liest seine Sätze aus Aufgabe 2 vor. Der andere wandelt Satz für Satz ins Präsens um und ergänzt dabei die passenden Zeitangaben wie *heute Abend*, z. B.
Wir werden dem Inselschreck eine Falle stellen. →
Heute Abend stellen wir dem Inselschreck eine Falle.

Verwendet dabei passende Zeitangaben:
heute Nacht, während der Nachtwache, morgen, bald, in zwei Stunden, heute Nachmittag …

→ **Seite 234 f.,** Zeitformen des Verbs

→ **Seite 244 f.,** Liste unregelmäßiger Verben

Merke

Das **Futur** bezeichnet das, was in der Zukunft geschehen wird. Es wird mit dem Hilfsverb *werden* und dem Infinitiv des Verbs gebildet, z. B. *Morgen werde ich alle anrufen.*
Oft wird das Futur durch das Präsens ersetzt, z. B. *Morgen rufe ich alle an.*

5 In der Zeitung des Ferienlagers soll ein Artikel über die Enttarnung des Täters erscheinen. Schreibe diesen Artikel und verwende dabei folgende Verbformen und Ausdrücke:

fand die Lösung – hat enttarnt – hatte genau nachgedacht – werden feiern – findet statt

Heulgeräusche aufgeklärt

Altrum. Seit gestern schlafen die Bewohner des Zeltlagers auf Altrum wieder ruhig, denn …

6 Arbeitet zu zweit: Lest den Zeitungsartikel eures Partners. Prüft, ob die verschiedenen Zeitformen richtig verwendet wurden. Kontrolliert auch die Rechtschreibung.

7 Übernimm die Tabelle in dein Heft. Suche alle Zeitformen aus deinem Zeitungsartikel und aus dem folgenden Bericht über das Fest im Ferienlager heraus. Trage sie in die Tabelle ein.

Präsens	Perfekt	Präteritum	Plusquamperfekt	Futur
…	…	…	…	…

Teilnehmer des Ferienlagers feierten Enttarnung des „Täters“

Gestern feierten die Teilnehmer des Ferienlagers ein großes Fest, nachdem der „Inselschreck“ enttarnt worden war. Der Wachplan hatte das Detektivteam auf die richtige Spur geführt, denn nur während Andrejs Wachzeiten war kein Heulton zu hören gewesen.
Herr Waldvogel, der Lagerleiter, dankte allen für die gute Arbeit – den Detektiven und auch Andrej! „Er hatte von uns den Auftrag dazu erhalten!“, erklärte Herr Waldvogel lachend. „Wir wollten ein ‚Räuber-und-Gendarm-Spiel‘ einmal anders gestalten. Wir hoffen, dass ihr alle viel Spaß dabei gehabt habt und im nächsten Jahr wieder unser Ferienlager besuchen werdet.“

Die Ereignisse im Ferienlager

1 Schreibe die Sätze ab und setze die richtigen Zeitformen in die Lücken.

1. Nachdem die Kinder einige Nächte am Leuchtturm ein entsetzliches Heulen gehört (*hören*) hatten, beschlossen sie, die Sache genau zu untersuchen.
2. Es wurde ein Detektivteam gebildet. Vorher … (*bewerben*) sich fünf interessierte Kinder bei Johanna um einen Platz im Team.
3. Das Detektivteam beschloss, Wachen aufzustellen, nachdem man die seltsamen Geräusche trotz der Mithilfe der Bewohner immer noch nicht … (*aufklären*).
4. Bevor die Kinder die Nachtwachen durchführten, … sie einen Wachplan … (*aufstellen*).
5. Als das Team acht Nächte … (*wachen*), kam Johanna auf die Lösung des Rätsels.
6. Johanna erkannte, dass ein Mitglied aus dem Team das Heulen … (*verursachen*).
7. Immer wenn Andrej mit Wache … (*halten*), ertönte ein Heulton nach der Wache.
8. Nachdem die Detektive den Täter … (*enttarnen*), wurde ein Fest im Ferienlager gefeiert.
9. Es stellte sich heraus, dass Andrej von der Leitung des Ferienlagers den Auftrag … (*erhalten*), die Teilnehmer durch die Heulgeräusche zu erschrecken.
10. Die Teilnehmer des Ferienlagers … (*erzählen*) noch lange von den aufregenden Erlebnissen in diesem Sommer.

2 Schreibe in diesen Sätzen anstelle der markierten Präsensformen die Futurformen auf, z. B.
Morgen wird Andrej einen Bericht verfassen.

Was geschieht nach der Aufklärung der Vorgänge?

1. Morgen verfasst Andrej einen Erlebnisbericht für die Zeitung des Ferienlagers.
2. In der nächsten Woche berichten einige Teilnehmer über die Ereignisse in der Regionalzeitung.
3. Viele Mädchen und Jungen schicken in den nächsten Tagen Briefe an ihre Freunde.
4. Zu Hause erzählen die Kinder ihren Eltern von ihren Erlebnissen im Ferienlager.
5. In der Schule schreiben sie Aufsätze über die Geschehnisse.
6. Keiner vergisst das unheimliche nächtliche „Heulen“.

3 Lies den Brief, den Debora im Ferienlager von ihren Eltern bekommen hat.

Lippstadt, 22.08.2010

Liebe Debora,

wir haben uns sehr über deinen Brief gefreut. Was meinst du, wie froh wir sind, dass es dir in dem Ferienlager auf der Insel so gut gefällt. Wir hatten ein richtig schlechtes Gewissen, weil wir dich doch dazu überredet hatten, dorthin zu fahren.
Hast du denn tatsächlich die Nachtwache mit Christian durchgehalten? Das war doch bestimmt sehr aufregend! Wir stellen uns vor, dass man da immer wieder irgendwelche Geräusche hört, von denen man gar nicht weiß, woher sie kommen.
Wir freuen uns auf den nächsten Brief von dir, aus dem wir sicherlich erfahren werden, wie es dir ergangen ist. Aber es interessiert uns natürlich auch, woher denn diese komischen Heulgeräusche kommen.
Wir sollen dich auch ganz herzlich von Oma grüßen, die uns im nächsten Monat besuchen wird.

Viel Spaß weiterhin,
deine Eltern

4 Schreibe die unterstrichenen Verbformen ab. Schreibe dazu, in welcher Zeitform sie stehen, z. B.
haben (uns) gefreut – Perfekt
meinst – Präsens

→ **Seite 234 f.,** Zeitformen des Verbs

4 Es geht auch anders

Mit Konflikten umgehen

Da sitze ich immer!

Das war ich doch gar nicht!

Lass mich in Ruhe!

Aber der MP3-Player ist kaputt!

Aber vorher räumst du noch dein Zimmer auf!

1 Überlege mit deinem Tischnachbarn oder deiner Tischnachbarin, in welcher der abgebildeten Situationen welcher Satz gefallen sein könnte.

2 Tauscht euch darüber aus, wie es zu den Konflikten[1] gekommen sein könnte.

3 Wie geht ihr mit solchen Konflikten um? Erzählt.

[1] der Konflikt: der Streit, die Auseinandersetzung

Ich möchte gerne ...

Lilli hätte gerne einen kleinen Hund. Sie trägt ihren Wunsch beim Abendessen ihren Eltern und Geschwistern vor.

1 Bereitet euch darauf vor, die Situation in der Klasse zu spielen, ohne vorher zu proben:
- Bildet Gruppen mit jeweils fünf Schülern.
- Einigt euch darauf, wer in der Gruppe welche Rolle übernimmt.
- Achtet beim Spiel darauf, dass sich ein Elternteil gegen den Wunsch ausspricht.

2 Jede Gruppe spielt die Situation einmal vor.

Lilli Ich möchte gerne einen kleinen Hund haben.
Florian *(großer Bruder)* ...
Vater ...
Mutter ...
Sascha *(kleiner Bruder)* ...

3 Die Schülerinnen und Schüler, die gerade nicht mitspielen, sind die Beobachter. Achtet besonders auf die Personen, für deren Rolle ihr euch selbst auch entschieden habt:
- Welches Ziel verfolgt die Person im Gespräch?
- Wie versucht die Person ihr Ziel zu erreichen?

4 Sammelt eure Beobachtungen und schreibt sie in eine Tabelle, z. B.

Personen	Gruppe A	Gruppe B	Gruppe C
Vater	regt sich auf, wird laut	will seine Ruhe haben, will erst später darüber sprechen	findet die Idee gut, erzählt gleich von tollen Rassen
Mutter	...	...	...
Sascha	...	...	...
Florian	...	...	...
Lilli	...	...	...

TIPP!
Ihr könnt die Tabelle auch gemeinsam an der Tafel ausfüllen.

Konflikte einmal anders

Ihr habt herausgefunden, dass sich die Familienmitglieder in einem Gespräch sehr unterschiedlich verhalten können, um ihre Ziele zu erreichen. Bereitet euch darauf vor, die Szene von Seite 45 noch einmal zu spielen.

1 Es gibt verschiedene Verhaltensweisen und Formulierungen, mit denen man seine Ziele in einem Gespräch erreichen kann.
Lest sie euch gemeinsam durch und sprecht darüber:

1. Begründe deinen Wunsch, wenn du ihn in einem Gespräch durchsetzen willst:
   – Das ist gar nicht so teuer, weil ..., obwohl ..., ... deshalb ...

2. Gehe auch auf die Argumente der anderen ein:
   – Ich verstehe, dass du dich nicht mit dem Gedanken anfreunden kannst,
   ... weil ..., ... aber ...
   – Du hast recht, denn ..., ... aber ...

3. Zeige deutlich, wenn etwas für dich besonders wichtig ist:
   – Für mich ist das wichtig, weil ...
   – Vor allem könnt ihr euch darauf verlassen, dass ...

4. Zeige deutlich, wie du dich fühlst:
   – Darüber bin ich sehr traurig, weil ...
   – Das macht mich wütend, denn ...

Vielleicht fallen euch noch weitere Verhaltensweisen und Formulierungen ein. Schreibt sie auf.

2 Spielt die Szene von Seite 45, Aufgabe 2, noch einmal vor und benutzt die passenden Formulierungen. Dabei sollen sich die Personen wie folgt verhalten:
- Lilli begründet ihren Wunsch.
- Der Vater hört sich alles in Ruhe an, ist aber grundsätzlich dagegen.
- Die Mutter äußert ihre Bedenken, lässt sich aber von Lillis Argumenten überzeugen.
- Sascha unterstützt seine Schwester.
- Florian ist begeistert, weil er selbst auch gern ein Tier hätte.

Die Beobachter machen sich Notizen dazu, ob sich die Personen entsprechend verhalten haben und ob sie die richtigen Worte fanden.

3 Probiert die Verhaltensweisen und Formulierungen in einem neuen Spiel aus.
Bevor ihr mit dem Spiel beginnt, überlegt:
- Was für einen Konflikt möchtet ihr darstellen?
- Welche Personen sind beteiligt? Wer übernimmt die Rollen?
- Welche Ziele verfolgen die Personen?

Ihr könnt die folgenden Anregungen nutzen:

Wieso muss ich immer die Spülmaschine ausräumen?

Die anderen dürfen auch bis 24.00 Uhr auf der Fete bleiben.

Ich möchte aber nicht mit zum Wandern in die Berge!

Du spielst nicht in unserer Mannschaft!

Wenn die zu deinem Fest kommt, bleibe ich zu Hause!

4 Die Zuschauer sprechen ab, wer wen beobachtet.
Sie machen sich Notizen zu folgenden Fragen:
- Halten sich die Spieler an die Vorgaben?
- Gehen die Spieler aufeinander ein?
- An welchen Stellen könnten sie anders reagieren?

TIPP!
Haltet eure Beobachtungsergebnisse in einer Tabelle fest.

5 Spielt jetzt die Szene vor. Tauscht euch anschließend darüber aus, wie der Konflikt gelöst wurde oder warum es zu keiner Lösung gekommen ist.

6 Die Beobachter stellen nach dem Rollenspiel ihre Ergebnisse vor.

Arbeitstechnik

Ein Rollenspiel durchführen
In einem Rollenspiel lernen alle: Spieler und Beobachter.

Die Spieler
übernehmen eine Rolle. Ihr Verhalten wird vorher abgesprochen.
Sie spielen nicht sich selbst, bringen aber ihre Erfahrungen mit ein.

Die Beobachter
beobachten und beurteilen die angebotenen Lösungen.
Sie beurteilen aber nicht die schauspielerische Leistung.

Sich streiten und sich einigen

1 Schau dir das Bild genau an.
- Beschreibe, warum die vier wohl streiten.
- Schreibe zu jeder Person mindestens einen Satz auf, den sie in dieser Situation sagen könnte.

[1] der Kompromiss: eine Lösung, bei der jeder dem anderen etwas entgegenkommt

2 Überlege dir einen Kompromiss[1]. Schreibe einen Vorschlag auf, wie man den Streit beenden könnte.

3 Besprecht in Gruppenarbeit eure Arbeitsergebnisse und einigt euch auf einen Vorschlag.

TIPP!
Bemühe dich um eine Lösung, die für beide Seiten fair ist.

4 Spielt den Streit und die Lösung in einem Rollenspiel nach. Ihr könnt auch verschiedene Lösungen durchspielen.
Die Zuschauer beobachten, wodurch sich der Streit verstärkt und wie eine Lösung gefunden wird.

→ **Seite 47, 49, 247,** Arbeitstechnik „Ein Rollenspiel durchführen“

5 Besprecht das Rollenspiel in der Klasse. Wertet eure Beobachtungen aus:
- Welche Sätze und welches Verhalten haben den Streit verstärkt?
- Welche Sätze und welches Verhalten haben zur Lösung geführt?
- War die gefundene Lösung fair?

Manche Verhaltensweisen verstärken einen Streit eher, manche sind geeignet, um eine Lösung zu finden.

6 Setze die Lückenwörter richtig ein und schreibe den Text in dein Heft. Wenn dir noch weitere Verhaltensweisen einfallen, die zu einer Lösung führen können, ergänze sie.

ausreden | beleidigen | gute Gründe | Kompromiss | faire Lösung

Ich lasse den anderen ✎ . Ich ✎ den anderen nicht. Ich nenne ✎ für meinen Wunsch oder Vorschlag.
Bei einem Streit bin ich bereit, dem anderen entgegenzukommen und einen ✎ zu finden. Ich mache Vorschläge für eine ✎ .

7 Besprecht, in welchen Situationen es in der Klasse öfter Streit gibt. Wählt eine Situation aus und stellt sie in einem Rollenspiel dar. Probiert verschiedene Möglichkeiten aus, um den Konflikt zu lösen.

→ **Seite 47 f., 247,** Arbeitstechnik „Ein Rollenspiel durchführen"

8 Wenn zwei sich streiten, kann nicht selten ein Dritter helfen, den Streit zu schlichten. Stell dir vor, du wärst in dem Streit der Fußball- und Basketballspieler dieser Dritte (siehe die Illustration auf Seite 48). Was würdest du sagen und tun? Notiere deine Überlegungen.

9 EXTRA Lies dir den Kasten unten und den Lückentext in Aufgabe 6 durch. Welche drei Regeln findest du am wichtigsten, damit ein Konflikt gelöst werden kann? Begründe deine Auswahl.

Was dich stark macht

Sich streiten und sich einigen

1. Setze dich nur mit Worten und nicht mit Fäusten auseinander.
2. Erkenne an, dass andere Menschen eine andere Sicht und andere Interessen haben können.
3. Beachte die Gesprächsregeln. Beleidige niemanden und nenne gute Gründe für deine Vorschläge.
4. Bemühe dich um eine Lösung des Streits, die für beide Seiten fair ist.

10 EXTRA Schreibe eine Geschichte zum Thema „Neulich hatten wir heftigen Streit". Du kannst erzählen, was du wirklich erlebt hast, oder alles erfinden.

Wie sich ein Streit entwickelt

1 Zwei Jungen begegnen sich zum ersten Mal. Lest den Text oder hört ihn euch an. Findet heraus, warum sie in Streit geraten.

Online-Link
Hörverstehen
313272-0050

Hörspiel von Leander Petzoldt

Tom und der Neue

Personen *Huck als Erzähler, Tom, der Neue*

Huck Tom hatte keinen guten Tag heute. Er war auf dem Heimweg und überlegte, was er seiner Tante Polly sagen sollte, weshalb er so spät dran war, als plötzlich dieser Fremde vor ihm stand. Und wie der aussah, gebügelt und geschniegelt[1], mit einer affigen Mütze auf dem Kopf und mit einer feinen blauen Jacke. Er hatte sogar Schuhe an, und es war doch Werktag heute …
(Schritte. Man hört Tom pfeifen und sich nähern. Die Schritte hören im selben Moment auf wie das Pfeifen.)

Tom Du bist der Neue!
Der Neue Na und?
(Schritte, die gestoppt werden, weil der Neue nach der gleichen Seite ausweicht wie Tom.)
Tom Geh mir aus dem Weg!
Der Neue Geh du doch!
Tom Soll ich dir eine schmieren?
Der Neue Versuch's doch mal!
Tom Kannste gleich haben.
Der Neue Du gibst ja nur an.
(Kleine Pause, dann wieder Schritte, die gestoppt werden.)
Tom Wie heißt'n du?
Der Neue Das geht dich einen Dreck an.
Tom Ich werd's dir schon zeigen, dass mich's was angeht.
Der Neue Na, dann zeig's doch!
Tom Du meinst wohl, du wärst was Besonderes. Wenn ich wollte, könnt ich dich mit einer Hand umhauen.
Der Neue Warum tust du's nicht, du gibst doch nur an und redest.
Tom Werd nicht frech, sonst tu ich's!
Der Neue Tu's doch!
Tom Was für einen blöden Hut du aufhast.
Der Neue Kannst ja mal versuchen, ihn anzufassen.

[1] gebügelt und geschniegelt: fein angezogen

Tom Angeber!

Der Neue Selber Angeber.

Tom Hau ab!

Der Neue Hau du doch ab!

Tom Wenn du nicht gehst, schmeiß ich dir 'nen Stein an den Kopf.

Der Neue Warum tust du's denn nicht, du redest immer nur, du bist ja zu feige.

Tom Ich bin nicht feige.

Der Neue Natürlich bist du feige.

Tom Nicht wahr!

Der Neue Doch wahr!

(Kleine Pause, man hört Atmen, dann Schritte und Ausrutscher, weil sie sich anrempeln.)

Tom *(mit erhobener Stimme)* Hau jetzt ab!

Der Neue Fällt mir gar nicht ein.

(Man hört wieder knirschenden Sand, Ausrutscher und Keuchen.)

Tom Du bist doch ein Feigling und ein Idiot. Ich sag's meinem großen Bruder. Wenn der dich mit dem kleinen Finger antippt, fällste um.

Der Neue *(höhnisch lachend)* Ha, ha, dein Bruder. Meiner ist viel stärker, der schmeißt deinen einfach über den Zaun da.

Huck Natürlich existieren beide Brüder nur in der Einbildung. Aber jetzt werden sie sich bald prügeln. Es ist immer dasselbe. Es dauert eine ganze Zeit, bis sie so wütend sind, dass sie übereinander herfallen.

(Man hört ein kratzendes Geräusch, als Tom mit dem Fuß eine Linie auf dem Boden zieht.)

Tom So, wenn du über diese Linie gehst, dann kriegst du Prügel, wie du sie noch nie bekommen hast …

2 Bildet Gruppen und besprecht:
- Wie geht die Begegnung eurer Meinung nach aus?
- An welcher Stelle hätten sich die Jungen anders verhalten müssen, um den Streit zu vermeiden?

3 Bereitet euch darauf vor, die Szene in der Klasse vorzuspielen.

4 Schreibt die Szene so um, dass der Streit vermieden wird.

Ich wünsche mir ...

1 Formuliere die Wünsche der Kinder und begründe sie, z.B.
Ich hätte gerne mehr Taschengeld, weil alles teurer geworden ist.

Ich möchte gerne ...

Ich hätte gerne ...

Könnte ich ... haben?

Ich brauche ...

Wünsche und Bitten	Begründungen
1. Vivian hätte gerne mehr Taschengeld. Sie sagt zu ihren Eltern: „...“	– Alles ist teurer geworden.
2. Ardan wünscht sich ein Handy. Er sagt zu seinen Eltern: „...“	– Alle Kinder in meiner Klasse haben ein Handy und können miteinander telefonieren.
3. Tanja möchte gerne Inline-Skates haben. Sie sagt zu ihren Eltern: „...“	– Ich könnte dann mit Emilia zusammen jeden Nachmittag skaten.
4. Tobias hätte gerne einen eigenen Computer. Er sagt zu seinen Eltern: „...“	– Es ist umständlich, dass ich jetzt den Computer nur benutzen darf, wenn Tim nicht da ist.
5. Lara wünscht sich neue Jeans. Sie sagt zu ihren Eltern: „...“	– Meine alten Jeans sind wirklich nicht mehr schick.
6. Christoph möchte gerne neue Joggingschuhe einer besonders teuren Marke. Er sagt zu seinen Eltern: „...“	– In allen anderen Schuhen tun mir die Füße weh.

2 Was haltet ihr von den Begründungen?
Besprecht, wie man noch überzeugender begründen könnte.

3 Wie formulierst und begründest du deine Wünsche? Schreibe drei Beispiele auf.

4 Spielt die Gespräche zwischen Eltern und Kindern. Beginnt die Gegenargumente mit einer passenden Einleitung, z. B.

– Mehr Taschengeld? – Lerne erst einmal sparsamer mit Geld umzugehen. Juri und Laura kommen ja auch mit dieser Summe zurecht.
– Das stimmt, aber die beiden sind jünger …

Das stimmt, aber …

Du hast ja Recht, aber …

Das habe ich mir auch schon überlegt, aber …

Daran habe ich auch schon gedacht, aber…

Das verstehe ich ja, doch …

Das ist richtig, aber …

Antworten der Eltern	Gegenargumente der Kinder
1. Mehr Taschengeld? – Lerne erst einmal sparsamer mit Geld umzugehen. Juri und Laura kommen ja auch mit dieser Summe zurecht.	– … , … die beiden sind jünger und brauchen viel weniger Sachen für die Schule.
2. Ein Handy? – Kommt nicht in Frage. Ihr könnt doch in der Schule genug miteinander sprechen.	– … , … ich könnte euch auch anrufen, wenn ich mal später nach Hause komme, da ihr euch doch immer Sorgen macht.
3. Inline-Skates? – Weißt du, wie gefährlich das Skaten ist? Ich habe gerade gelesen, wie viele Unfälle da passieren.	– … , … auch das Fallen kann man lernen. Bei Emilia ist noch nie etwas passiert!
4. Einen eigenen Computer? – Nein, du sitzt doch so schon zu viel vor der Kiste. Wie wäre es, wenn du ein bisschen mehr Sport treiben würdest?	– … , … ich verspreche auch, dass ich dann regelmäßig zum Training gehen würde.
5. Neue Jeans? – Na ja, es muss ja nicht sofort sein.	– … , … ich würde mich freuen, wenn ich zum Schulfest in neuen Jeans gehen könnte.
6. Teure Markenschuhe? – Das muss doch wirklich nicht sein! Die kannst du dir kaufen, wenn du mal selbst Geld verdienst.	– … , … die Hälfte würde ich von meinem gesparten Geld bezahlen.

5 Was haltet ihr von den Gegenargumenten? Besprecht, an welchen Stellen man noch überzeugender formulieren könnte.

Darf ich ...?

Anna will bei ihrer Freundin übernachten. Sie versucht, ihre Mutter zu überzeugen.

müssen | können | dürfen | wollen | mögen | sollen

1 Lies das Gespräch zwischen Anna und ihrer Mutter. Setze dabei die Modalverben in der richtigen Personalform ein.

Anna Du, Mama, **darf** ich am Freitag bei Jenny übernachten?
Mutter Das ... ich nicht allein entscheiden. Darüber ... ich erst mit Papa reden.
Anna Aber wir ... für die Schule einen Vortrag vorbereiten. Dafür brauchen wir viel Zeit! Das ... wir nicht an einem Nachmittag schaffen!
Mutter Anna, ich habe gesagt, ich ... erst mit Papa reden!
Anna Aber Mama! ... du nicht mal eine Ausnahme machen?
Mutter Anna, du ... mir nicht auf die Nerven gehen!
Anna ... du Papa nicht gleich mal anrufen und ihn fragen?
Mutter Ich ... Papa jetzt nicht anrufen, er ist auf einer Dienstreise.
Anna Mama, aber ich ... ihm doch eine SMS schicken, oder?
Mutter Anna, wenn du weiter so quengelst, ... du nirgendwo hingehen.

2 Übernimm die folgende Tabelle in dein Heft und fülle sie aus.

	können	**mögen**	**dürfen**	**müssen**	**wollen**	**sollen**
ich	kann	...	...	...	...	...
du	...	...	...	...	...	...
er/sie/es	...	...	...	...	...	...
wir	...	...	...	...	...	...
ihr	...	...	...	...	...	...
sie	...	...	...	...	...	...

→ **Seite 234 f.,** Wortarten

Merke

Können, mögen, dürfen, müssen, wollen und *sollen* sind **Modalverben**. Meist werden sie zusammen mit anderen Verben benutzt: *Ich **soll** schlafen. Wir **müssen** gehen.*

Sie sollte …

In Samiras Schule gibt es einen Sorgenbriefkasten. Hier schreiben Schülerinnen und Schüler über ihre schulischen Probleme und ihren persönlichen Kummer.

1 Lies die beiden Briefe aus dem Sorgenbriefkasten.

In meiner Klasse ist ein Junge, der von allen verspottet und geärgert wird. Er tut mir so leid! In der Hofpause steht er meistens ganz alleine in einer Ecke. Wenn ihm jemand helfen will, ist der bei den anderen auch unbeliebt. So ging es auch mir, als ich versucht habe, mit ihm zu sprechen. Was kann man da machen? Was sollte ich tun?

Max

Ich schreibe diesen Brief, weil es mir in meiner Klasse schlecht geht. Alle schließen mich aus, weil ich die beste Schülerin bin und fast immer Einsen bekomme. Ein Beispiel: Wir sollten ein Kurzreferat halten. Ich habe fast eine halbe Stunde über Erdbeben gesprochen. Es war superspannend. Aber alle haben nur gestört und blöde Sachen gesagt. Was kann ich tun, damit die anderen netter zu mir sind?

Alissa

2 Welche Probleme werden in den Briefen angesprochen?
Besprecht in der Gruppe, wie sie gelöst werden könnten.
So könnt ihr eure Vorschläge beginnen:

Er dürfte nicht …	Sie müsste zuerst …
Sie sollte sofort …	Er könnte aber auch …

3 EXTRA Welche Ratschläge würdest du Max und Alissa geben?
Schreibe mindestens fünf Empfehlungen auf, z. B.
Max sollte zunächst mit seinen Freunden über die Situation sprechen.
Er könnte …
Alissa müsste darüber nachdenken … Sie dürfte nicht …

Können Sie bitte …?

Können Sie mir bitte sagen, …?

Entschuldigung, darf ich Sie …?

Entschuldigung, wissen Sie vielleicht, …?

Könnte ich bitte, …?

Entschuldigen Sie bitte, …

Sagen Sie bitte, …

1 Was sagst du in diesen Situationen?

1. Du fragst im Supermarkt eine Verkäuferin, wo die Glühlampen liegen.
2. Du fragst jemanden auf der Straße nach der Uhrzeit.
3. Du suchst die nächste Straßenbahnhaltestelle.
4. Du rufst im Restaurant den Kellner, um ein Glas Apfelschorle zu bestellen.
5. Du sitzt in der Bahn und siehst, dass jemand von den Aussteigenden seinen Schirm liegen gelassen hat.
6. Du erkundigst dich telefonisch nach der Anfangszeit des Filmes „Krabat".

Formuliere deine Äußerungen möglichst höflich, z. B.
Entschuldigung, können Sie mir bitte sagen, wo die Glühlampen liegen?

Was haltet ihr davon …?

Ich möchte am liebsten …

Wir könnten doch …

Wie wäre es, wenn …?

Ich würde gern …

Wollen wir nicht …?

Ich schlage vor, …

2 Formuliere deine Vorschläge gegenüber Freunden, z. B.
Was haltet ihr davon, heute Abend ins Kino zu gehen?

1. heute Abend ins Kino gehen
2. morgen nach der Schule Fußball spielen
3. am Wochenende eine Radtour machen
4. jetzt gemeinsam Mathe lernen
5. heute Nachmittag das neue Computerspiel ausprobieren
6. am Sonntag eine Runde skaten

3 Lehne die Vorschläge aus Aufgabe 2 ab. Denke dir Gründe aus.
Du kannst auch Gegenvorschläge formulieren, z. B.
Ins Kino? Dazu hätte ich schon Lust, aber ich habe kein Taschengeld mehr.

Es tut mir leid, aber das passt mir gar nicht. Ich …

Ich würde gerne, aber …

Leider …, aber ich habe eine andere Idee …

Dazu hätte ich schon Lust, aber …

Da kann ich nicht, aber …

Gute Idee, aber …

Schade, aber …

Das wäre schön, aber …

4 Bitte eine Freundin oder einen Freund um einen Gefallen.

Sag mal, hast du vielleicht Zeit …?

Kann ich dich um einen Gefallen bitten: …

Würdest du …?

Du, ich habe mal eine Frage: Kannst du …?

Kannst du vielleicht …?

Du bittest darum,

1. dir die Matheaufgabe zu erklären, weil du sie nicht verstanden hast.
2. morgen im Unterricht alles Wichtige für dich mitzuschreiben, weil du einen Arzttermin hast und fehlen wirst.
3. dich heute beim Training zu entschuldigen, weil es dir nicht gut geht.
4. im Unterricht für dich mitzuschreiben, weil du krank bist, aber nichts versäumen willst.
5. dir an dem neuen Computer zu erklären, wie die Rechtschreibkontrolle funktioniert.
6. dir bei den Einstellungen deines Handys zu helfen, weil du damit nicht zurechtkommst.

Formuliert z. B. so:
Sag mal, hast du nachher vielleicht etwas Zeit? Ich habe die Matheaufgabe nicht verstanden. Kannst du sie mir erklären?

5 Szenen aus dem Schulalltag

Szenen zum Nachspielen

TIPP!
Besetzt die „Rollen" mit jeweils zwei Personen: Die eine Person liest, die andere spielt die Rolle pantomimisch (ohne Worte).

1 Lest die Texte mit verteilten Rollen.

Lehrer und Schüler während der Pause

Herr Fischer *(droht einem Schüler)* Bursche, ich werde demnächst mal deinen Vater besuchen!
Leon Das geht nicht, er ist krank.
Herr Fischer *(schaut verwundert)* So? Tatsächlich, immer noch? Etwas Ansteckendes?
Leon *(fasst sich an den Kopf)* Das will ich doch nicht hoffen.
Herr Fischer *(mitfühlend)* Was fehlt ihm denn?
Leon *(langsam)* Er ist überarbeitet.
Herr Fischer Da kann ich dich beruhigen! So wie du derzeit mitarbeitest, handelt es sich wohl nicht um eine ansteckende Krankheit!

Die Lehrerin betritt den Raum. Nach der Begrüßung lächelt sie der Klasse zu und beginnt mit dem Deutschunterricht.

Frau Bergmann Wir beschäftigen uns heute mit den Vorsilben. Die Vorsilbe un- bedeutet selten etwas Gutes. Könnt ihr Wörter nennen, die mit un- beginnen?
Schülerinnen/Schüler *(melden sich sehr eifrig)*
Frau Bergmann *(ruft einige auf)*
Larissa Ungeheuer.
Frau Bergmann Richtig.
Jan Unheil.
Frau Bergmann Toll!
Anna Ungerecht.
Frau Bergmann Gut! Weiter so!
Simon Unterricht.
Alle *(lachen)*
Frau Bergmann Unterricht ist eine Ausnahme.

Der Lehrer betritt am Montagmorgen das Klassenzimmer, die Kinder sind fröhlich, er lacht mit.

Herr Klein Wer kennt denn einen lustigen Tagesspruch?
Einige Schülerinnen und Schüler *(melden sich sofort)*
Svenja Lieber Sport am Sonntag, als Deutsch am Montag!
Simon Alle Schüler fürchten Mathe, nur nicht die Renate, denn die kann Karate.
Anna Mathe ist wie eine verschmutzte Brille: Keiner blickt durch.
Herr Klein Gut so, aber jetzt beginnen wir mit Mathe! Michael, wie viel ist 8 mal 7?
Michael Keine Ahnung, die Batterien in meinem Taschenrechner sind leer.

2 Einige von euch haben vielleicht schon einmal Theater gespielt. Erzählt davon.

TIPP!
Erinnert euch an lustige Situationen an eurer Schule.

3 EXTRA Besprecht, bei welchen Gelegenheiten ihr kleine Szenen vor Zuschauern spielen könntet.

4 EXTRA Entwerft kleine Spielszenen. Wenn ihr eine Aufführung plant, könnt ihr sie einüben und vorspielen.

Arbeitstechnik

Einen Dialogtext[1] auswendig lernen

1. Lies einen Satz, decke ihn ab und wiederhole ihn auswendig.
2. Lerne zuerst nur einen Satz, danach zwei, dann drei usw.
3. Bitte einen Partner, den Text der anderen Darsteller zu lesen, oder nimm ihn mit einem Aufnahmegerät auf.
4. Präge dir für deinen Einsatz jeweils das letzte Wort deines Vorredners ein.

[1] der Dialog: Gespräch zwischen zwei oder mehreren Personen

Ein Dialog mit dem Sams

1 Lest den Text oder hört ihn euch an.

Online-Link
Hörverstehen
313272-0060

Paul Maar

Eine Woche voller Samstage (Ausschnitt)

Wer kennt nicht das Sams: Am Montag bekam Herr Taschenbier Besuch von Herrn Mon, – am Dienstag hatte er Dienst. Am Mittwoch war die Mitte der Woche, am Donnerstag donnerte es und am Freitag hatte Herr Taschenbier frei. Am Samstag nun kam das Sams, ein ungewöhnliches und ungewöhnlich freches Wesen. Und: Wann immer Herr Taschenbier sich etwas wünscht, geht es in Erfüllung. Das liegt an den Wunschpunkten in Sams' Gesicht. Diesmal hat Herr Taschenbier sich gewünscht, das Sams sollte doch mal in der Schule lernen, wie man sich richtig benimmt.

Als Herr Studienrat Groll in die Klasse kam, herrschte dort große Aufregung. „Ruhe!", donnerte er und schlug mit dem Buch auf die erste Bank. Schlagartig verstummten alle Schüler, rannten zu ihren Plätzen und stellten sich auf.
„Was soll der Lärm?", fragte er barsch[1].
„Da ist ein Neuer!", sagte ein Schüler.
„Der sieht komisch aus", ein anderer.
„Er hat einen Anzug wie ein Froschmann", rief ein dritter.
„Und das ganze Gesicht voller Tintenflecken", fügte ein vierter hinzu.
„Ruhe!", schrie Herr Groll noch einmal. „Redet doch nicht alle durcheinander!"
Streng sah er von einem Schüler zum anderen, ging durch den Mittelgang nach hinten, drehte sich ruckartig um, kam langsam wieder nach vorn, setzte sich hinter sein Pult und legte seine Bücher vor sich hin.
„Setzen!", befahl er dann, und die Schüler setzten sich aufatmend nieder.
Jetzt wandte er sich dem Neuen zu. Der hatte während der ganzen Zeit seelenruhig in der ersten Bank gesessen.
„Kannst du nicht aufstehen?", fragte er.
„Doch", sagte der Neue freundlich und stand auf.
„Warum sitzt du hier in der ersten Bank?", fragte Groll weiter.
„Ich sitze nicht in der ersten Bank", antwortete der Neue.
„Wieso?", fragte Groll.
„Weil ich stehe", erklärte der Neue ernst.
„Keine Frechheiten. Setzen!", schrie Studienrat Groll.
„Ich meine, wer dich da hingesetzt hat."
„Ich hab mich ganz allein hingesetzt."

[1] barsch: unfreundlich

„Hier setzt sich keiner allein irgendwo hin. Hier bestimme ich, wer sich wo hinsetzt", sagte Groll schneidend. „Sofort kommst du aus der Bank!"
Der Neue erhob sich wieder und stellte sich in den Mittelgang.
„Klaus-Friedrich Ochs, wo sind noch Plätze frei?", fragte darauf Herr Groll und schaute über seinen Brillenrand.
Klaus-Friedrich Ochs, der Klassenbeste, sprang auf: „Es ist nur noch ein Platz frei, Herr Studienrat", meldete er sich. „Der in der ersten Reihe."
„Gut", sagte Herr Groll. „Dann darf er sich in die erste Bank setzen." Und der Neue setzte sich wieder auf den Platz, auf dem er schon vorher gesessen hatte.
Studienrat Groll stellte sich vor ihm auf.
„Wie heißt du?", fragte er.
„Robinson", sagte der neue Schüler und lachte. Es war natürlich das Sams.
„Du sollst hier nicht lachen!", befahl Herr Studienrat Groll und runzelte die Stirn.
„Warum nicht?", fragte das Sams.
„Weil man hier nicht lacht", erklärte Herr Groll.
„Doch, man lacht hier", stellte das Sams richtig. „Schau her!" Und es lachte, dass sein Mund von einem Ohr zum anderen zu reichen schien.
Die Kinder lachten mit, so ansteckend wirkte das.
Herr Studienrat Groll sah verzweifelt an die Decke.
„Du heißt doch nicht nur Robinson", sagte er, als er sich etwas beruhigt hatte. „Wie heißt du denn noch?"
„Taschenbier", sagte das Sams stolz.
„Und warum hast du einen so komischen Anzug an?"
„Weil alle anderen immer platzen."
„Platzen?", fragte Herr Studienrat Groll. „Wie denn?"
„So!", sagte das Sams, fasste Herrn Grolls Jackenärmel und zog daran, bis er platzte. „Genau so!"
„Raus!", schrie Herr Studienrat Groll mit hochrotem Kopf. „Stell dich sofort vor die Tür! Du kannst von Glück reden, dass man die Schüler nicht mehr verhauen darf. Früher hätte ich den Rohrstock geholt." „Au fein", freute sich das Sams. „Rohrstock schmeckt gut." […]

2 Besprich mit deiner Partnerin oder deinem Partner, welche Personen in dem Text vorkommen. Schreibe sie in dein Heft.
ein Erzähler, Studienrat Groll …

3 Arbeitet zu zweit und lest euch den Text gegenseitig vor. Lest dabei die wörtliche Rede so, dass deutlich wird, *wie* etwas gesagt wird.

→ **Seite 158 f., 233, 238,** wörtliche/direkte Rede

4 Sucht euch einen Abschnitt aus, den ihr vorspielen wollt. Ihr könnt die Länge des Abschnitts selbst bestimmen.

Szenen schreiben und spielen

Auf dem Schulhof

Auf dem Schulhof ist während der Pause mal wieder viel los. Einige spielen Fangen, andere Tischtennis, wieder andere essen ihr Pausenbrot oder stehen wie Meike, John, Pia, Philipp und Eren zusammen.
Meike erzählt den anderen, dass sie im Biologieunterricht gerade Krokodile durchnehmen, und fragt, wie lange Krokodile leben.
Pia antwortet ihr mit ernster Miene, dass sie genauso leben würden wie kurze.
Philipp grinst und schlägt sich mit der Hand an die Stirn.
Eren fragt Philipp, warum er bei der Klassenfahrt in London in den Bussen eigentlich nie oben gefahren sei.
Philipp guckt entsetzt und meint, dass es oben ja nie einen Fahrer gegeben hätte. Die anderen verdrehen die Augen.
Pia tritt die ganze Zeit schon von einem Fuß auf den anderen. Die anderen fragen, was denn los sei. Schon leicht verzweifelt flüstert sie, sie müsse mal. Die anderen verstehen nicht, warum sie dann nicht geht.
Sie erklärt, sie sei doch nicht so blöd und gehe in der Pause.
Es gongt und alle strömen ins Schulhaus.

1 Entwickelt aus dem Text eine kleine Szene. Überlegt zuerst:
- Welche Personen spielen mit?
- Wie soll die Szene beginnen?
- Wie soll sie enden?
- Wie muss der Spielort aussehen?

TIPP!
Kurze Sätze lassen sich leichter sprechen als lange.

2 Die Szene auf dem Schulhof kommt euch bestimmt bekannt vor. Was haben die Schülerinnen und Schüler wohl gesagt?
Lest die einzelnen Abschnitte noch einmal und schreibt den Text in einen Dialogtext um, z. B.

Meike Wir nehmen in Biologie gerade Krokodile durch.
Wisst ihr eigentlich, wie lange Krokodile leben?
Pia (mit ernster Miene) …

3 Bildet Gruppen und verteilt die Rollen. Spielt die Szene nach eurem Dialogtext. Beobachtet beim Proben, wie sich die Personen bewegen und wie sie reden. Besprecht, was euch schon gut gefällt und was noch geändert werden sollte. Überarbeitet euren Text entsprechend, z. B.
Philipp (guckt entsetzt) …
So soll die Szene dann immer gespielt werden.

4 Jetzt könnt ihr ein eigenes Textbuch zusammenstellen, in dem ihr sofort seht,
- welche Person gerade spricht,
- wie und was sie spricht,
- wie sie sich bewegt,
- welche Gegenstände die Personen bei sich haben,
- wie die Personen gekleidet sind,
- was auf der Bühne gerade passiert und
- welche Gegenstände für die „Bühne" gebraucht werden, z. B. Tisch, Stuhl, …

Beispiel für ein Textbuch:

Personen	Spielanweisungen	Dialogtext
	Es klingelt zur Pause. Kinder kommen auf die Bühne; einige spielen, andere essen ihr Pausenbrot.	
Meike, John, Philipp, Pia, Eren	stehen zusammen	
Meike	…	Wir nehmen in Bio …
Pia	mit ernster Miene	Die leben …
…	…	…

5 Spielt eure Szenen in der Klasse vor.
Die Zuschauer achten auf bestimmte Punkte, damit sie hinterher eine Rückmeldung geben können, z. B.
- Haben die Spieler deutlich und laut genug gesprochen?
- Haben sie sich den Zuschauern zugewandt?
- Haben sie die passende Mimik und Gestik eingesetzt?
- Wurde die Szene so gespielt, dass man über die Pointe[2] lachen konnte?

→ **Seite 9, 173, 246,** Arbeitstechnik „Eine Rückmeldung geben"

[2] die Pointe: überraschender, oft auch witziger Schluss

Groß und Klein

1 Der Text wurde nur in Großbuchstaben geschrieben. Probiere aus, ob du ihn trotzdem vorlesen kannst.

DAS SCHULFEST

LANGE HATTE DIE KLASSE 6A GEGRÜBELT, WAS SIE AUF DEM SCHULFEST MACHEN KÖNNE. WORAN KÖNNTEN BESUCHER WOHL FREUDE HABEN? SIE HAT SICH DANN ENTSCHLOSSEN, ZU EINER FRÖHLICHEN TURNSTUNDE EINZULADEN: ALLE, DIE MUT HABEN, SOLLEN VORTURNEN. JEDER DARF SICH EINE TURNÜBUNG SELBER AUSSUCHEN, ALLERDINGS SOLLTE SIE WITZIG SEIN. DIE ERWARTUNGEN WERDEN SOFORT ÜBERTROFFEN. FRAU GELLERT, SCHON ÜBER FÜNFZIG UND GAR NICHT SCHLANK, KLETTERT VOLL SELBSTVERTRAUEN AUF DEN STUFENBARREN. ALLE LACHEN ZUERST. DANN ABER MACHT SIE PLÖTZLICH EINEN RASANTEN UMSCHWUNG, DANN NOCH EINEN UND ZUM GUTEN SCHLUSS SPRINGT SIE MIT EINEM SALTO HERUNTER. ALLE ZUSCHAUER ERSTARREN, DANN ERTÖNT LAUTER JUBEL. INZWISCHEN HAT HERR ROT BEGONNEN. ER TURNT PERFEKT, DENN ER HAT FRÜHER EINMAL DIE LANDESMEISTERSCHAFT GEWONNEN. MIT EINER GEKONNTEN FLANKE ÜBERWINDET ER DAS HINDERNIS UND LANDET MIT LAUTEM HILFERUF AUF DEM BAUCH. ABER EHE ES ALLE BEGREIFEN, IST ER AUFGESPRUNGEN UND VERABSCHIEDET SICH ZUR VERBLÜFFUNG ALLER MIT EINEM ÜBERSCHLAG.

2 Schreibe den Text in normaler Schreibung in dein Heft. Unterstreiche alle Nomen.

3 Wiederholt in Partnerarbeit, woran man die Nomen jeweils erkennt. Nutzt dazu die Stichworte im Merkkasten.

→ **Seite 14, 232, 235 f., 241,** Großschreibung der Nomen

Merke

Tests zum Erkennen von Nomen
- Der, die, das, ein, eine, ein vor dem Wort?
- Kann man es anfassen, sehen?
- Die Nachsilben -ung, -heit, -keit, -nis, -schaft, -tum am Ende des Wortes?
- Steht ein verändertes Adjektiv vor dem Wort?

4 Immer ein Wort auf der linken Karte und ein Wort auf der rechten Karte gehören zusammen. Schreibe sie zusammen auf, z. B.
prüfen → die Prüfung, rechnen → die …

prüfen – rechnen – wissen – erlauben – melden – selbständig – selten – zielstrebig – vertraut – irren – schlau – lesen – erzählen – bereit – freundlich	Rechnung – Meldung – Seltenheit – Schlauheit – Lesung – Wissenschaft – Zielstrebigkeit – Irrtum – Selbständigkeit – Vertrautheit – Prüfung – Erzählung – Bereitschaft – Erlaubnis – Freundlichkeit

5 Bestimme die Wortart der Wörter auf der linken Karte. Warum werden die Wörter auf der rechten Karte großgeschrieben?

→ **Seite 234 ff.,** Wortarten

6 Überlege, welche Eigenschaften deine Freunde haben sollten. Schreibe die Adjektive auf.

→ **Seite 236,** Adjektive

höflich – frech – faul – schön – sportlich – bescheiden – ehrlich – pünktlich – großzügig – ordentlich – zuverlässig – empfindlich – fröhlich – zielstrebig – gewissenhaft – schlau – raffiniert – hilfsbereit – schwatzhaft – klug – freundlich

7 Leite von den Wörtern aus Aufgabe 6 die Nomen ab.
- Übernimm dazu die Tabelle in dein Heft und trage die Nomen in die entsprechende Spalte ein.
- Unterstreiche jeweils den Endbaustein, z. B.

meine Freunde sollten diese Eigenschaften haben	meine Freunde sollten diese Eigenschaften nicht haben	diese Eigenschaft ist mir egal
Höflichkeit	Frechheit	…
…	…	…

8 Tauscht euch darüber aus, wie ihr die Tabelle gefüllt habt.

9 EXTRA Bilde Sätze mit den Wörtern aus der Aufgabe 7, z. B.
Höflichkeit hilft uns, mit anderen Menschen gut auszukommen.

Verben werden Nomen

1 Aus Verben werden Nomen. Verändere die folgenden Sätze, z. B.
Das Abladen von Müll hinter dem Schulgelände ist verboten.

Das ist verboten
1. Man darf hinter dem Schulgelände keinen Müll abladen.
2. Man darf die Fahrräder nicht vor der Schule abstellen.
3. Man darf auf den Schulfluren nicht rennen.
4. Man darf auf dem Schulgelände nicht rauchen.
5. Man darf Handys im Unterricht nicht benutzen.
6. Man darf die Schulwände nicht besprühen und beschmutzen.

2 Verändere die folgenden unterstrichenen Wortgruppen, z. B.
das ruhige Verlassen der Schule

Das ist angeordnet
1. Die Schule muss ruhig verlassen werden.
2. Die Fahrräder müssen sicher angeschlossen werden.
3. Die Grünpflanzen müssen täglich gegossen werden.
4. Die Klassenräume müssen gründlich gereinigt werden.
5. Die Tafeln müssen sauber abgewischt werden.
6. Die Fächer müssen ordentlich aufgeräumt werden.

3 EXTRA Füge die Adjektive in die Lücken ein, z. B.
durch fleißiges Üben der Wörter

1. durch ... Üben der Wörter	*fleißig*
2. durch ... Wiederholen des Gedichts	*häufig*
3. das ... Einsammeln der Hefte	*unaufgefordert*
4. beim ... Säubern der Räume	*gründlich*
5. euer ... Meckern und Lärmen	*ständig*
6. ohne ... Beobachten der Vorgänge	*aufmerksam*

→ **Seite 14, 64, 232, 235, 241,** Großschreibung der Nomen

Merke

Wenn du nicht sicher bist, ob du ein Wort großschreiben musst, kannst du den **Einfüge-Test** durchführen: Kann man ein Adjektiv vor dem Wort einfügen? Verändert sich das Adjektiv dabei?
Wenn du diese Fragen mit Ja beantworten kannst, wird das Wort großgeschrieben, z. B.
DAS VERLASSEN + schnell → das schnelle Verlassen

Adjektive werden Nomen

1 Aus Adjektiven werden Nomen. Bilde Wortgruppen und schreibe sie auf, z. B. nichts Neues

etwas	alles
dieses	das
viel	manches
nichts	wenig

neu → Neues
möglich → ?
interessant → ?
geheimnisvoll → ?
seltsam → ?
schön → ?
unsinnig → ?
erfreulich → ?

2 Schreibe die folgenden Sätze in normaler Schreibweise auf. Unterstreiche die Nomen.

VIEL NEUES AM MONTAG

1. AM MONTAG GIBT ES IMMER MANCHES INTERESSANTE ZU ERZÄHLEN.
2. DIE MEISTEN SCHÜLER HABEN AM WOCHENENDE ETWAS SCHÖNES ERLEBT.
3. BEI NILS HAT SICH VIEL AUFREGENDES EREIGNET.
4. ER BERICHTET ÜBER ETWAS SEHR GRUSELIGES.
5. ILKA FINDET ALLES SPANNENDE GUT.
6. DESHALB WILL SIE AUCH ETWAS TOLLES ERZÄHLEN.
7. SIE ERFINDET EINE GESCHICHTE MIT VIEL GEHEIMNIS-VOLLEM.
8. „DU ERZÄHLST WENIG WAHRES“, MEINEN DIE KINDER.

3 EXTRA **viel – wenig – nichts** Bildet Wortgruppen und schreibt sie auf, z. B. viel Lustiges, wenig Komisches, …

lustig | komisch | peinlich | wertvoll | lecker

witzig | klein | groß | sensationell | wahr

Merke

Nach den Wörtern *etwas, alles, nichts, manches, viel, wenig* werden Adjektive wie Nomen gebraucht. Sie werden deshalb großgeschrieben.

→ **Seite 236,** Adjektive

Das Lernen und Lehren

1 Vervollständige die Reime und schreibe sie auf, z. B.
das Lernen und Lehren – das Wischen und Kehren

1. das Lernen und Lehren – das Wischen und K...
2. das Üben und Proben – das Schimpfen und L...
3. das Sprechen und Singen – das Sitzen und Spr...
4. das Weinen und Lachen – das Flüstern und Kr...
5. das Verbinden und Trennen – das Stehen und R...
6. das Schreiben und Reimen – das Falten und L...

2 Schreibe die Sätze ab. Verwende dabei die Adjektive, die in Klammern stehen, als Nomen, z. B.
Im neuen Schuljahr bleibt nicht alles beim Alten.

1. Im neuen Schuljahr bleibt nicht alles beim ... (alt).
2. Es ist beliebt bei den ... (alt und jung).
3. Die ... (reich) helfen den ... (arm).
4. Du musst das ... (gleich) wie alle tun.
5. Sie ahnt nichts ... (böse).
6. Alles ... (gut) zum Geburtstag!
7. Wir lernen etwas ... (neu).
8. Im ... (groß und ganz) war eure Arbeit gut.
9. Zum Schulfest kamen die ... (klein) und die ... (groß).
10. Er gab sein ... (beste).

3 Bilde Gegensatzpaare. Verwende dabei die Adjektive unter den Sätzen als Nomen, z. B.
die Alten und die Jungen

1. die Alten und die
2. die Kleinen und die
3. die Dicken und die
4. die Armen und die
5. die Gesunden und die
6. die Guten und die
7. die Schlauen und die
8. die Langsamen und die
9. die Mutigen und die
10. die Faulen und die
11. die Lauten und die
12. die Lustigen und die

böse · jung · dumm · groß · fleißig · traurig · schnell · krank · leise · dünn · ängstlich · reich

4 Schreibt die Leserbriefe aus Schülerzeitungen als Partner- oder Selbstdiktat.

→ **Seite 107, 109, 246,** Selbstdiktat

a

An alle Vernünftigen in unserer Schule!
Ich berichte über etwas Schlimmes: In meiner Klasse ist eine Schülerin, für die jeder Schultag hier die Hölle sein muss. Sie ist einen Kopf größer als alle anderen. Alle nennen sie nur „die Lange". Wo sie auch ist, gibt es Tuscheln und Lachen hinter ihrem Rücken. Wenn jemand mit ihr spricht, bekommt er auch blöde Bemerkungen zu hören. Diese Schülerin verbringt fast alle Pausen auf der Toilette. Sie will dem Spotten in der Klasse nicht ausgeliefert sein. Wie findet ihr das Verhalten der Mitschüler? Gibt es in anderen Klassen etwas Ähnliches? Was kann man tun? …

b

Hallo,
kennt ihr dieses Knurren in der Magengegend? Mitten in der Stunde überfällt euch der Hunger und ihr habt kein Pausenbrot mit. In der Pause geht ihr zum Kiosk, um etwas Leckeres zu kaufen. Aber dort gibt es nur Getränke und Süßes. Ihr jedoch möchtet etwas Kräftiges oder vielleicht ein frisches Brötchen. Ich frage: Warum richten wir an unserer Schule keinen Brötchenverkauf ein? Schreibt, was ihr davon haltet. …

c

Liebe Mitschülerinnen und Mitschüler,
das ist mein Problem: Keiner in meiner Klasse kann mich leiden, weil ich mit Abstand die Beste bin und fast nur Einsen schreibe. Ich mache oft tolle Sachen, aber niemand findet das gut. Neulich sollten wir zum Beispiel ein Kurzreferat über etwas besonders Interessantes halten. Ich habe 40 Minuten lang über Tsunamis gesprochen und viele Bilder gezeigt. Es gibt kaum etwas Spannenderes als dieses Thema! Aber statt zuzuhören, haben alle auf die Uhr geschaut und Blödsinn gemacht. Könnt ihr mir da einen brauchbaren Rat geben? …

5 Unterstreiche in deinen Diktattexten alle Nomen. Wiederhole in Partnerarbeit, wie man sie erkennen kann.

→ **Seite 14, 64, 66, 232, 235, 241,** Großschreibung der Nomen

6 Mit und ohne Stadtplan

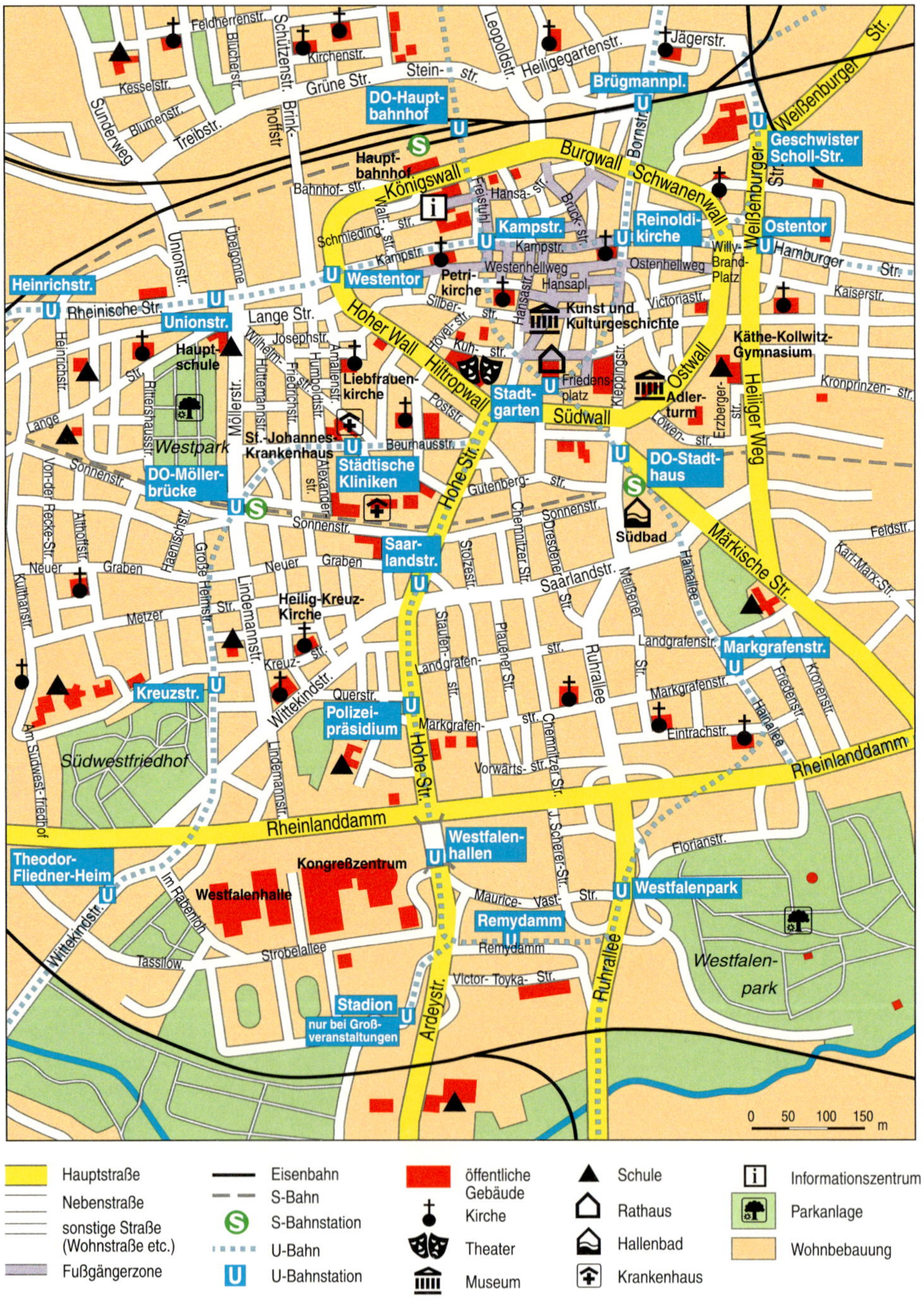

1 Sieh dir den Stadtplan von Dortmund auf Seite 70 an. Suche eine Schule, eine Kirche, das Rathaus, das Hallenbad und das Informationszentrum. Schreibe auf, wo sie sich befinden, z. B.
Die Petrikirche befindet sich im Westenhellweg.

TIPP!
Ihr könnt für die Aufgaben 1, 2, 4 und 5 auch eine Karte von eurem Heimatort verwenden.

2 Stellt euch in Gedanken auf den Bahnhofsvorplatz. Beschreibt, wie man zum Rathaus kommt. Arbeitet zu zweit. Beantwortet auch die folgenden Fragen:
- Wie kommt man vom Hauptbahnhof zum St.-Johannes-Krankenhaus?
- Wo geht es zum Südbad?
- Wie kommt man zum Westfalenpark?

3 Hier sind einige Wortfügungen für genaue Wegbeschreibungen. Schreibt sie ab und ergänzt sie durch weitere.

→ **Seite 80 ff., 237,** Präpositionen/ Verhältniswörter

Wo?	Wohin?
an der Haltestelle	in Richtung …
vor der Kirche	nach links/ rechts
auf dem Platz	durch die Straße
neben der Tankstelle	um die Ecke
hinter der Brücke	über die Straße
…	…

4 **Wo war der Ausgangspunkt?**
Ein Schüler hat sich folgende Aufgabe ausgedacht:

Ich gehe von der Schule bis zum Hohen Wall. Diesen überquere ich, sodass ich in die Silberstraße gelange. Ich gehe nun die Silberstraße bis zur Hansastraße, die ich überquere. So komme ich zum Hansaplatz.

Stellt euch gegenseitig ähnliche Aufgaben. Wer findet den Weg auf der Karte am schnellsten?

5 **Straßenrallye in Dortmund** Geht so vor:
1. Legt gemeinsam den Startplatz auf dem Stadtplan fest.
2. Stellt dann eine Trennwand zwischen euch auf.
3. Einer von euch überlegt sich ein Ziel und beschreibt den Weg dorthin.
4. Der andere versucht, die Strecke mit dem Finger nachzufahren. Kommt er zu dem gedachten Ziel?
   Wechselt euch ab.

Findet ihr es?

1 Schatzsuche auf dem Schulgelände Sucht euch eine Partnerin oder einen Partner. Einer versteckt einen Gegenstand auf dem Schulgelände und verfasst eine Wegbeschreibung dazu.
Der andere versucht, den „Schatz" mithilfe der Beschreibung zu finden, z. B. *Gehe aus dem Klassenzimmer, dann nach rechts bis zur Treppe …*

TIPP!
Fragt sofort nach, wenn euch bei der Wegbeschreibung etwas unklar ist!

2 Berichtet, wie es euch bei der Schatzsuche ergangen ist.
- Welche Wegbeschreibungen waren brauchbar?
- Welche waren zu leicht?
- Welche waren zu schwer?

3 Gedankenreise zu zweit Jeder von euch denkt sich ein Ziel in der Nähe eurer Schule aus.
Wichtig: Der Partner muss dieses Ziel kennen, z. B. einen Platz, ein Gebäude oder einen Ort, den ihr zu Fuß erreichen könnt.
Beschreibt euch nun gegenseitig den Weg so, dass der andere das Ziel erraten kann. Der Partner reist in Gedanken mit.

4 Wer von euch musste bei der Gedankenreise nachfragen und warum? Fasst zusammen, was bei einer Wegbeschreibung wichtig ist. Haltet eure Ergebnisse schriftlich fest.

5 Eine Skizze zeichnen Jeder sucht sich ein neues Ziel in der Umgebung der Schule.
- Schreibt für eine Partnerin oder einen Partner in Stichworten den Weg dorthin auf. Tauscht dann eure Wegbeschreibungen aus.
- Der andere versucht jetzt, nach der Beschreibung eine Skizze zu zeichnen.

Stellt anschließend fest, ob die Skizzen mit den Wegbeschreibungen übereinstimmen. Führen beide zum gedachten Ziel?

Wegspielereien

1 Besorge einen Stadtplan deines Wohn- oder Schulortes.

Wählt A oder B:

A: Einen interessanten Rundweg planen

B: Eine knifflige Fahrradrallye austüfteln

A

Was willst du einem Besucher zeigen, der noch nie in deinem Ort war? Lege schriftlich einen Rundweg fest.

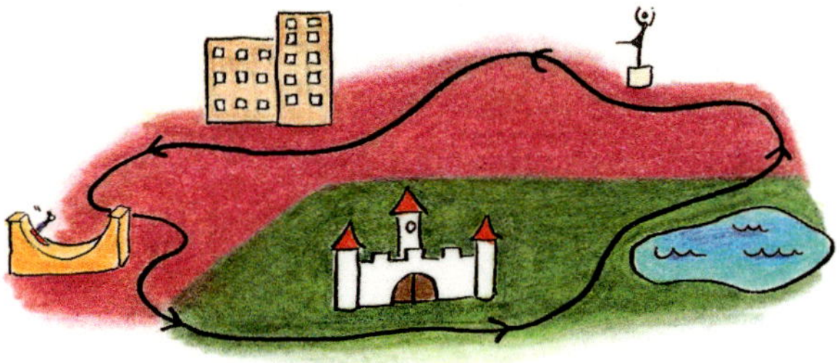

B

Arbeite eine Strecke für die Fahrradrallye aus. Überlege, wo ihr Kontrollstationen einrichten wollt. Schreibe den genauen Weg vom Start bis zum Ziel auf.

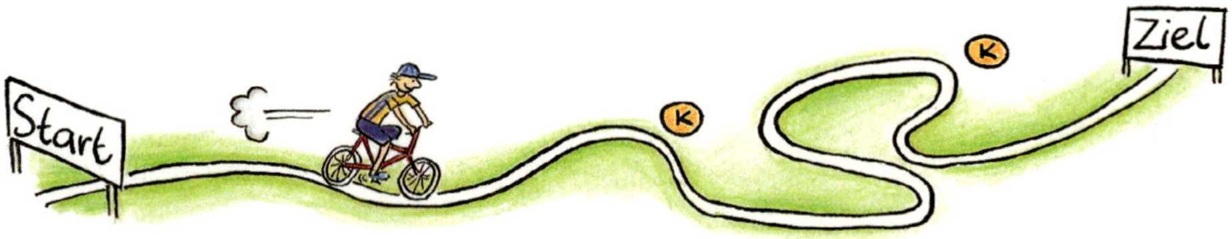

2 Lest den anderen eure Wegbeschreibungen vor. Prüft, ob sie den Weg auf der Karte finden können.
Vielleicht habt ihr Lust, den Rundweg oder die Fahrradrallye selbst auszuprobieren.

TIPP!
Denkt daran, dass dabei genaue Angaben besonders wichtig sind.

3 EXTRA **Krebsgang** Einer beschreibt dem anderen den Weg, den er rückwärts im Klassenzimmer gehen soll.

4 EXTRA **Blinde Kuh** Einer schließt die Augen, der andere führt ihn langsam im Klassenzimmer umher. Er darf ihn dabei einmal drehen.
Achtung: Sprechen verboten! Die „blinde Kuh“ versucht sich den Weg zu merken, damit sie ihn anschließend beschreiben kann.

Bildzeichen

1 Radfahren ist nicht immer einfach. Besprecht:
- Was bedeuten diese Verkehrszeichen?
- An welchen Stellen im Verkehr sind sie wichtig?

2 Tragt zusammen, welche Verkehrszeichen ihr außerdem kennt.

3 Tauscht Euch darüber aus, warum man sich mithilfe dieser Zeichen auch ohne Worte verständigen kann. Untersucht, wie sie aufgebaut sind und was sie so verständlich macht.

4 Klärt gemeinsam, was diese Piktogramme bedeuten.

TIPP!
Denkt auch an Stadtpläne und Wanderkarten.

5 Erfinde zu folgenden Piktogrammen eine Geschichte. Gib ihr eine passende Überschrift.

6 EXTRA Gestalte eine eigene Geschichte, die nur aus Piktogrammen besteht. Du darfst dafür eigene Piktogramme erfinden.

Merke

Ein **Piktogramm** ist ein Bildzeichen (grafisches Symbol). Piktogramme sind so gestaltet, dass man sie schnell erkennt und dass sie möglichst von allen Menschen auf der Welt gleich verstanden werden.

„Entschuldigen Sie bitte, ..."

Wenn man sich nicht zurechtfindet, ist es manchmal am einfachsten, eine fremde Person anzusprechen. Das kann man sehr unterschiedlich tun.

TIPP!
Beachte, dass es sich bei der angesprochenen Person um eine fremde erwachsene Person handelt.

1 Stell dir vor, du suchst den Weg zum Stadion und sprichst jemanden daraufhin an. Welchen der folgenden Sätze würdest du verwenden?

1 „Hallo, ich will zum Stadion, wie komme ich dahin?"
2. „Könnten Sie mir bitte sagen, wie ich zum Stadion komme?"
3. „Zum Stadion, wo geht's da lang?"
4. „Hey, geht es hier zum Stadion?"
5. „Entschuldigen Sie bitte, ich möchte zum Stadion? Wie komme ich dahin?"

2 Ordne die Sätze nach ihrer Höflichkeit. Beginne mit dem höflichsten Satz. Beschreibe, auf welche Wörter oder Merkmale du geachtet hast, um die Sätze zu sortieren.

3 Führe mit deiner Partnerin oder deinem Partner kleine Rollenspiele durch. Fragt und antwortet:

- auf der Straße → Weg zur Post
- im Kaufhaus → Ort einer bestimmten Abteilung
- in der Schule → Weg zum Sekretariat

4 Lies den folgenden Text.
Achte besonders auf die Stellen, an denen die Personen miteinander sprechen. Du kannst dir auch Notizen machen.

→ **Seite 119,**
Anrede im Brief

In der neuen Schule

Melvin ist umgezogen und besucht zum ersten Mal seine neue Schule. Es ist eine sehr große Schule mit vielen Gebäuden und mehreren Stockwerken. Er fühlt sich sehr fremd. Dabei soll er sich um 8.00 Uhr im Sekretariat melden. Um ihn herum laufen die Schülerinnen und Schüler zu ihren Klassen und scheinen ihn vollkommen zu übersehen.

„Hallo“, sagt er zu einem großen Jungen, der neben ihm stehen geblieben ist und auf das Schwarze Brett an der Wand schaut. Der guckt ihn nicht einmal an und will gerade weitergehen.

„He, warte mal, ich will wissen, wo das Sekretariat ist!“, ruft Melvin lauter in seine Richtung.

„Treppe hoch!“, ruft der große Junge und verschwindet, ohne Melvin auch nur anzuschauen. Melvin ist kein bisschen schlauer als vorher. Endlich sieht er eine Frau den Gang herunterkommen.

„He, hallo Sie, ich muss zum Sekretariat!“

„Ich nicht!“, sagt die Frau, schaut Melvin dabei unfreundlich an und geht weiter.

5 Lies dir deine Merksätze und den Merkkasten unten durch. Beschreibe genau, was Melvin beim nächsten Mal anders machen sollte.

6 EXTRA Wir wissen nicht, wie Melvins Geschichte weitergeht, doch vielleicht kannst du sie zu einem guten Ende bringen?
Schreibe weiter.

Was dich stark macht

Einen Fremden etwas fragen

Sprich einen fremden Erwachsenen immer mit „Sie“ an.

Beginne mit einer Begrüßung oder mit „Entschuldigen Sie bitte“ oder mit „Entschuldigung“, wenn du jemanden ansprichst.

Schau deinen Gesprächspartner an, während du mit ihm sprichst.

Bedanke dich mit einem gut hörbaren „Danke“, wenn du eine Antwort bekommen hast.

Wenn du dich schriftlich an eine fremde Person wendest, gilt:
Du redest Erwachsene mit „Sie“ an und stellst dich zuerst kurz vor.

Bei einer Bitte oder Frage verwendest du „bitte“, und am Schluss bedankst du dich im Voraus für die Bemühungen.

Sehenswertes

1 Lies Bennos Bericht über die Klassenfahrt nach Berlin. Notiere, welche Sehenswürdigkeiten besichtigt wurden.

Exkursion in die Hauptstadt

Meine Klasse hatte sich seit langem eine Exkursion nach Berlin gewünscht. Weil ich mich besonders für Architektur interessiere, half ich bei der Vorbereitung der Fahrt mit.

Nun standen wir alle vor dem Reichstagsgebäude. Hier, wo regelmäßig der Bundestag zusammenkommt, sollte unsere Besichtigungstour beginnen. Der Aufstieg in die gläserne Kuppel des Reichstags hat uns wegen der tollen Aussicht sehr begeistert: Wir konnten im Norden auf die Spree zum Reichstagsufer hinabblicken und im Süden konnten wir das Wahrzeichen Berlins entdecken, das Brandenburger Tor. Dorthin führte uns dann auch unser gemeinsamer Spaziergang die Friedrich-Ebert-Straße entlang. Als wir danach auf dem Pariser Platz angekommen waren, schilderte uns Herr Ziemann, unser Biolehrer, wie es im geteilten Berlin war. Direkt vor Ort konnten wir uns das nun viel besser vorstellen.

Wir hatten Herrn Ziemann gebeten mitzukommen, weil fast die Hälfte von uns das Naturkundemuseum besuchen wollte. Herr Ziemann konnte dort alles besonders gut erklären.

Die andere Gruppe hatte sich für die Besichtigung von Sehenswürdigkeiten unter Frau Paulis Leitung entschieden. Ich gehörte auch dazu. Wir gingen die Straße „Unter den Linden“ entlang. Dabei sahen wir viele berühmte Einrichtungen: die Humboldt-Universität zu Berlin, die Komische Oper, das Museum für Deutsche Geschichte und die von Karl Friedrich Schinkel geschaffene Neue Wache. Als ich die vielen historischen Gebäude in dieser Prachtallee sah, die zum Teil an griechische Tempel erinnern, wurde mir klar, weshalb Berlin auch „Spree-Athen“ genannt wird.

Von weitem sahen wir schon den Fernsehturm, auf den wir dann zugingen. Über die Schlossbrücke gelangte meine Gruppe vor das Rote Rathaus und danach zum Alexanderplatz.

Zum Schluss traf auch die andere Gruppe am Alex ein. Erschöpft, doch voller neuer Eindrücke fuhren wir wieder nach Hause.

TIPP!
Kopiere den Text und unterstreiche beim Lesen die Sehenswürdigkeiten. Schreibe sie dann ab.

2 Welche Sehenswürdigkeiten habt ihr notiert? Vergleicht.

3 Schreibe die Namen aller Straßen und Plätze auf, von denen im Text die Rede ist.

Neubrandenburg – Stadt der vier Tore

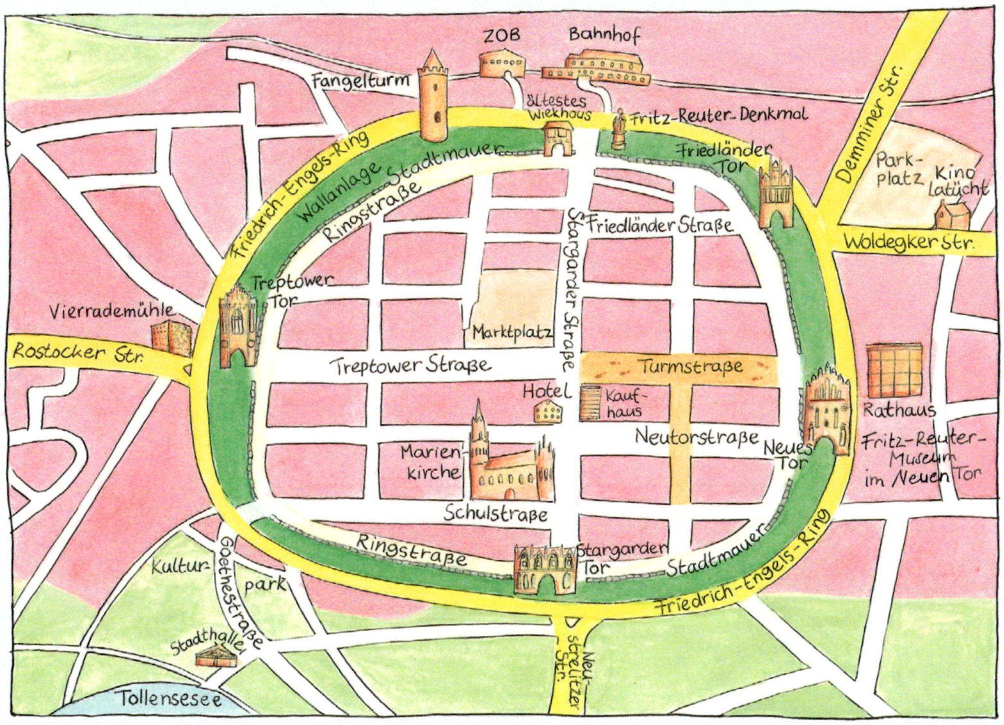

1 Stelle fest, welche Aussage jeweils richtig ist, A oder B? Schreibe die Lösung in dein Heft.

1. Wenn man aus dem Bahnhof kommt, gelangt man gleich rechts
   - zum Friedländer Tor. [A]
   - zum Zentralen Omnibusbahnhof (ZOB). [B]
2. Das Denkmal des niederdeutschen Dichters Fritz Reuter steht
   - auf dem Marktplatz. [A]
   - in den Wallanlagen nahe dem Bahnhof. [B]
3. Ein großes Hotel findet man
   - in der Stargarder Straße. [A]
   - am Neuen Tor. [B]
4. Das älteste Wiekhaus[1] befindet sich
   - in der Nähe des Stargarder Tores. [A]
   - in der Stadtmauer gegenüber dem Bahnhof. [B]
5. Die Konzertkirche (Marienkirche) steht
   - zwischen dem Hotel und der Schulstraße. [A]
   - auf dem Marktplatz. [B]
6. Das Rathaus befindet sich
   - unweit des Fangelturms. [A]
   - außerhalb der Stadtmauern. [B]

[1] das Wiekhaus: kleines Haus, das in die Stadtmauer hineingebaut wurde und zur Verteidigung der Stadt diente

Wege beschreiben

1 Arbeitet zu zweit: Einer liest die Wegbeschreibung und ergänzt dabei die fehlenden Wörter. Der andere verfolgt den Weg auf dem Plan und hilft bei der Wegbeschreibung. Benutzt die folgenden Wörter:

an | auf | vor | hinter | in | über

Wenn Sie ? dem Bahnhof stehen, gehen Sie ? den Bahnhofsvorplatz und geradeaus weiter ? die Bahnhofstraße. Sie erreichen den Marktplatz und sehen ? der linken Seite das Rathaus und ? sich das Hotel „Sonne" liegen. Hier biegen Sie rechts ? die Schillerstraße ein.
? der Ampel gehen Sie halblinks ? die Kölner Allee. ? der nächsten Kreuzung biegen Sie links ? die Kaiserstraße ein. Dann gehen Sie ? die Kaiserstraße. Der Dom liegt ? der rechten Seite. ? dem Dom biegen Sie rechts ? die Goethestraße ein. Das Haus Nummer 5 befindet sich ? der linken Seite.

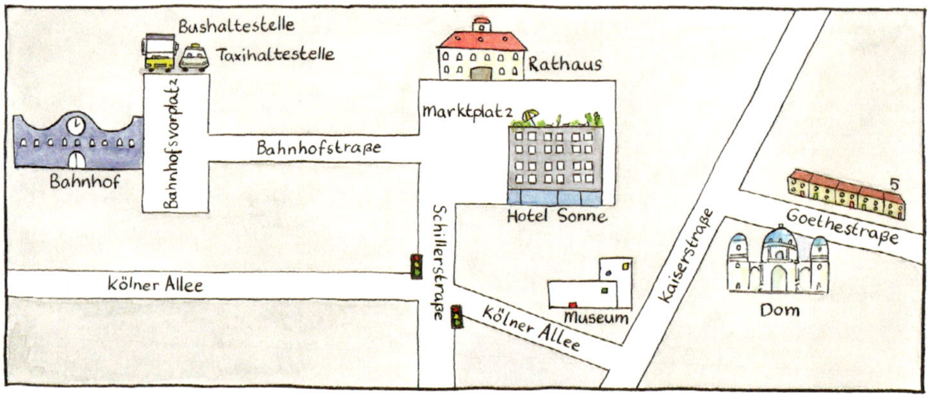

2 Die Wörter, die ihr eingesetzt habt, sind Verhältniswörter (Präpositionen). Beschreibt, welche Aufgabe sie im Text übernehmen.

3 Schreibe die Wegbeschreibung aus Aufgabe 1 ab und setze die richtigen Verhältniswörter (Präpositionen) ein.

4 Schaue dir die Abbildung auf der nächsten Seite an und beschreibe möglichst genau die Lage der angegebenen Gebäude. Unterstreiche die Präpositionen, z. B.
Das Kino befindet sich an der Ecke Stadtparkstraße/Poststraße, gegenüber vom Opernhaus.

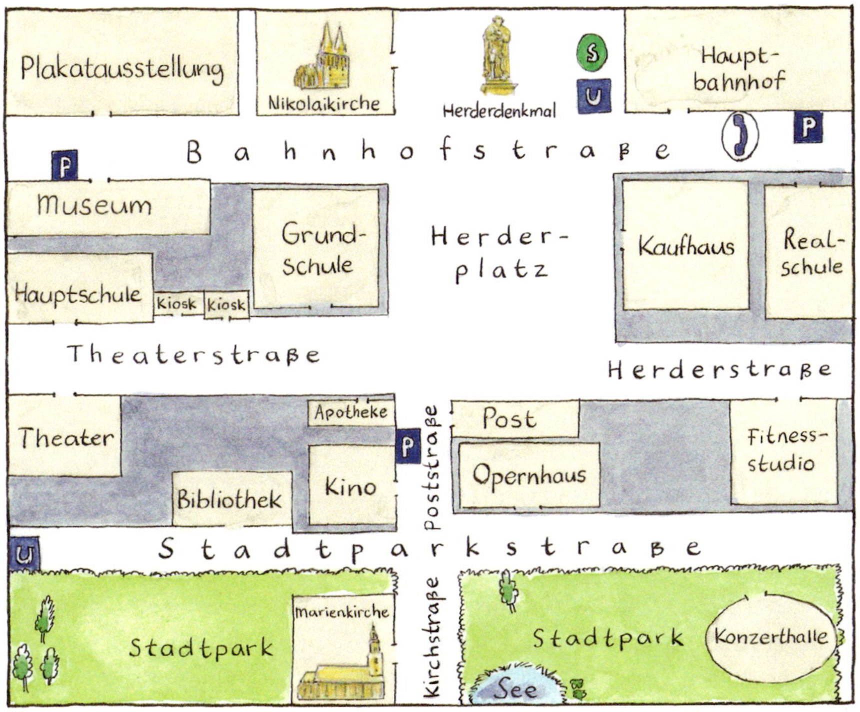

hinter | bei | von | neben | zwischen | vor

gegenüber | in | nach | an | auf | zu

1. das Kino
2. die Bibliothek
3. das Opernhaus
4. das Theater
5. die Grundschule
6. die Post
7. die Marienkirche
8. die Nikolaikirche
9. das Fitnessstudio

5 Erfragt und beschreibt in Partnerarbeit Wege in der Stadt, z. B.
– *Wie komme ich vom Bahnhof zur Post?*
– *Gehe die Bahnhofstraße nach rechts bis zum Herderplatz. Dort biegst du nach links ab und gehst bis zur Herderstraße. Auf der anderen Seite siehst du schon die Post.*

Merke

Wörter wie *an, auf, aus, bei, durch, gegen, hinter, vor, in, nach, über, zu* sind **Verhältniswörter *(Präpositionen)***. Sie verlangen einen bestimmten Fall (Kasus).
Manchmal verschmelzen sie mit dem Artikel, z. B. *an + dem → am; an + das → ans; in + dem → im; in + das → ins; zu + dem → zum; zu + der → zur; bei + dem → beim; von + dem → vom*

→ **Seite 237,** Wortarten

Eine Reise nach Berlin

→ **Seite 81,** Merkkasten zu Präpositionen

1 Setzt die richtigen Verhältniswörter (Präpositionen) wie im Beispiel ein.

für | von | über | nach | zu | aus | in | auf | gegen | vom | im

1. Wir unternahmen eine Reise nach Berlin.
2. ___ dem Alexanderplatz stiegen alle ___ dem Bus aus.
3. Viele interessierten sich ___ das Pergamonmuseum.
4. ___ dem Messegelände waren wir auch.
5. Einige sind noch ___ Zoo gewesen.
6. Besonders beeindruckt waren wir ___ der Gedächtniskirche.
7. Sie ist ein Symbol ___ Krieg und Zerstörung.
8. ___ Fernsehturm aus hatten wir einen herrlichen Blick ___ die Hauptstadt.

2 Erkundige dich, wie man zu folgenden Sehenswürdigkeiten gelangt. Setze dabei *zum* oder *zur* ein und unterstreiche diese Wörter,
z. B. Können Sie mir bitte sagen, wie man <u>zum</u> Brandenburger Tor kommt?

Können Sie mir bitte sagen, wie man …?
Entschuldigen Sie bitte, ich suche den Weg …?
Können Sie mir bitte sagen, wo …?
Mit welchem Bus muss ich …?
Wo muss ich aussteigen, wenn ich …?
Entschuldigen Sie, welche Bahn fährt …?
Entschuldigen Sie, fährt diese U-Bahn …?

1. Brandenburger Tor
2. Friedrichstraße
3. Potsdamer Platz
4. Zoologischer Garten
5. Fernsehturm
6. Reichstag
7. Hauptbahnhof

Straßennamen

1 Drei Schreibweisen Suche aus dem Stadtplan je drei Straßennamen heraus und trage sie in die Tabelle ein, z. B.

Zusammen-schreibung	Schreibung mit Bindestrich	Getrennt-schreibung
Mörikeweg	Friedrich-Schiller-Platz	Lange Straße

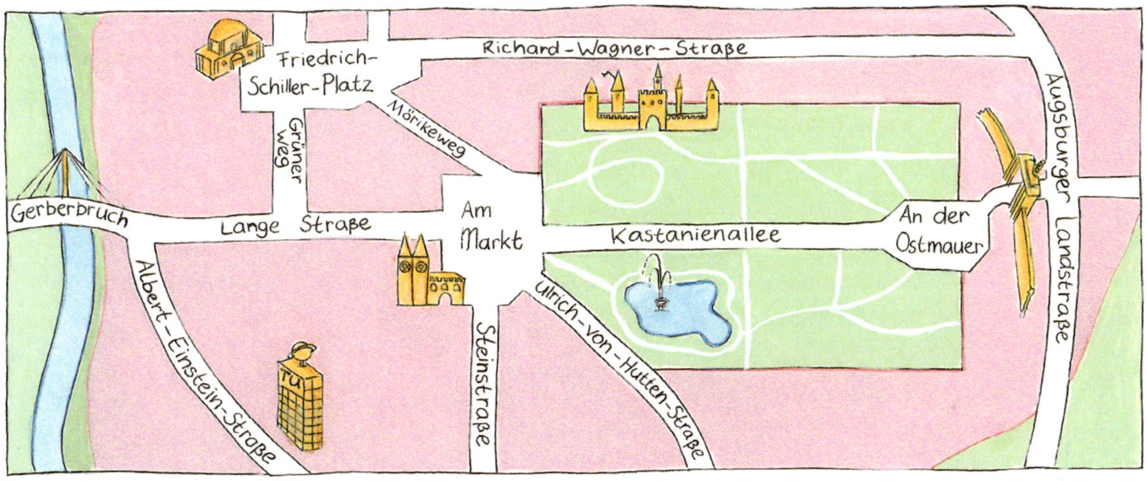

2 EXTRA Ergänze in der Tabelle je drei Straßennamen aus deinem Wohnort.

3 Schreibt die Namen richtig auf, z. B. Am alten Kanal

AMALTENKANAL KONRADADENAUERPLATZ
FREIBURGERCHAUSSEE GOETHEUNDSCHILLERDENKMAL
ZURALTENGLASHÜTTE WINZERGASSE SCHLOSSALLEE
WIENERPLATZ RHEINTALSTRASSE BREITESTRASSE

Merke

Eigennamen bezeichnen eine bestimmte Person oder eine bestimmte Sache, z. B. Straßen, Gebäude, Flüsse und Institutionen. Wenn Adjektive und Verhältniswörter (Präpositionen) als Teile von Eigennamen verwendet werden, schreibt man sie groß, z. B. *Breite Straße, Vor dem Alten Tor, Gasthof Zum Goldenen Löwen.*
Bindestriche setzt man bei Zusammensetzungen mit mehreren oder mehrteiligen Namen, z. B. *Ernst-Reuter-Platz.*

→ **Seite 242,** Wortarten

Wo oder wohin?

1 Lest die Sätze und erklärt die Unterschiede, z. B.
Sie laufen ins Stadion. = Sie laufen ins Stadion hinein. (Wohin?)
Sie laufen im Stadion. = Sie laufen im Stadion einige Runden. (Wo?)

Sie laufen ins Stadion. – Sie laufen im Stadion.
Er rennt hinter die Kirche. – Er rennt hinter der Kirche.
Sie schwimmt ans Ufer. – Sie schwimmt am Ufer.
Geht nicht auf die Straße! – Geht nicht auf der Straße!
Stell dich nicht in die Einfahrt! – Steh nicht in der Einfahrt!

2 Schreibe die Sätze ab. Ergänze dabei die fehlenden Wörter. Setze hinter jeden Satz (Wo?) oder (Wohin?).
1. Tom wohnt ✎ Berliner Straße. / 2. Wir gehen jetzt ✎ Kino. / 3. Läufst du oder fährst du ✎ Theater? / 4. Das Stadion befindet sich ✎ Zentrum. / 5. Befindet sich das Museum ✎ Alexanderplatz? / 6. Jetzt fahren wir ✎ Alexanderplatz. / 7. Seht ihr das Denkmal ✎ Rathaus? / 8. Sie stehen ✎ Denkmal und machen ein Foto. / 9. Dann gehen sie ✎ Park. / 10. ✎ Park ist heute ein Konzert.

3 Bilde Wortgruppen und schreibe sie auf, z. B. in der belebten Straße

1. in der (belebt) Straße / 2. auf dem (groß) Platz / 3. gegenüber dem (bekannt) Denkmal / 4. durch den (menschenleer) Park / 5. durch die (schmal) Gasse / 6. vor dem (neu) Theater / 7. hinter der (klein) Pizzeria / 8. neben dem (riesig) Parkplatz

4 Erklärt die folgende Skizze. Schreibt Beispielsätze auf. Der Merkkasten hilft euch.

stehen liegen wohnen sich befinden sein	Wo? Dativ	an auf hinter in neben über unter vor	Wohin? Akkusativ	(sich) stellen (sich) legen kommen (hin) gehen (hin) fahren

Merke

Nach den Wörtern *an, auf, hinter, in, neben, über, unter, vor* steht
- der Dativ auf die Frage *Wo?*
- der Akkusativ auf die Frage *Wohin?*

5 Schau dir die Abbildung an und vervollständige die folgenden Sätze.
Nutze die Verhältniswörter (Präpositionen), z. B.
Die Pizzeria befindet sich zwischen der Sparkasse und der Kirche.

zwischen | in | an | hinter
neben | vor | gegenüber | auf | zu

1. Die Pizzeria befindet sich …
2. Der Blumenladen befindet sich …
3. Der Buchladen befindet sich …
4. Die Post befindet sich …
5. Das Kino befindet sich …
6. Die Sparkasse befindet sich …
7. Die Eisdiele befindet sich …
8. Die Schule befindet sich …
9. Der Kindergarten befindet sich …
10. Das Kaufhaus befindet sich …

6 Erkundige dich, wohin deine Mitschüler gehen, z. B.
Geht ihr in die Pizzeria?

1. Pizzeria
2. Sportplatz
3. Schwimmbad
4. Supermarkt
5. Kino
6. Sparkasse
7. Park
8. Bäcker
9. Schulhof
10. Bahnhof
11. Flohmarkt
12. Herr Lehmann

TIPP!
Bei einigen Beispielen gibt es mehrere Möglichkeiten.

7 Schreibspaß

Schreiben macht Spaß!

1 Tauscht euch in der Klasse darüber aus, was euch beim Schreiben Spaß macht und wie ihr euch in eine gute „Schreib-Stimmung“ bringen könnt.

2 Wähle einen der Begriffe unten aus und schreibe die Buchstaben senkrecht untereinander. Ergänze jeden Buchstaben zu einem Wort oder Satz, der zu dem Begriff passt.
Du kannst auch zuerst ein Wörternetz als Ideensammlung anlegen.

Abenteuer | Tiere | Freunde | Familie

Ferien | Fantasie | Schule | Zeit

Z EIGER
E WIGKEIT
I MMER WEITER
T AGE, WOCHEN, JAHRE

3 Die Geschichte mit dem Knick Geht so vor:
- Setzt euch in einen Kreis. Jeder hat ein liniertes Blatt Papier vor sich. Knickt euer Blatt entlang der dritten Linie.
- Schreibt einen Satz. Beginnt in der Zeile oberhalb des Knickes. Die letzte Wortgruppe schreibt ihr in die Zeile unter dem Knick.
- Faltet den Anfang eures Satzes nach hinten und gebt die Blätter auf ein Zeichen an den Nachbarn zu eurer Linken weiter.
- Schreibt nun den nächsten Satz. Er muss an die lesbaren Wörter anknüpfen. Die letzte Wortgruppe eures Satzes kommt wieder in die neue Zeile usw.

Schreibt solange weiter, bis jeder mindestens zweimal an der Reihe war. Lest nun eure entstandenen Texte vor. Macht Vorschläge für eine passende Überschrift.

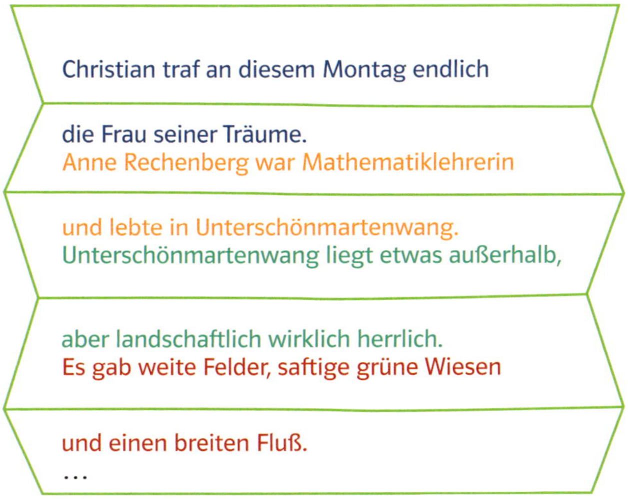

4 Reihumgeschichten Geht so vor:
- Ein Spielleiter stellt eine Frage, die anderen schreiben ein oder zwei Sätze als Antwort dazu auf, sodass eine Geschichte entsteht.
- Dann wird das Blatt Papier nach hinten umgeknickt und weitergegeben. Der Spielleiter stellt die nächste Frage usw.

Ihr könnt euch selbst Fragen zu diesem Schreibspiel überlegen, z. B.
1. Wer ist die Hauptperson?
2. Was ist der Hauptperson einmal passiert?
3. Was hat die Hauptperson da getan?
4. Warum hat das nicht funktioniert?
5. Wer hat der Hauptperson geholfen?
6. Was ist dann geschehen?
7. Wie ist die Sache ausgegangen?

> **TIPP!**
> Arbeite mit deinen Mitschülerinnen oder Mitschülern zusammen, die sich für dasselbe Gedicht entschieden haben. In Schreibgruppen könnt ihr euch gegenseitig unterstützen.

Gedichte-Werkstatt

In der Gedichte-Werkstatt kannst du dich als Dichterin oder Dichter versuchen. Du kannst nach einem Bauplan ein Gedicht schreiben. Auf den folgenden beiden Seiten hast du fünf verschiedene Möglichkeiten zur Auswahl, links steht immer der Bauplan und rechts findest du dazu ein Beispiel.

1 Lies dir die verschiedenen Möglichkeiten durch und entscheide dich dann für einen Bauplan.

2 Überlege dir ein Thema, zu dem du dein Gedicht schreiben willst, wie z. B. Freundschaft, Jahreszeiten oder Ferien. Sammle deine Ideen vorab in einem Wörternetz und schreibe dann dein Gedicht.

Elfchen
Ein Elfchen ist ein Gedicht, das genau aus elf Wörtern besteht.
Sie werden in fünf Zeilen so aufgebaut:
1. Zeile: ein wichtiges Wort (ein Wort)
2. Zeile: ein Gegenstand oder eine Person, die dazu passt (zwei Wörter)
3. Zeile: eine genauere Beschreibung des Gegenstands oder der Person (drei Wörter)
4. Zeile: beginnt mit „ich“ und sagt etwas über mich oder meine Beziehung zu dem Gegenstand oder der Person (vier Wörter)
5. Zeile: ein Schlussgedanke

Gelb
die Sonne
sie umhüllt mich
ich lasse mich fallen
Ferien

Haiku
Das Haiku ist ein Kurzgedicht mit drei Zeilen, das ursprünglich aus Japan stammt. Oft beschreibt es Naturbilder und Naturstimmungen.

Die 1. Zeile hat fünf,

die 2. Zeile hat sieben und

die 3. Zeile hat wieder fünf Silben.

Sturmwarnung am Meer
Möwengekreisch in der Luft
Salz auf meiner Haut

3 Stellt eure Gedichte in der Schreibgruppe vor. Gebt euch gegenseitig Rückmeldungen.

4 Sammelt die überarbeiteten Gedichte in einer Mappe. Überlegt euch, wie ihr sie den anderen in der Klasse präsentieren wollt.

Reimgedicht
Am Ende zweier Zeilen stehen Wörter, die sich reimen.

Kein … ohne …
Kein Sommer ohne Klee
kein Winter ohne Schnee

Kein Hotel ohne Bett
keine Wurst ohne Fett

Keine Geschichte ohne
Schluss
keine Liebe ohne Kuss

TIPP!
Finde zuerst Paarreime und schreibe dann dein Reimgedicht.

Wachsgedicht
Das Wachsgedicht wächst mit jeder Zeile. Sein Bauplan sieht so aus:

1. Zeile: ein Nomen
2. Zeile: das Anfangsnomen wird durch ein nachfolgendes Nomen mit Präposition näher bestimmt.
3. Zeile: Das Anfangsnomen wird durch ein vorangestelltes Nomen mit Adjektiv genauer beschrieben.
4. Zeile: Die dritte Zeile wird wiederholt. Ein weiteres Nomen mit Adjektiv, welches mit dem Anfangsnomen Gemeinsamkeiten hat oder einen Gegensatz darstellt, wird durch das Bindewort „und" angefügt.
5. Zeile: ein Wort aus der vierten Zeile wird hier als Abschluss wiederholt.

Sommer
Sommer am Meer

Heißer Sommer am Meer

Heißer Sommer am Meer
und kaltes Wasser

Sommer

Rondellgedicht
Ein Rondellgedicht besteht aus acht Zeilen. So ist es aufgebaut:
Die 1., 4. und 7. Zeile sind gleich.
Die 2. und 8. Zeile sind ebenfalls gleich.

1 Ferien
2 Endlich Zeit
3 Zeit für meine Freunde
4 Ferien
5 Wir treffen uns
6 Wir gehen schwimmen
7 Ferien
8 Endlich Zeit

Und wie geht es weiter?

1 Lies den Anfang der „Geschichte vom kleinen Und".

Franz Fühmann

Die Geschichte vom kleinen Und

Es war einmal ein langer, langer Satz, darin kamen schrecklich viele „Unds" vor, und weil der Satz so lang war, konnten die Wörter gar nicht richtig aufeinander aufpassen, und so lief ein Und aus dem Satz heraus und legte sich in die Sonne und ließ sich bescheinen.
In dem Satz nämlich stand es zwischen lauter finsteren Worten, drum hatte es Sehnsucht nach der Sonne, aber als es so dalag, schlief es ein und als es wieder aufwachte, war der Satz längst weitergegangen, und das arme kleine Und stand mutterseelenalleine in der Welt. Alleine, das war noch schlimmer als zwischen Dunkelheit und Finsternis. Das kleine Und begann zu weinen.
„Was fang ich allein auf der Welt an ich kleines Und!", schluchzte es traurig. Da kam ein einsames großes H auf seinen zwei Beinen einhergestelzt. „Ich bin auch so alleine wie du", sagte das große H, „komm, gehen wir zusammen!"
„Nein, ich will nicht", sagte das kleine Und, „da müsste ich ja immerzu bellen."
„Na, dann eben nicht", sagte das große H und wollte um die nächste Ecke biegen, aber die Ecke hielt es fest …

Hecke | Recke | Decke | Mund | Wunder | rund

2 Schreibe eine Fortsetzung zu diesem Geschichtenanfang.

3 Schreibe selbst eine Geschichte zu Wörtern und Buchstaben, z. B.
- Es kommt kein **H** daher, sondern ein **M** oder ein **R**.
- Die Geschichte handelt nicht vom Wort **und**, sondern vom Wort **acht**.

Noch mehr Schreib-Ideen!

1 Geschichten aus dem Koffer

Wähle A, B oder C.

A: Suche dir einen Gegenstand aus dem Koffer aus und schreibe dazu eine Geschichte.

B: Wähle bis zu drei Gegenstände aus dem Koffer aus. Schreibe eine Geschichte, in der alle Gegenstände vorkommen.

C: Suche dir einen Gegenstand aus dem Koffer aus und schreibe „aus dessen Sicht" eine Geschichte. Zum Beispiel: Eine Fahrkarte erzählt von ihrer letzten Reise.

Lest euch in der Kleingruppe eure Geschichten vor. Tauscht euch aus: Was habt ihr euch vor dem Schreiben überlegt? Welche Möglichkeiten gibt es bei einer Überarbeitung? Was hilft euch, um eine gute Geschichte zu schreiben?

TIPP!
Denke an die wichtigsten Schritte beim Schreiben:
- planen (z. B. Wörternetz, W-Fragen)
- schreiben
- überarbeiten

2 Vom Start zum Ziel

Arbeite mit einer Partnerin oder einem Partner zusammen. Jeder von euch schreibt den ersten und den letzten Satz einer Geschichte auf.
Zum Beispiel:
Erster Satz: *Montags wachte der kleine Tim ganz verschlafen auf. …*
Letzter Satz: *Noch spät am Abend spielte er auf seiner Flöte.*

Tauscht jetzt eure Sätze aus.

Überlegt, mit welchen Schritten ihr vom Anfang zum Schlusssatz kommen könnt. Danach schreibt jeder seine eigene Geschichte auf.

→ **Seite 33, 249,** Arbeitstechnik „Eine Geschichte mithilfe eines Erzählplans weiterschreiben"

Wörter bauen

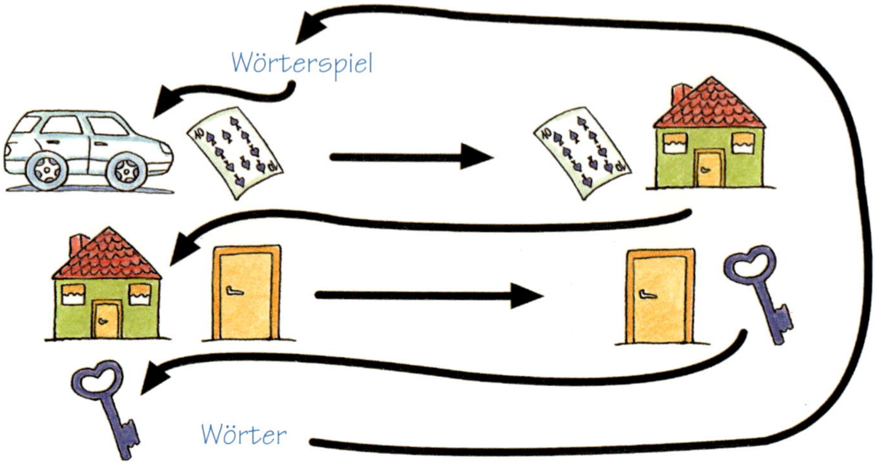

1 Löse das Bilderrätsel. Es ergibt eine Wörterkette.

2 Wer kann die längste Wörterkette bilden? Führt einen Wettbewerb durch. Ihr könnt mit diesen Wörtern beginnen:
Bücherwurm → Wurm ...
Giftschlange → ...
Leseratte → ...

3 Manchmal passen die verschiedenen Bausteine nicht richtig aneinander. Dann muss man einen Verbindungsbaustein einfügen.
Bilde mit den folgenden Wörtern zusammengesetzte Nomen. Schreibe sie auf und umrahme die beiden Nomen, aus denen das Wort zusammengesetzt ist. Stelle fest, was übrig bleibt, z. B.
Hochzeitskutsche → (Hochzeit) s (kutsche)

Hochzeit	Kutsche	Kind	Kleidung
Weihnacht	Markt	Rind	Braten
Zeitung	Seite	Sonne	Strahl
Rettung	Weste	Zitrone	Falter
Geburt	Tag	Land	Grenze

Merke

Bei zusammengesetzten Wörtern können *-s-*, *-es-*, *-er-* und *-n-* **Verbindungsbausteine** sein.

Wortbausteine

1 Hier entstehen Wörter aus Bausteinen. Besprecht, wie diese Wörter gebildet werden. Sammelt Wörter mit anderen Vor- und Endbausteinen.

Wortfamilie „SPRECH“		
ab-	sprech	-en
Be-	sprech	-ung
Ver-	sprech	-er

Vorbausteine	**Grundbaustein**	**Endbausteine**
ver-		**-en**
ab-	**sprech**	**-er**
be-		**-ung**

2 Sammelt weitere Grundbausteine an der Tafel, z. B.

lohn	spiel	end	mess	erb

3 Wählt in der Klasse fünf Grundbausteine aus. Sucht zu diesen Grundbausteinen möglichst viele Wörter, die mit Vorbausteinen oder/ und Endbausteinen gebildet werden. Nutzt dazu folgende Bausteine.
Vorbausteine:
be-, ver-, zer-, ent-, er-, nach-, zu-, ab-, über-, vor-, unter-, auf-, an-
Endbausteine:
-er, -ung, -nis, -heit, -keit, -schaft, -tum

Merke

Viele Wörter bestehen aus mehreren **Wortbausteinen**.
Wörter mit demselben Grundbaustein (= Wortstamm) gehören zu einer **Wortfamilie**, z. B. *schreiben*, *Schreiber*, *verschreiben*, *beschreiben*, *Beschreibung*, …

→ **Seite 237 f.,** Wortbildung

Hier ändert sich doch was!

vorsagen ← sagen → **ver**sagen

Das Kind **sagt** die Wahrheit.

Keiner darf **vorsagen**.

Die Maschine hat **versagt**.

> **TIPP!**
> Du kannst die Bedeutung in einem Wörterbuch nachschlagen.

1 Erkläre, was die Verben in den Sätzen bedeuten.

> **TIPP!**
> Präge dir ein, dass die Wörter mit den Vorbausteinen *ver-/Ver-* und *vor-/Vor-* mit *v* geschrieben werden.

2 Schreibe weitere Wörter mit den Vorbausteinen *ver-* und *vor-* auf. Unterstreiche die Grundbausteine und die Vorbausteine mit verschiedenen Farben. Bilde zu jedem Wort einen Satz, z. B. legen → verlegen – vorlegen:
- Ich habe den Schlüssel verlegt.
- Er muss seine Klassenarbeiten seinen Eltern vorlegen.

3 Arbeitet zu zweit. Probiert auch andere Vorbausteine bei den Verben aus, die ihr gefunden habt, z. B. fallen → zerfallen, abfallen, ausfallen, überfallen, anfallen, auffallen, befallen, einfallen
Stellt fest, welche Bedeutung die einzelnen Wörter haben.

> **TIPP!**
> Ihr könnt auch zwei Endbausteine hintereinander benutzen: Halt-bar-keit

4 Nehmt jeweils einen Grundbaustein und bildet mit den Vor- und Endbausteinen möglichst viele Wörter, z. B.
mut → anmutig, einmütig, Vermutung, Zumutung ...

Vorbausteine	Grundbausteine	Endbausteine
be-		-er
ent-		-in
er-	mut	-heit
ver-	freund	-keit
ab-	halt	-ung
an-	ruh	-bar
aus-		-ig
ein-		-lich
unter-		-en
zu-		-sam

5 Hänge an die Wörter folgende Bausteine an. Stelle fest, zu welcher Wortart die neuen Wörter gehören.

-bar	-lich	-haft	-los	-sam	-ig

Herz ↓ herz | -haft

Furcht ↓ furcht | -sam

Glück ↓ … | …

Mut ↓ … | …

6 Du hast bestimmt gemerkt, dass die Wörter aus Aufgabe 5 zu Adjektiven geworden sind. Finde weitere, z. B.

Spaß → Spaß + haft = spaßhaft
Wunder → Wunder + lich = …
Abenteuer → Abenteuer + lich = …

Merke

Am Endbaustein erkennt man oft die Wortart.

→ **Seite 238,** Wortbildung

7 Überlegt, wann man *end* und wann man *ent* schreiben muss. Tauscht euch darüber aus.

	end	-los
un-	end	-lich
Ent-	führ	-ung
ent-	lauf	-en

8 EXTRA Sucht weitere Wörter mit *end-* und *ent-*. Bildet Sätze und legt sie eurer Partnerin oder eurem Partner vor, z. B.

Der Weg kam ihm en✎los vor.
Ina kam der Lehrerin en✎gegen und gab ihr die En✎schuldigung.

TIPP!
Ihr könnt auch ein Wörterbuch nutzen.

Wortbaustelle

Vorbausteine		Grundbausteine	Endbausteine
be-	ent-	nehm	-er
er-	ver-	geh	-en
zer-	ab-	schreib	-ung
an-	auf-	schlag	-bar
ein-	nach-		
über-	um-		
unter-	zu-		

1 Nimm jeweils einen Grundbaustein und bilde mit den Vor- und Endbausteinen möglichst viele Wörter. Ordne sie nach Wortarten und unterstreiche die Grundbausteine, z. B.

nehm → Verben: nehmen, benehmen, abnehmen, annehmen, …
→ Nomen: das Benehmen, die Unternehmerin, …
→ Adjektive: annehmbar, …

2 Verwendet die „gebauten" Wörter in Sätzen. Arbeitet mit einem Partner oder einer Partnerin.

3 Übernimm folgende Tabelle in dein Heft und trage die Wörter in die richtige Spalte ein.

end/End	ent/Ent
endgültig	…

en?gültig – En?wurf – En?runde – En?spiel – en?täuschen – en?setzlich – En?geschwindigkeit – en?lich – en?zwei – en?sprechend – En?spurt – en?senden – En?behrung – en?rätseln – unen?lich – been?en

4 Suche im Wörterbuch weitere Beispiele und ergänze deine Sammlung.

5 Mit welchem Grundbaustein wurden diese Wörter gebildet?
Beschreibe, welche Veränderung beim Grundbaustein vorkommt.

FAHREN – VERFAHREN – BEFAHREN – BEFAHRBARKEIT – UNBEFAHRBAR – UNERFAHREN – ERFAHRUNG – FAHRGELD – FAHRGAST – FAHRRAD – ABFAHRT – ANFAHRT – GEFÄHRT – FAHRERIN – BEFAHRBAR – AUSFAHREN – DURCHFAHRT – ÜBERFAHRT – WIDERFAHREN – FÄHRE – GEFAHRLOS – UNGEFÄHR

6 Übernimm die folgende Tabelle in dein Heft. Trage die Wörter aus Aufgabe 5 in richtiger Groß- oder Kleinschreibung in die passende Spalte ein.

Verben	Nomen	Adjektive
fahren	…	…

7 Schreibe die Sätze auf und ergänze dabei das passende Adjektiv.

1. wunderbar – wunderlich
   Im Wald lebte eine ✎ Alte.
2. furchtsam – furchtbar
   Es wütete ein ✎ Sturm.
3. ernsthaft – ernstlich
   Er ist ein ✎ Mensch.
4. gewaltig – gewaltsam
   Das Haus wurde ✎ geöffnet.
5. kostbar – köstlich
   Sie trug einen ✎ Schmuck.
6. einsam – einig
   Er fühlte sich sehr ✎.
7. künstlich – kunstvoll
   Sie wurde ✎ am Leben gehalten.
8. freudig – freundlich
   Die Nachricht wurde ✎ begrüßt.

8 Bilde Sätze mit den Adjektiven, die du nicht eingesetzt hast.

9 Ergänze Verben mit gegensätzlicher Bedeutung.
Verwende beide Verben jeweils in einem Satz, z. B.
aufbauen ⟷ abbauen:
Gestern haben wir das Bühnenbild für unser Theaterstück aufgebaut.
Habt ihr die Zelte schon abgebaut?

1. aufbauen – ✎
2. hineinbringen – ✎
3. einladen – ✎
4. abfließen – ✎
5. ausschalten – ✎
6. zunehmen – ✎
7. hinsehen – ✎
8. einkaufen – ✎

8 Nur eine kurze Meldung

Hinter kurzen Meldungen in der Zeitung stecken oft lange Geschichten.

Online-Link
Hörverstehen
313272-0098

1 Lies die folgende Meldung.

Aufruhr in Hameln

Hameln (ksi) – Seit gestern suchen in der ostwestfälischen Kleinstadt Hameln Hunderte von Einwohnern nach ihren Kindern.
Wie die Polizei mitteilte, sind bis zum Abend etwa 100 Kinder als vermisst gemeldet worden.
Möglicherweise, so berichten Augenzeugen, steht das mysteriöse Verschwinden der Kinder im Zusammenhang mit einem Flötenspieler, der sich seit Tagen in der Stadt aufhält. Auch der Musikant ist seither verschwunden.

2 Kennst du die Geschichte, die hinter dieser Zeitungsmeldung steckt? Erzähle sie mit eigenen Worten nach.

Rückkehr einer Schlange

1 Hast du schon einmal eine Boa gesehen? Lies, was aus Frankreich gemeldet wurde.

Online-Link
Hörverstehen
313272-0099

Nordfrankreich, 8. September (dpa) – Eine ausgerissene Boa namens „Marcel" ist nach mehr als zwei Monaten nach Hause zurückgekehrt. Das 1,50 Meter lange Reptil habe plötzlich wieder vor ihrer Türe in ihrem Heimatort in Nordfrankreich gelegen, berichtet die Besitzerin am Donnerstag. Sie hält die Rückkehr für reinen Zufall. Die ungefährliche Boa war Anfang Juli durch eine Belüftungsöffnung in ihrem Terrarium entkommen.

2 Was sagt ihr dazu, dass jemand eine Boa als Haustier hält? Sprecht darüber.

3 Welche Informationen habt ihr der Zeitungsmeldung entnommen? Was wisst ihr noch nicht genau?

TIPP!
Sammelt eure überarbeiteten Geschichten in einem „Boa-Buch", das dann alle lesen können.

4 Bereite dich darauf vor, eine Geschichte über die Boa zu schreiben.

1. Sammle Ideen für verschiedene Geschichten.
   Stelle dir die Situation vor:
   - Wie ist die Boa ausgebrochen?
   - Wie reagiert die Frau, als sie das leere Terrarium sieht?
   - Was erleben andere Menschen in den acht Wochen mit der Boa?
   - Wer sucht nach der Boa?
   - Was passiert dabei? …
2. Versetze dich in die Lage der Menschen: Welche Gefühle haben sie? Wie reagieren sie?
   - Die Einwohner des Ortes sind furchtbar aufgeregt. Sie …
   - Feuerwehrleute suchen angestrengt nach Marcel. Sie …
   - Ein Feuerwehrmann entdeckt Marcel. Er …
   - Die Boa aber …
3. Denke dir aus, was die Personen in der Geschichte gesprochen haben. Schreibt es als direkte Rede auf.
4. Finde eine passende Überschrift.

→ **Seite 248,** Arbeitstechnik „Interessant und spannend schreiben"

→ **Seite 158 f., 233, 238,** direkte/wörtliche Rede

5 Setzt euch zu einer Schreibkonferenz zusammen. Lest eure Geschichten vor. Die anderen notieren, was sie gut oder weniger gut finden. Sprecht über die Geschichten und gebt einander Tipps zum Überarbeiten.

→ **Seite 249,** Arbeitstechnik „Eine Schreibkonferenz durchführen"

Das gibt's doch nicht!

1 Lies, was aus Wales gemeldet wurde.

Kein Wackelpeter

Caerphilly (rtr) – Weil ihm seine Mutter keinen Erdbeer-Wackelpeter servieren wollte, hat ein Vierjähriger in Wales die Polizei alarmiert. Richards Mutter hatte verlangt, dass der Junge erst sein Hauptgericht aufessen müsse. Daraufhin setzte sich das Kind über den Notruf mit der Polizei in Verbindung: „Sofort kommen und Mama abholen!" Die Ordnungshüter hatten Sinn für Humor und ließen dem Knirps einen Nachtisch zukommen.

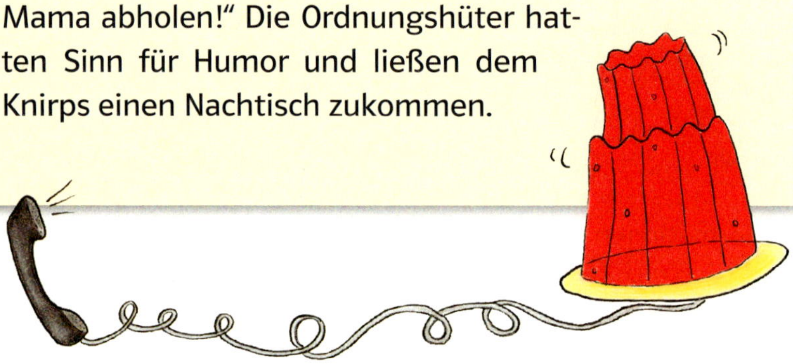

2 Nur an einer Stelle ist die Meldung so genau, dass man gleich weiß, was da passiert ist. Suche sie heraus.

TIPP!
Du kannst deine Ideen in einem Wörternetz sammeln.

3 Stelle dir vor,
- wie der Streit beim Mittagessen verläuft,
- wie sich der Junge beim Telefongespräch mit der Polizei verhält und was er sagt,
- was der Polizist sagt, als er mit dem Nachtisch vor der Haustür steht.

Notiere deine Ideen.

→ **Seite 103, 177, 216, 248,** Arbeitstechnik „Ein Wörternetz knüpfen"

4 Schreibe die Geschichte von Richard und dem Wackelpudding auf.

5 Lest eure Geschichten in der Klasse vor. Stellt fest, ob alle gleich sind oder ob ihr ganz unterschiedliche Geschichten erfunden habt. Sprecht darüber, warum das so ist.

6 EXTRA Lies diese Meldungen. Wähle eine aus und verfasse eine Geschichte dazu.

„Geisterzug" hielt Polizei in Atem

Gardner (AP) – Weil er Hunger auf Schokolade hatte, stoppte Lokführer Donald Silk seinen riesigen Güterzug, der von sechs Lokomotiven gezogen wurde, in Gardner (USA). Als Silk von seinem Einkauf zurückkam, war der Zug weg, raste führerlos mit bis zu 90 km/h übers Land, passierte mehrere Bahnhöfe. Im Polizeiwagen verfolgte der verzweifelte Eisenbahner den Geisterzug. Erst nach hundert Kilometern konnte er an einer Steigung auf ein Nebengleis umgeleitet und gestoppt werden.

Wundersame Fundsache

Amsterdam (rtr) – Vor drei Monaten wurde dem 60-jährigen Niederländer Cor Stoop während einer Bootsfahrt in der Nordsee übel. Er übergab sich – dabei gingen seine dritten Zähne über Bord. Wie Zeitungen berichteten, ist Stoops Mund nun wieder intakt. Ein Angler fand das Gebiss im Bauch eines Kabeljaus. Nachdem ein Rundfunksender dies gemeldet hatte, wurde Stoop mit seinen Zähnen wiedervereinigt.

Zum Weinen

Tränen vergossen gestern Polizisten auf der Autobahn A 10 ganz in der Nähe von Berlin. Ein Lastwagen hatte rund fünf Tonnen Zwiebeln verloren. Das hatte der Fahrer des Lkw nicht bemerkt. Die Polizisten und Helfer mussten die heruntergefallenen Zwiebeln in aller Eile aufsammeln. Dazu stand ihnen kein Atemschutz zur Verfügung.

An Raststätte vergessen

München, 22. Juli – Ein Ehepaar, das gemeinsam mit seinen Kindern (9 u. 12 J.) auf dem Weg in den Urlaub nach Italien war, ließ die beiden unbeabsichtigt an einer Raststätte zurück. Das Ehepaar war darüber, welche Reiseroute die beste wäre, heftig in Streit geraten. Es fuhr überstürzt los, ohne an die Kinder zu denken. Erst nach einigen Kilometern bemerkten die Eltern deren Fehlen und kehrten sofort um.

7 EXTRA Stellt die Geschichten in der Klasse vor.

Kurioses und Unglaubliches

1 Hier kannst du noch einige unglaubliche Meldungen lesen.

A

Das fahrende Skelett

In der Nähe von Celle verursachte ein junger Mann kürzlich einen schlimmen Unfall, weil er durch ein entgegenkommendes Auto verunsichert wurde. Der Fahrer des entgegenkommenden Wagens, ein englischer Arzt, hatte nämlich ein Skelett aus Kunststoff auf seinem Beifahrersitz angeschnallt. Er wollte es einem Kollegen in Deutschland als Geschenk mitbringen. Und so dachte der junge Mann, dass das Skelett am Steuer sitze, weil es auf der linken Seite saß.

B

Die geheimnisvolle Reise

Alex, ein Irischer Setter, verschwand am Montag zwischen 17.00 und 19.00 Uhr aus dem Garten seiner Besitzerin, Frau R. in Bensheim. Um 20.00 Uhr fiel der Hund einigen Passanten auf, als er gut 35 km von seinem Zuhause entfernt vor dem Hotel „Maritim“ in Mannheim umherirrte. Die Passanten riefen die Polizei, die den Hund ins Tierheim brachte. Noch ist ungeklärt, wie das Tier zum „Maritim“ kam.
Frau R. fand ihren Setter wieder, weil sie noch am selben Abend, als sie ihn vermisste, sämtliche Polizeistationen und Tierheime im Umkreis von 50 km angerufen hatte.

C

McDiamant

Mehr als nur Fleisch, Brot und Zwiebeln hat ein Londoner beim Biss in einen Hamburger gefunden. Als er in einer Hamburger-Kette den Imbiss verzehrte, biss er auf einen Diamanten im Wert von 1000 Pfund. Der 31-Jährige fand beim weiteren Kauen auch noch einen goldenen Ohrring. Den Ring ließ er bei der Bedienung wieder zurückgehen, den Diamanten steckte der Kunde aber ein. Damit wollte er seiner Freundin eine Freude machen.

D

Feuerwehr befreit Katze

Grünheide (Brandenburg) – Im Garten der Familie Müller geriet gestern der acht Monate alte Kater Marti in große Schwierigkeiten. Er kletterte auf einen hohen Baum. Weil er noch etwas unerfahren war, scheiterte sein Versuch, wieder hinunter zu kommen. Durch sein ängstliches Miauen wurden die Nachbarn auf ihn aufmerksam, aber sie konnten nicht helfen. Erst die Feuerwehr, die herbeigerufen wurde, konnte das Tier retten.

2 Tauscht euch in der Gruppe über den Inhalt der Meldungen aus.
- Worüber wird jeweils berichtet?
- Glaubt ihr, dass sich diese Ereignisse so zugetragen haben könnten?

Begründet eure Meinung.

3 **Wähle A, B, C oder D:** Nutze eine der vier Meldungen für das Erzählen einer spannenden Geschichte. Geh so vor:
1. Notiere zuerst die Einzelheiten zu Ort und Zeit des Geschehens sowie zu den genannten Personen oder Tieren.
   Beim Erzählen solltest du dich an diese Angaben halten. Du kannst sie aber noch ergänzen oder genauer darstellen.
2. Überlege, was in der Meldung seltsam bleibt. Stelle dazu entsprechende W-Fragen, z. B. Wo geschieht etwas? Was geschieht? Wer ist daran beteiligt? Warum kam es zu dem Geschehen? Was denken/fühlen/tun die Beteiligten?
3. Überlege dir die Antworten. Halte deine Ideen in Stichworten fest.
4. Erzähle nun Schritt für Schritt, wie alles geschehen ist.

TIPP!
Du kannst deine Ideen auch in einem Wörternetz festhalten.

→ **Seite 100, 177, 216, 248,** Arbeitstechnik „Ein Wörternetz knüpfen“

→ **Seite 248,** Arbeitstechnik „Interessant und spannend schreiben“

Im Zweifelsfall verlängern!

1 **b** oder **p**? **g** oder **k**? **d** oder **t**? **h** oder kein **h**? **s** oder **ß**? **z** oder **s**?
Wiederhole und übe. Schreibe z. B.
ü?t – üben – übt; hu?t – hupen – hupt

1. er ü?t, sie hu?t, ihr erlau?t, du gi?st, gel?, plum?
2. du sa?st, Wer?zeu?, Bur?, Ber?, Spu?
3. Flu?stunde, Ra?haus, Schie?srichter
4. sie verzei?t ihm, Re?kitz, Flo?markt, Frü?stück
5. er grü?t, sie lö?t das Rätsel, Gla?blä?er
6. die Gan?, Geizhal?, gan? einfach, stol?
7. Gan?ta?sschule, Ra?we?, Nä?zeu?, Fu?we?

2 Die Verdopplung bestimmter Buchstaben kann man ebenfalls durch Verlängern erkennen, wenn man in Silben spricht:
du beko?st – be-kom-men – du bekommst

Verlängere die folgenden Wörter und schreibe sie in Silben auf, z. B.
stimmt – stim-men

stimmt – brennt – Brett – dumm – dünn – fällt – glatt – Herr – Kamm – kaputt – erkannte – hoffst – krumm – lässt – quillt – schleppst – Schloss – schnappt – trifft – voll – klemmt – Schiff – Bett – Schwamm – summt – platt – Damm – nett – schlapp – matt – klappt – brummt

→ Seite 13, 241, Rechtschreibstrategien

Merke

Die richige Schreibung ableiten
- Bei Nomen hilft: Plural bilden (Kind – Kin der, Gruß – Grü ße)
- Bei Adjektiven hilft: durch ein **e** verlängern (gelb – gel be)
- Bei Verben hilft: Infinitiv (Grundform) bilden (du legst – lie gen)

3 Auch das *tz* kann man durch Verlängern und Silbensprechen hörbar machen, z. B. Bli? – Blit-ze – Blitz
Suche Beispielwörter und ergänze die Tabelle.

atz	etz	itz	otz
sie schmatzt: schmat-zen	er hetzt: het-zen	spitz: spit-ze	es motzt: mot-zen

utz	ötz	ütz
Putz: put-zen	Klötze: Klöt-ze	Mütze: Müt-ze

4 Dass man das *k* nicht verdoppelt, weißt du ja. Statt des doppelten *k* steht *ck*. Ergänze das fehlende *ck* und verwende die Wörter in selbst erfundenen Sätzen, z. B. Julia hat heute einen dicken Pullover an.

di? – Dre? – du drü?st – Fle? – Glü? – er bä?t
ihr pa?t – du schlu?st – Sto? – Stü? – zurü?

5 Das *-ig* am Wortende spricht man wie das Wort *-ich* oder in manchen Gegenden auch als *-ick*.
Was hilft da? – Verlängern, z. B. ewi? – dein ewi-ges Nachfragen
Verwende die folgenden Wörter so in Sätzen, dass das *G* zu hören ist.

ewi? – billi? – ruhi? – Köni? – lusti? – bergi? – Ta?

6 Unterscheide *-ig* oder *-lich*. Forme entsprechend um, z. B.
Die Kühe sind glücklich. – die glücklichen Kühe
Die Freude war riesig. – die riesige Freude

Die Wörter sind wichti?. – Die Zeiten sind friedli?.
Die Ameisen sind emsi?. – Die Menschen sind freundli?. –
Die Hütten sind armseli?. – Den Fehler mache ich häufi?. –
Der Ort ist heili?. – Der Wald wirkt unheimli?.

7 EXTRA Unterscheide *-ig* und *-lich*. Gehe wie in Aufgabe 6 vor.
Die Sportler trainieren fleißi?.
Die Lösung der Aufgabe ist richti?.
Der Preis für die Schule war günsti?.
Sie fanden den Film fürchterli?.
So etwas sollte zukünfti? nicht mehr passieren.

TIPP!
Bei der Worttrennung am Zeilenende schreibe so:
schme-cken, pa-cken, Fle-cken.

TIPP!
Nur bei wenigen Wörtern muss ich mir die richtige Schreibweise einprägen.

→ **Seite 12 ff., 240 f.,** Rechtschreibstrategien

→ **Seite 130 f., 242,** Worttrennung am Zeilenende

Ein *a* oder *au* im Wortstamm?

1 Suche den passenden Wortstamm und entscheide: *eu* oder *äu*? Schreibe die Wörter mit *äu* auf und ergänze ein Wort aus der Wortfamilie mit *au*, z. B. Fräulein – Frau.

Fr?lein, B?tel, Schl?che, Geb?de, Fr?nde, R?ber, K?fer, L?se, Sch?ne, Fr?de, Tr?me, St?ern, Br?te

2 Schreibt Verkleinerungsformen auf. Besprecht, was passiert, wenn ihr die Verkleinerungsform bildet, z. B.
Mann – Männchen – Männlein
Daumen – Däumchen – Däumeling

Hase - Maus - Katze - Taube - Nase - Haus - Laus
Vorsicht bei: Saal - Paar - Haar

3 Schreibe ab und setze ein: *e* oder *ä*? Schreibe zu den ä-Wörtern verwandte Wörter mit *a* auf, z. B.
ängstlich: Angst, angstfrei, Angsthase.

?ngstlich, B?lle, schn?ll, f?llen, qu?len, h?ll, gef?hrlich, R?tsel, Br?nde, F?ll, b?llen, j?hrlich, schl?frig, tr?ge

4 EXTRA Schreibe den Text in dein Heft und fülle die Lücken.

Anl✎sslich des Nationalfeiertags im Jahre 1884 erh✎lt das amerikanische Volk von Frankreich als Gesch✎nk eine riesengroße Frauenfigur aus gl✎nzendem Kupfer, die eine lodernde Fackel hochh✎lt. Besonders m✎chtig erscheint die Krone mit sieben Spitzen, die sie auf dem Kopf tr✎gt. H✎te ist sie eine Sehenswürdigkeit. Wer err✎t, worum es sich handelt?

→ **Seite 15, 230 f.,** Rechtschreibstrategien

Merke

Zu einigen Wörtern mit *ä* gibt es **keine** verwandten Wörter mit *a*. Diese Wörter musst du dir **einprägen**: *allmählich, Bär, Dämmerung, gähnen, gebären, Käfer, Käfig, Käse, während, nämlich, schräg.*

Rätsel über Rätsel

Mit den vier folgenden Texten könnt ihr einen Rätselwettkampf durchführen.

1 Bildet Gruppen. Einer liest ein Rätsel vor, die anderen raten. Wer die Lösung zuerst nennt, bekommt einen Punkt.

TIPP!
Ihr könnt aus den Texten auch Lückentexte machen oder Wörter zum Ableiten herausschreiben.

1. Wo?
Melanie lebt auf einem anderen Kontinent. Wenn du aus dem Bett steigst, legt sie sich hin. Wenn du im August in der Sonne liegst, bleibt sie lieber im warmen Haus. Dafür singt sie im blühenden Garten ein Weihnachtslied. Wer sie besucht, wird von einem Beuteltier begrüßt, das große Sprünge macht.

2. Wer?
Die größten und gefährlichsten Raubkatzen auf der Welt sind die •••••. Sie ernähren sich von mittleren bis großen Säugetieren, die sie nachts jagen. Sie schleichen sich auf leisen Tatzen geduckt an ihre Beute heran. Der Angriff erfolgt dann ganz plötzlich. Durch einen Biss mit ihren scharfen Zähnen wird das Beutetier blitzschnell getötet. Es kommt vor, dass sie auch Menschen anfallen.

3. Wie viele?
„Wie viele seid ihr eigentlich?", fragte die Wildgans eine Schar von Gänsen, die auf dem Teich schwamm. „Ihr seid wohl hundert?" „Nein", bekam sie zur Antwort, „noch einmal so viel wie wir sind und ein Drittel dazu und dann noch du und ich, dann werden es gerade hundert sein."

4. Wie?
Es wird erzählt, dass Kolumbus nach seiner ersten Reise nach Amerika an einem Abend bei Kardinal Mendoza eingeladen war. Einer der Gäste bemerkte, seine Entdeckung sei gar nicht so richtig außergewöhnlich gewesen. Es habe nur niemand früher daran gedacht, diesen Weg nach Indien zu suchen.
Da nahm Kolumbus ein Ei und fragte: „Wer von den Anwesenden bringt es fertig, dass das Ei auf einer Spitze steht?"
Keinem gelang es. Da zeigte Kolumbus ihnen den Trick.
Das geht eigentlich ganz einfach. Wisst ihr wie?

2 Die Rätseltexte könnt ihr als Partnerdiktat oder Selbstdiktat nutzen. Sie enthalten viele Wörter, die ihr bestimmt richtig schreibt, wenn ihr sie verlängert oder ableitet.

→ **Seite 69, 109, 246,** Arbeitstechnik „Selbstdiktat"

Wahre Meldung oder Zeitungsente?

1 Versuche, die folgende Meldung trotz der fehlenden Buchstaben flüssig zu lesen.

Armes M?nnlein oder listiger T?ter?

Trotz großer K?lte machte in der N??jahrsnacht ein völlig entkr?ftet wirkendes M?nnlein reiche B??te.
Mit einem f?tten gez?hmten Rentier an der K?tte l??tete der kleine Mann an den Türen ?ngstlicher R?ntner und erkl?rte ihnen, dass zwar sein Tier wohl gen?hrt sei, er selbst sich aber vor Hunger kaum noch auf den Beinen halten könne. Er h?tte n?mlich alle milden Gaben auf dem Weg durch D??tschland zu Fuß dem Tier zukommen lassen. Wegen einer gutgl??big und leichtsinnig abgeschlossenen W?tte müsse er das arme Tier aber zum M?tzger bringen, wenn nicht beide gut ges?ttigt am 31. Januar die Gr?nze zu Schweden erreichten. Die Benutzung einer F?hre sei ihnen erlaubt. Voller Verst?ndnis überh??ften ihn die meisten L??te mit Essen, Getr?nken und G?ld. Als eine misstrauische ?ltere Frau die Polizei alarmierte, raste der T?ter, der sich als guter L??fer erwies, quer durch die benachbarten G?rten und verschwand hinter den B??men eines nahen W?ldchens.

2 Was glaubt ihr, handelt es sich um eine wahre oder falsche Meldung? Begründet eure Meinung.

3 Übernimm die Tabelle in dein Heft.
Setze bei den unvollständigen Wörtern *e*, *ä*, *eu* oder *äu* ein.
Trage die Wörter in die richtigen Spalten ein.

e	ä	eu	äu
…	Männlein	…	…

4 Wie schreibt man folgende Wörter? Überlege, ob *b* oder *p*, *d* oder *t*, *g* oder *k* eingesetzt werden muss.
Verlängere und sprich, z. B. Lob – loben, also mit b
Schreibe dann die Wörter auf.

Lo**?** – Han**?**stan**?** – Rei**?**pfer**?** – er ho**?** – er flo**?** – sie zo**?** – er fan**?** – sie ban**?** – Schla**?**zeile – le**?**haft – Spu**?**geschichte

5 Schreibe die folgenden Wörter untereinander. Schreibe dann rechts daneben, wie du ableitest, um beim Sprechen alle Laute zu erkennen, z. B.
er küsst → küs-sen

er küsst – du hoffst – es knallt – es steht – du schwimmst – es stimmt – es klappt – du kennst – ihr stellt – du kommst – es passt – es weht

6 Schreibe als Selbstdiktat. Leite die Schreibung der Wörter mit *ä* ab, z. B.
älter von alt

Der ältere Bäcker hält ärgerlich das Gebäck in seinen Händen. Er schämt sich wegen der Härte der Backränder.

7 Schreibe ab und ergänze die fehlenden Buchstaben.

***e* oder *ä*?**
Die B✎lle liegen an einer St✎lle in den St✎llen, wo Hunde mit gl✎nzenden F✎llen gef✎hrlich b✎llen.

***eu* oder *äu*?**
Die vier Fr✎nde ließen sich h✎slich in dem ger✎migen Geb✎de nieder. H✎te Abend wollen sie ein Fr✎denf✎er anzünden; denn während ihrer Abent✎er hatten sie reiche B✎te gemacht. Es war mucksm✎schenstill, kein Ger✎sch war zu hören. Am Himmel l✎chteten die Sterne, und die R✎berbande lächelte sich zu.

Arbeitstechnik

Selbstdiktat

Bei einem Selbstdiktat geht man so vor:
- Lies zuerst den ganzen Text, um den Inhalt zu verstehen.
- Lies danach den ersten Satz und präge ihn dir ein.
- Decke den Text ab und schreibe den Satz aus dem Gedächtnis. Sprich leise oder „in Gedanken“ mit. Schwierige Wörter sprichst du am besten, indem du sie nach Silben trennst.
- Danach kommt der zweite Satz: lesen, abdecken, aufschreiben usw.

9 ... und laden euch herzlich ein

Feste und andere Veranstaltungen

1 Ihr seht hier verschiedene Einladungen. Besprecht:
- Wann habt ihr selbst zuletzt eine Einladung bekommen oder gelesen?
- Bei welcher Gelegenheit habt ihr selbst eine Einladung geschrieben?

Liebe Olivia,

am 16. Juni feiere ich meinen 12. Geburtstag. Dazu möchte ich dich herzlich einladen. Bring bitte Badezeug, ein Handtuch und viel gute Laune mit. Um 19:00 Uhr bringen meine Eltern dich wieder nach Hause. Ich freu mich schon auf deinen Besuch.

Manuela

Am 27. März wählt Burgneustadt seinen neuen Bürgermeister.
Einladung zur Vorstellung der Kandidatinnen/Kandidaten

Die Kandidatinnen und Kandidaten stellen sich in einer öffentlichen Veranstaltung am 10. Februar in der Staufenhalle vor. Alle Bürgerinnen und Bürger sind herzlich eingeladen. Die Veranstaltung beginnt um 19:00 Uhr.

B. Müller
Sprecher des Gemeinderats

Monika Reichle &
Jens Hausmann

Wir sagen JA! Wir heiraten!
Standesamtliche Trauung 10:30
im Stadthaus 1
Kirchliche Trauung 14:15
in der Jakobuskirche

Wir würden uns sehr freuen,
wenn wir dich/Sie zu unserer Hochzeit
begrüßen könnten, und laden herzlich
zur anschließenden Feier
in der Gaststätte Minneburg ein.

Wir bitten um Zusage
unter Tel.: 123456

Olli & his Gang

DAS Konzert!

Was? Mit neuem Programm „Fantasie“
Wo? Jugendzentrum am Treidelpfad
Wann? Samstag, 19. April
Wie? Fantastisch!

Bei Vorlage dieses Flyers werden an der Abendkasse 50 % Nachlass gewährt!

2 Vergleiche die Einladungen. Stelle fest, wodurch sie sich unterscheiden und was bei allen gleich ist.

3 Sieh dir die Einladungen ganz genau an. Sind sie vollständig oder fehlen wichtige Informationen? Beantworte dazu die Fragen:
- Was findet statt?
- Wer lädt ein?
- Wann?
- Wohin?/Wo?
- Wie komme ich hin?
- Soll ich vorher zusagen/absagen?
- Muss ich mich anmelden?
- Ist der Eintritt frei?

4 Welche Einladung findest du besonders gelungen, welche spricht dich nicht an? Begründe.

Was? Wer? Wo?

→ **Seite 118 f.,** Schreibung der Anredepronomen

1 Gestalte selbst eine Einladung. Gehe so vor:

1. Schreibe, wozu du einladen willst, z. B.
   - Faschingsparty unter dem Motto „Um 12 beginnt die Geisterstunde"
   - Schultheater-Aufführung „Jonas, hast du Mut?"
   - Sportfest im Sportverein
   - Einladung zur Geburtstagsfeier
   - ein Ereignis in der Schule
2. Entscheide, wie deine Einladung aussehen soll, z. B.
   - handgeschriebene Einladungskarte
   - Plakat
   - E-Mail
   - computergeschriebene Einladung
   - fotokopiertes Info-Blatt
   - Anzeige in der Zeitung
3. Überlege, wie du die Einladung schreiben willst, als
   - Einladung in tabellarischer Form, z. B.

Blickfang — **LEBEN AUF DEM MARS?**

Was? — **Großes Faschingsfest**

Motto: Es gibt Leben auf dem Mars!

Wer? — **Die Klasse 6b lädt ein.**

Wann? — Datum:	26. Februar
Uhrzeit:	16–20 Uhr
Wo? — Ort:	Aula der Wallgrabenschule
Essen und Trinken:	Energy-Limo, galaktische Krapfen
Anmeldung:	bis 19. Februar beim Klassensprecher der 6b

– oder als Einladung mit einem fortlaufenden Text, z. B.

An alle Mars- und Erdmenschen!

Liebe Freunde aus dem Universum, ———— Anrede
wir, die Außerirdischen aus der Galaxis 6b, laden euch zu unserem ———— Wer?
Faschingsfest am Samstag, 26. Februar, von 16 bis 20 Uhr ———— Was? Wann?
in die Aula der Wallgrabenschule ein. Wir bringen verbrauchte Energie ———— Wo?
sofort zurück: Es gibt Krapfen und Limo.
Kommt ihr? Bitte sagt dem Klassensprecher bis zum 19. Februar
Bescheid, damit wir alles gut vorbereiten können.

2 Stellt eure Einladungen in der Klasse vor und besprecht sie:
- Enthält die Einladung alle notwendigen Informationen?
- Ist sie klar und übersichtlich gestaltet?
- Weckt die Einladung Interesse an der Veranstaltung?

Arbeitstechnik

Eine Einladung schreiben

1. Inhalt
- Nenne das Ereignis, zu dem du einlädst.
- Gib an, wer das Ereignis veranstaltet und wer einlädt.
- Informiere über das Datum, die Uhrzeit und den Veranstaltungsort.
- Gib an, ob die Besucher sich anmelden sollen und ob ein Eintrittspreis erhoben wird.

2. Form

Entscheide, welche Form die Einladung haben soll (Einladungskarte, Einladungsbrief, Plakat, Flyer, E-Mail, Anzeige in einer Zeitung).

3. Gestaltung
- Ordne die Inhalte klar und übersichtlich auf dem Papier an (Tabelle, fortlaufender Text).
- Hebe wichtige Inhalte besonders hervor (Überschrift als Blickfang, Unterstreichungen, große Schrift, Farben).
- Entscheide, ob Zeichnungen oder Bilder verwendet werden sollen.

Gut geplant ist halb gefeiert!

Die Einladung ist ein wichtiger Schritt. Aber es müssen noch viele andere Dinge vorbereitet werden, damit alles klappt. Ganz egal, ob es um eine Geburtstagsfeier oder eine Klassenfete geht: Mit Planung geht alles besser.

TIPP!
Benutzt zum Sortieren entweder eine Tabelle (jeder Oberbegriff bekommt eine Spalte) oder ein Wörternetz (jeder Oberbegriff bekommt einen „Ast").

1 Sucht euch eine Veranstaltung von Seite 110 bzw. 111 aus oder überlegt euch selbst ein Fest, das ihr organisieren möchtet. Schreibt alle Einzelheiten auf, an die ihr denken müsst, damit das Fest gelingt. Arbeitet in Gruppen.

2 Sortiert eure Stichworte aus Aufgabe 1, damit ihr schnell erkennt, ob ihr an alles gedacht habt. Ordnet sie nach Oberbegriffen, z. B.
Raum, Essen, Trinken, Musik ...

3 Fuat, der Klassensprecher der 6b, hat in Vorbereitung der nächsten Klassenfeier einige Stichworte notiert. Besprich mit deiner Partnerin oder deinem Partner, was zuerst und was später erledigt werden muss. Schreibt die folgenden Punkte in der passenden Reihenfolge auf:

Getränke besorgen, Raum organisieren, Thema finden, Ideen sammeln, Material besorgen, Einladungen schreiben, Einladungen verschicken, Essen besorgen, Termin festlegen, Raum dekorieren, Plakat entwerfen, Schulleiter um Einverständnis bitten, Hausmeister informieren

4 Die Klasse möchte diesmal im Bürgerzentrum feiern. Dort könnte man vom 3. bis 7. August einen Raum bekommen. Diskutiert, an welchem Tag die Feier durchgeführt werden sollte. Berücksichtigt dabei die Raumsituation.

Raumbelegungsplan 3. – 7. August					
	Di	**Mi**	**Do**	**Fr**	**Sa**
Zimmer 1 ($20\,m^2$)	9:30 Sprachkurs	16:00 Hausaufgabenhilfe		9:30 Sprachkurs	
Zimmer 2 ($25\,m^2$ mit Küche)				15:30 Holzwerkstatt	
Saal ($25\,m^2$)	18:00 Tanzgruppe	20:00 Gesangsverein	16:00 Kinderkino		20:30 Disco

5 Um den Überblick zu behalten, ist ein Plan nützlich:
Übertrage die folgende Tabelle in dein Heft. Trage dann die wichtigsten Punkte, die du in Aufgabe 2 aufgelistet hast, in die erste Spalte ein. Schreibe in die zweite Spalte, bis wann jeder Punkt erledigt sein muss. In die dritte Spalte kannst du eintragen, wer dir dabei helfen könnte.

Was?	Wann?/Bis wann?	Wer?	Erledigt

6 EXTRA Plane eine Geburtstagsfeier. Entwirf dazu einen Organisationsplan.

Was dich stark macht

Ein Fest oder ein Projekt planen

1. Schreibe alles auf, was für dein Fest oder dein Projekt erledigt werden muss. Notiere auch die Dinge, die hinterher getan werden müssen (z. B. aufräumen oder den Helfern danken).
2. Entwirf eine Tabelle als Organisationsplan. Trage alle Aufgaben möglichst geordnet in die linke Spalte ein. Notiere zu jedem Punkt, bis wann er erledigt sein muss.
3. Trage ein, wer dir helfen kann.
4. Wenn du etwas erledigt hast, hake es im Organisationsplan ab.
5. Überprüfe während der Vorbereitung immer wieder, ob du noch im Zeitplan liegst oder ob du an deinem Plan etwas ändern musst.

Der Hexenmeister lädt ein

1 Schreibe die tabellarische Einladung als fortlaufenden Text auf. Erweitere deinen Text durch Anrede und Anmeldung:
- Wie redet der „Hexenmeister" seine Freunde in der Einladung an?
- Bis wann und in welcher Form müssen sie ihm Bescheid geben, ob sie kommen?

Was?	**Hexenparty** **Kostümfest mit Besenlauf und Zaubertricks**
Wer?	Der Hexenmeister
Wo?	Gartenreihe 13, 55332 Benkendorf
Wann?	am Samstag, dem 13.11., ab 16:11 Uhr
Wie lange?	bis ca. 22:11 Uhr
Warum?	Paul wird 12
Essen?	giftgrüner Wackelpudding, panierte Kürbisse
Trinken?	Zaubertränke

TIPP!
Du kannst die Bilder zeichnen oder aus Zeitschriften ausschneiden und aufkleben.

2 Gestalte deinen Text mit lustigen Bildern.

3 Verfasse mithilfe der Angaben einen möglichst originellen Einladungstext. **Wähle A, B oder C:**

TIPP!
Du kannst auch den Computer nutzen.

A Einladung zum großen Filmabend
Ihr wollt am Freitag nächster Woche in der Aula eurer Schule einen Filmabend für die Schülerinnen und Schüler der Klassen 5 bis 7 veranstalten.
Verwendet die folgenden Angaben:
- Ein Überraschungsfilm soll gezeigt werden.
- Beginn der Veranstaltung ist 17.00 Uhr.
- Das Ende der Veranstaltung ist gegen 19.30 Uhr.
- In der Pause können die Schüler Popcorn, Waffeln und Getränke kaufen.
- Der Eintritt für den Filmabend ist frei.
- Ansprechpartnerin ist Sandra S. aus der Klasse 6b.

B „Hier spielt sich etwas ab!" – Einladung zum großen Spieletreff
Ihr wollt am Mittwoch nächster Woche in der Schule einen Spieletreff veranstalten.
Überlegt und schreibt,
- wo genau der Spieletreff stattfinden wird,
- wen ihr dazu einladen wollt,
- wann die Veranstaltung beginnt und wie lange sie dauern wird,
- welche Spiele gespielt werden sollen,
- wer was mitbringen soll.

C Einladung zur großen Gartenfete
Du möchtest zu deinem Geburtstag am nächsten Wochenende eine große Gartenfete feiern.
Vorgesehen sind ein Lagerfeuer und die Übernachtung im Zelt.
Überlege und schreibe,
- wo die Feier stattfinden soll,
- wen du dazu einladen willst,
- wann die Feier beginnt und wie lange sie dauern wird,
- was mitgebracht werden soll,
- wie die Feier ablaufen wird.

Denke bei der Einladung auch an eine originelle Überschrift.

4 Gestalte deine Einladung mit schöner Schrift und passenden Bildern.

Einladung zum Gespräch

1 Janina schreibt ihrer Lehrerin einen Brief. Sie möchte mit ihr sprechen. Tauscht euch darüber aus, was Janina mit dem Brief erreichen will.

Sehr geehrte Frau Meyer,
Entschuldigung, aber ich halte das nicht länger aus. Sie müssen etwas gegen mich haben. Immer wenn jemand in der Klasse tuschelt oder schwatzt, sagen Sie: „Janina, halt endlich den Mund!“ Meine Freundinnen in der Klasse haben mir berichtet, dass Sie das sogar letzte Woche gesagt haben, als ich krank im Bett lag. Was habe ich denn gemacht, dass Sie so von mir denken? Ich bin zwar kein Engel, aber das finde ich total ungerecht. Und außerdem will ich ja wirklich besser werden. Würden Sie einmal mit mir darüber sprechen?

2 Übernimm die Tabelle in dein Heft. Trage alle Pronomen aus dem Text in die richtige Spalte ein. Vergleiche dein Ergebnis mit dem deines Nachbarn.

Personalpronomen	Possessivpronomen	Demonstrativpronomen	Fragepronomen	Anredepronomen
ich	meine	das	...	Sie

→ **Seite 145, 237,** Wortarten

Merke

Pronomen (Fürwörter)
- können im Text für Nomen stehen, damit diese nicht ständig wiederholt werden müssen:
  Janina schreibt der Lehrerin einen Brief. Janina möchte mit der Lehrerin sprechen. → *Sie möchte mit ihr sprechen.*
- können Begleiter eines Nomens sein:
  meine/diese Lehrerin

Man unterscheidet u. a.:
Personalpronomen: *ich, du, er, sie, es, wir, ihr, sie*
(die gebeugten Formen: *mir, mich, ihm, ihn, ihr, euch, uns ...*)
Possessivpronomen: *mein, dein, sein, ihr, unser, euer ...*
Demonstrativpronomen: *dieser, jener ...*
Fragepronomen: *wer, was, wie, welcher ...*
Anredepronomen: *du, dir, dich, Sie, Ihnen, Ihr, Ihre, Ihren, Ihres ...*

3 Tilo schreibt seinem Deutschlehrer. Welche Bitte hat er?

Sehr geehrter Herr Wagner,
ich schreibe ihnen diesen Brief, weil ich nicht weiß, was ich machen soll. Könnten sie mal mit mir sprechen? Jeden Tag sitze ich ein bis zwei Stunden an meinen Deutsch-Hausaufgaben. Gestern habe ich sie gar nicht geschafft, weil ich auch für Englisch so viel zu tun hatte. Und dann sagen sie auch noch oft: „Tilo, du musst für deine Rechtschreibung etwas tun!" Vielleicht glauben sie mir nicht, dass ich vor diesem Diktat stundenlang geübt habe. Das Ergebnis kennen sie ja. Wie soll das weitergehen? Darüber würde ich gerne einmal mit ihnen sprechen.
ihr Tilo

4 Tilo hat Fehler bei der Schreibung der Pronomen (Fürwörter) gemacht. Schreibe den Brief richtig ab. Unterstreiche die Pronomen.

5 In Levins Brief fehlen einige Pronomen. Versuche, ihn trotzdem flüssig zu lesen.

Hey Bruder,
so geht das nicht mehr weiter. Mit … Zeilen will ich mich bei … beschweren und … vorwarnen. Ich habe es mir gefallen lassen, dass du … immer unser gemeinsames Zimmer verbietest oder … mit Kopfhörern an den Computer in die Ecke setzt, wenn … Freundin zu Besuch ist. Ich kann mir ja schon denken, dass … verliebt bist und ungestört sein willst, aber dass … mich jetzt auch bei Regen nach draußen verdrücken muss, geht zu weit.
Bis zum Sonntag sollten … das Problem besprechen, sonst muss ich … Eltern um Hilfe bitten.
… Bruder

6 Was meint ihr zu Levins Brief? Worüber habt ihr euch schon einmal bei Freunden, Lehrern, Eltern oder Geschwistern beschwert?

7 EXTRA Schreibe den Brief ab. Ergänze dabei die fehlenden Pronomen.

Merke

Wenn du jemanden mit „Sie" ansprichst, schreibst du die Anredepronomen *Sie, Ihr, Ihre, Ihren, Ihres, Ihnen* groß.

Einladung zum bunten Abend

Liebe Eltern, liebe Lehrerinnen und Lehrer,
wir möchten ✎ (SIE) und ✎ (IHRE) Familie ganz herzlich zu ✎ (UNSEREM) diesjährigen bunten Abend in die Turnhalle der Schule einladen. Er findet am Freitag, dem 1. Juni (ab 19.00 Uhr) statt. Lassen ✎ (SIE) sich überraschen von großartigen Sängern, erstklassigen Tanzeinlagen und lustigen Sketchen. Erleben ✎ (SIE), welches ungeahnte Talent vielleicht auch in ✎ (IHREM) Kind steckt! Unsere neu gegründete Schulband wird ✎ (IHNEN) an diesem Abend eine erste Kostprobe ✎ (IHRES) Könnens geben. Außerdem werden ✎ (IHNEN) einige Lehrerinnen und Lehrer zeigen, wie Schule in ✎ (IHRER) Kindheit war! Einige Mitglieder ✎ (UNSERES) Fördervereins werden ✎ (SIE) in der Pause mit kleinen Snacks bewirten, die ✎ (SIE) zusammen mit der AG Kochen vorbereitet haben. Karten erhalten ✎ (SIE) für 1 Euro an der Abendkasse. Bitte tragen ✎ (SIE) im unteren Abschnitt ein, mit wie vielen Personen ✎ (SIE) kommen möchten.
Dieses einmalige Erlebnis dürfen ✎ (SIE) auf keinen Fall verpassen! Wir hoffen, dass ✎ (SIE) zahlreich erscheinen und wünschen ✎ (IHNEN) viel Spaß und gute Unterhaltung.

✎ (IHRE) Schülervertretung

→ **Seite 118,** Merkkasten zu Pronomen

→ **Seite 119,** Merksatz zur Schreibung von Anredepronomen

1 Prüfe, ob die Pronomen in den Klammern groß- oder kleingeschrieben werden müssen.

2 Schreibe die Einladung ab und setze die Pronomen in der richtigen Schreibweise ein.

Einladung zum Rätselraten

1 Weißt du, wer „sie“ ist? Schreibe die Lösung auf.

Sie hat einen Hals, sie hat einen Bauch,
keinen Kopf, kein Bein, o Graus!
Und kann sie drum nicht laufen auch,
so läuft es doch aus ihr heraus.

2 Rate!
- Welches Wort ist hier gesucht?
- Welches Wort steht stellvertretend für das Lösungswort?
- Wer wird hier mit „du“ angesprochen?

Es hat einen Rücken und liegt nicht drauf.
Du brauchst keinen Hammer und schlägst es auf.
Es hat keinen Mund und redet doch klug.
Es ist kein Baum und hat Blätter genug.

3 Wer spricht hier? Und welches Wort vertritt den Sprecher im Rätsel?

Ich gehe durch die Lande und bleibe doch, wo ich bin.

4 Für welche Wörter steht das „es“?

Was ist das?

- **Je mehr man hinzutut, desto kleiner wird es und je mehr man wegnimmt, desto größer wird es.**
- **Es hat ein Loch und macht ein Loch und schlüpft selbst durch dieses Loch.**

5 EXTRA Eine Schülerin hat ein Pronomen-Gedicht geschrieben. Schreibe auf, wen sie mit „ich“, „du“, „wir“ und „ihr“ gemeint haben könnte.

Ich bin ich
und du bist du,
wir sind wir
und ihr seid ihr.
Wir sind verschieden.

6 EXTRA Gebt euch gegenseitig Rätsel auf, in denen persönliche Fürwörter Stellvertreter sind.

Ich freue mich auf deinen Besuch

1 Stelle einem Freund oder einer Freundin Fragen und schreibe sie auf, z. B. *Wie gefällt dir unser Partyprogramm?*
Erkundige dich,
1. wie ihm/ihr euer Partyprogramm gefällt.
2. welcher Termin ihm/ihr passt.
3. welche Musik ihm/ihr gefällt.
4. ob er/sie noch jemanden mitbringt.
5. ob ihr ihm/ihr eine Einladung schicken sollt.
6. ob ihr ihn/sie abholen sollt.

2 Stelle jemandem, den du mit „Sie" ansprichst, Fragen und schreibe sie auf, z. B. *Kann ich mit Ihnen sprechen?*
Erkundige dich,
1. ob du mit ihm sprechen kannst.
2. ob ihm der Termin passt.
3. ob du ihm eine Einladung schicken sollst.
4. ob ihm euer Festprogramm gefällt.
5. ob du ihm den Weg beschreiben sollst.
6. ob ihr ihn/sie abholen sollt.

→ **Seite 118,** Merkkasten zu den Pronomen

→ **Seite 119,** Merksatz zu den Anredepronomen

3 Schreibe die Sätze ab. Ergänze die fehlenden Pronomen.

1
Liebe Frau Lehmann,
zu ✎ großen Feier anlässlich des 90. Geburtstages ✎ Uroma möchten wir ✎ ganz herzlich einladen ...

2
Liebe Leute,
wie jedes Jahr wollen meine Schwester und ich an ✎ Samstag wieder ✎ traditionelle Pyjama-Party feiern, zu der wir ✎ hiermit herzlich einladen ...

3
Sehr geehrte Frau Ulrich,
ich möchte ✎ bitten, mit ✎ über ✎ Leistungen in der Klassenarbeit zu sprechen. Ich werde ✎ erzählen, wie es dazu gekommen ist ...

4 Schreibe die Fragen ab und beantworte sie. Die Antworten sollen mit „Nein" beginnen. Setze dabei die passenden Pronomen ein, z. B.
Hast du es deinen Eltern schon erzählt? – Nein, ich habe es ihnen noch nicht erzählt.

→ **Seite 118,** Merkkasten zu den Pronomen

1. Hast du es deinen Eltern schon erzählt? – …
2. Hast du Herrn Müller heute schon gesehen? – …
3. Hast du es deinen Freunden schon gesagt? – …
4. Hast du die Hausaufgaben schon gemacht? – …
5. Hast du deine Nachbarin schon eingeladen? – …
6. Hast du deinen Freund schon angerufen? – …

5 In dem Text fehlen die Pronomen. Versuche, ihn trotzdem flüssig zu lesen. Ergänze dabei die fehlenden Pronomen. Übe mit einem Partner.

Max Hallo, Leon!
Leon Hallo!
Max Leon, ich lade ✎ zum Geburtstag ein, am Freitag.
Leon Am Freitag? Schade! Da bin ich zum Judotraining.
Max Macht nichts. Du kannst danach kommen. Wir treffen uns erst am Abend bei ✎. Wir feiern nicht bei ✎ zu Hause, wir gehen alle zum Gokart-Rennen in die Sportarena.
Leon Super!
Max Und deine Schwester? Wie ist es mit ✎? Kann ✎ auch am Samstag mit ✎ Gokart fahren?
Leon Keine Ahnung. Ich frage ✎ heute Abend.
Max Nicht nötig, ich sehe ✎ ja nachher. Da frage ich ✎ selbst.
Leon Und was wünschst du dir von ✎?
Max Ich weiß nicht!
Leon Dann überleg es dir und sag's ✎ rechtzeitig.
Max Ich sage es ✎ morgen.
Leon Okay.

6 Schreibe die Sätze ab. Ersetze dabei die rot gedruckten Wörter durch Personalpronomen, z. B. Max spricht mit ihm.

1. Max spricht mit Leon.
2. Er lädt Leon zum Geburtstag ein.
3. Leon erzählt Max vom Training.
4. Max will nach dem Training mit den Freunden Gokart fahren.
5. Max sieht die Schwester später.
6. Da will er mit dem Mädchen sprechen.
7. Leon fragt, was er Max schenken könnte.
8. Max will den beiden morgen sagen, was er sich wünscht.

10 Online unterwegs

→ **Seite 259,** Kleines Computerlexikon: Internet

1 Lies den Text. Beschreibe mit eigenen Worten, was das Internet alles möglich macht und worin ein großes Problem besteht.

Das Internet lebt

Im Internet sind heute Millionen von Computern miteinander verbunden. World Wide Web, www, bedeutet sinngemäß „weltweites Netz“. Durch einfaches Aussuchen und Anklicken wird der Zugriff auf alle Informationen ermöglicht, die in unterschiedlichsten Erscheinungen von den unterschiedlichsten Menschen und Gruppen im WWW veröffentlicht werden. Das Internet ist heute

- das umfassendste Lexikon der Welt, in dem viele Menschen ihr Wissen veröffentlichen,
- eine große Spielwiese,
- ein Museum voller digitaler Bilder,
- eine Sammlung unzähliger Familienalben,
- eine riesengroße Litfaßsäule,
- ein Treffpunkt zum Gedankenaustausch,
- das schnellste Postverteilungssystem der Welt,
- ein Marktplatz für alle Waren.

Millionen Menschen nutzen dieses Netz. Das Angebot und die Teilnehmerzahl nehmen stündlich zu. Das Internet ist eine wunderbare Einrichtung, aber zugleich auch ein großes Problem, denn darin herrscht garantiert ein größeres Durcheinander als in jedem Klassenraum dieser Erde. Es gibt kein Inhaltsverzeichnis, und eine systematische Ordnung fehlt leider auch. Oft kann man auch nicht erkennen, wer da seine Informationen oder seine Waren anbietet und welche Qualität sie haben.

2 Es gibt verschiedene Möglichkeiten, sich im Internet zurechtzufinden. Man kann z. B. einen gedruckten Internetführer („Internet-Guide für Schüler“), Empfehlungen von Freunden oder auch Tipps aus Zeitschriften, Zeitungen und Fachzeitschriften nutzen.
Besprecht, welche Erfahrungen ihr gemacht habt.

Suchmaschinen

1 Mit der Kindersuchmaschine www.blinde-kuh.de habt ihr sicher schon gearbeitet. Tauscht euch darüber aus, welche anderen Suchmaschinen ihr kennt.

→ **Seite 260,** Kleines Computerlexikon: Suchmaschine

2 Arbeitet zu zweit. Untersucht die abgebildete Seite mit der Adresse www.suchlexikon.de genauer:
- Beschreibt den Aufbau der Seite in Stichworten.
- Was kann man bei „www.suchlexikon.de" überhaupt finden?
- Wie viele Felder gibt es, in die man ein Suchwort eintragen kann?
- Beschreibt die verschiedenen Suchfelder genauer. Tauscht euch darüber aus, was ihr jeweils suchen könnt.

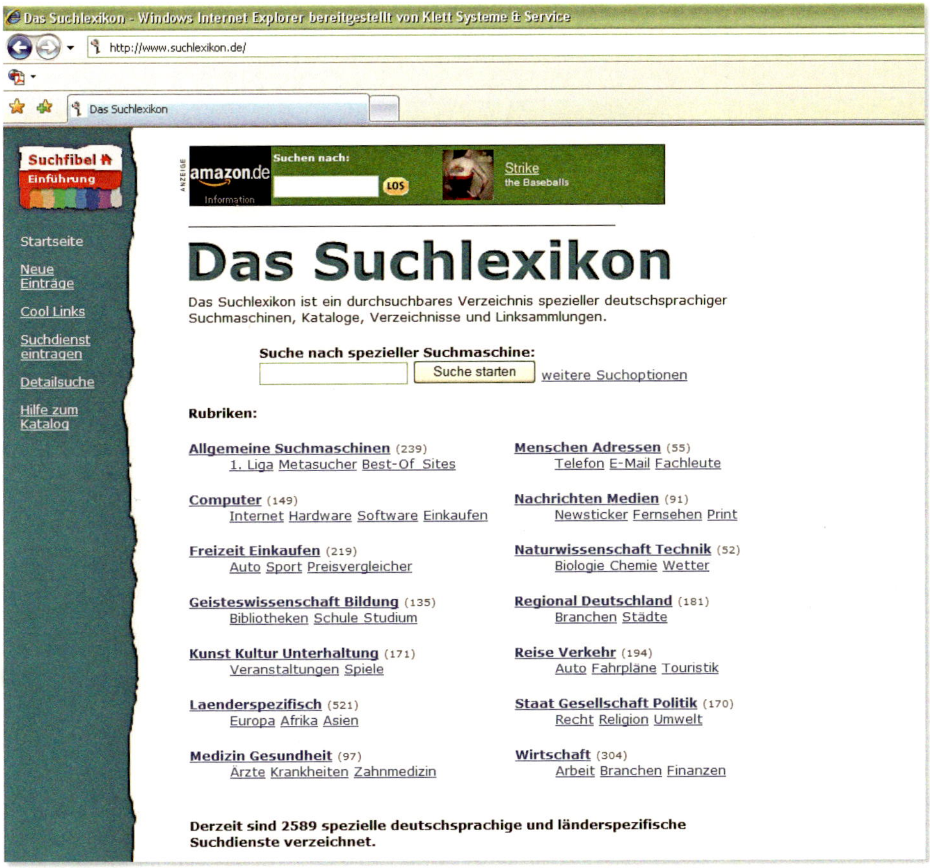

3 Überlegt gemeinsam, warum bei vielen Suchmaschinen Werbung erscheint. Was müsst ihr dabei beachten?

TIPP!
Nutzt dazu den Online-Link.

4 EXTRA Forscht nach, ob sich die abgebildete Seite seit dem Erscheinen dieses Buches geändert hat.

Online-Link
313272-0125

Informationen finden

Stell dir vor, du sollst mit einer Partnerin oder einem Partner gemeinsam ein Referat zu dem Thema „Das alte Rom“ halten. Ihr habt dabei verschiedene Möglichkeiten, an Informationen zu kommen. Entweder ihr leiht euch Bücher aus der Bibliothek zu dem Thema aus oder ihr sucht nach Informationen im Internet.

TIPP!
Du kannst dazu eine Tabelle anlegen.

1 Vergleicht den unten abgebildeten Ausschnitt der Internetseite zu dem Thema mit dem rechts abgebildeten Inhaltsverzeichnis des Sachbuches. Schreibt auf, welche Vorteile die Internetseite bietet und welche das Buch.

2 Womit könntet ihr euch besser auf ein Referat vorbereiten? Begründet eure Meinung.

Inhalt

Die Rechtschreibprüfung am Computer

Viele Textverarbeitungsprogramme haben eine Rechtschreibprüfung.

→ **Seite 260,** Kleines Computerlexikon: Rechtschreibprüfung, Textverarbeitungsprogramm

1 Erklärt euch gegenseitig, was eine Rechtschreibprüfung ist und wie man sie nutzen kann.

2 Arbeite am Computer – in der Schule oder zu Hause.

1. Öffne das Textverarbeitungsprogramm und schreibe einen kurzen Text.
2. Stelle fest, wo man in deinem Programm die Rechtschreibprüfung einschaltet.
3. Überprüfe damit die Rechtschreibung in deinem Text.

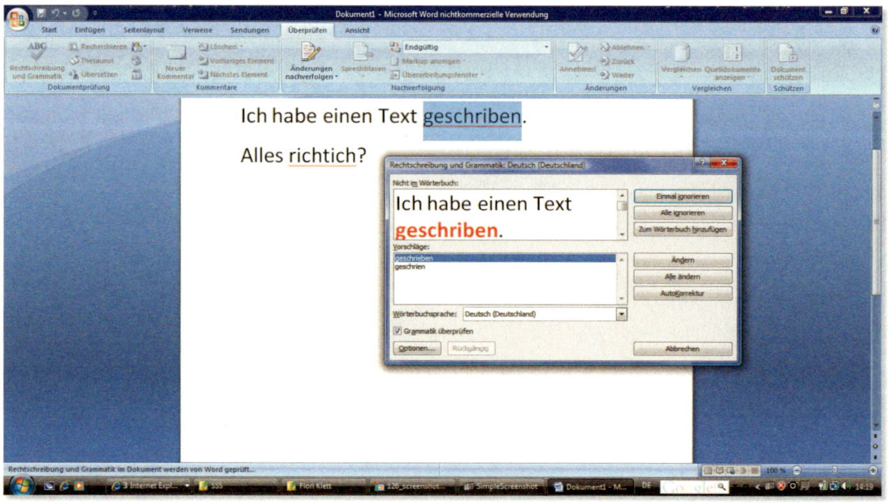

Die meisten Textverarbeitungsprogramme haben auch eine automatische Rechtschreibkontrolle während der Eingabe.

3 Ermittle, wie man die automatische Rechtschreibkontrolle in deinem Programm ein- und ausschaltet.

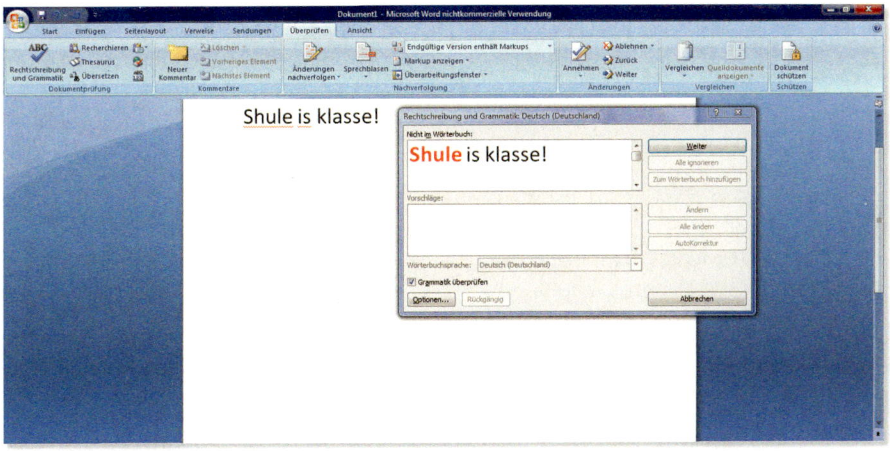

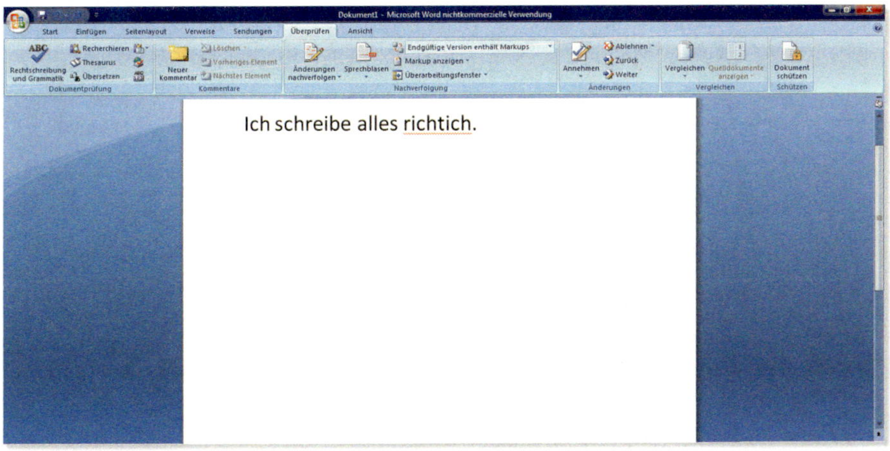

4 Schreibe einen kurzen Text am Computer.
- Kontrolliere mit der Rechtschreibprüfung, ob du richtig geschrieben hast.
- Sprecht anschließend über eure Erfahrungen.

TIPP!
Du kannst z. B. über deine Klasse schreiben.

5 In dem folgenden Satz steckt ein Fehler. Prüfe, was falsch geschrieben ist: Funktioniert die rechtschreibprüfung?
Probiere aus, ob die automatische Rechtschreibkontrolle des Computers den Fehler auch findet.

Wenn der Computer trennt ...

Wenn der Computer die Silbentrennung durchführt, kommt es manchmal zu lustigen Trennergebnissen, besonders in Zeitungen, wenn die Spalten schmal sind.

1 Stellt fest, was das Computerprogramm in dem Zeitungstext falsch gemacht hat.

So schrieb vor einiger Zeit eine Zeitung über die Altbauer-haltung in einer großen deutschen Stadt und sprach in dem Zusammenhang von Stau-becken sowie von dem Urin-stinkt der betroffenen Anwohner. In der Nähe, hieß es weiter, befände sich eine Wachs-tube der Polizei.

2 Knicke eine Heftseite zweimal der Länge nach, sodass drei gleich große Spalten entstehen.
Schreibe die drei folgenden Texte in die Spalten. Am Zeilenende darf kein einziges Wort „gequetscht" geschrieben werden.

1.
Gute Trennungen am Zeilenende tragen viel zur Lesefreundlichkeit bei. Unlogische Silbentrennungen bilden optische Stolpersteine.

2.
Es gibt gemeinnützige Vereine, die Hilfe in Trennungssituationen anbieten. Die Adressen kann man bei dem zuständigen Bundesministerium erfahren.

3.
Die beiden Bundesligavereine trennten sich nach 90 enttäuschenden Minuten unentschieden. Damit bleibt am Tabellenende alles beim Alten.

3 Vergleicht eure Ergebnisse.

→ **Seite 242,** Worttrennung am Zeilenende

Merke

Mehrsilbige Wörter trennt man nach **Sprechsilben**, die sich beim langsamen Sprechen von selbst ergeben.
Einzelne Buchstaben am Wortanfang oder Wortende werden jedoch nicht abgetrennt, z. B. *Über-see, Olympia-dorf.*
Zusammengesetzte Wörter werden nach ihren sprachlichen Bestandteilen getrennt, z. B. *Schluss-szene, Glas-auge, Trenn-übung, See-elefant, Straußen-ei, Druck-erzeugnis.*

4 Wie trennst du diese Wörter?

Apfel | hungrig | knusprig | Kiste

5 Trenne die folgenden Wörter. Sprich sie zuerst in Silben und schreibe sie dann mit der richtigen Trennung auf. Markiere den Buchstaben, der nach der Trennung auf die nächste Zeile kommt, z. B.
damp-fen

dampfen – Marzipankartoffel – Honigstange – rösten – Apfelmus – stampfen – Lakritze – Muskat – Krustenbrot – Bohneneintopfessen – köstlich – Grillbratwürste – Klopse – Fischsuppe – Jägerschnitzel – Meerrettich

TIPP!
Wenn du dir beim Trennen einmal nicht ganz sicher bist, sieh in einem Wörterbuch nach. Die Silbentrennung ist dort mit einem senkrechten Strich gekennzeichnet, z. B. Müs | li | rie | gel.

6 Lest und erklärt euch gegenseitig die Trennregeln im Merkkasten mithilfe von Beispielen.

7 Schreibe die folgenden Wörter ab und trenne sie wie in einem Wörterbuch mit einem senkrechten Strich, z. B.
Koch|topf|de|ckel

Kochtopfdeckel – Muschelsuppe – Küchenmaschine – Haferflocken – Gummibärchen – Garmethode – Flaschenöffner – untermischen – Trockenkuchen – Käselöcher – Grießnockerl – Mentholbonbon – abwischen

8 EXTRA **Sil-ben-spiel** Wer findet die meisten Wörter? Arbeitet in Gruppen. Achtet auf die Groß- und Kleinschreibung.

blatt	ku	milch	flo	rie	gel	ger	quark	
mehl	früch	ko	cken	chen	ma	ter	nu	
auf	se	lat	te	brot	sen	but	korn	del
sa	spei	tee	nuss	scho	voll	lauf	pau	

Merke

Pf und ***st*** werden getrennt *(Ap-fel, Kis-te)*. Nicht getrennt werden: ***ch*** *(ko-chen)*, ***ck*** *(ba-cken)*, ***sch*** *(Ti-sche)*, ***ph*** *(Pro-phet)*, ***th*** *(ka-tholisch)*.

→ **Seite 242,** Worttrennung am Zeilenende

„Dichterische Freiheit"

TIPP!
Zwischen dem letzten Buchstaben eines Wortes und dem Satzzeichen darf kein Leerzeichen gesetzt werden.

1 Wähle A, B oder C.

Schreibe das Gedicht mit dem Computer ab und gestalte es (Layout, Schriftart). Stelle fest, warum der Computer manchmal einen Fehler anzeigt, obwohl alles richtig abgeschrieben wurde.
Ihr könnt die ausgedruckten Gedichte in der Klasse aufhängen.

A

Ludwig Uhland

Frühlingsglaube

Die linden Lüfte sind erwacht,
sie säuseln und weben Tag und Nacht,
sie schaffen an allen Enden.
O frischer Duft, o neuer Klang!
Nun, armes Herz, sei nicht bang!
Nun muss sich alles, alles wenden.

Die Welt wird schöner mit jedem Tag,
man weiß nicht, was noch werden mag,
das Blühen will nicht enden.
Es blüht das fernste, tiefste Tal:
Nun, armes Herz, vergiss die Qual!
Nun muss sich alles, alles wenden.

B

Eduard Mörike

Septembermorgen

Im Nebel ruhet noch die Welt,
Noch träumen Wald und Wiesen:
Bald siehst du, wenn der Schleier fällt,
Den blauen Himmel unverstellt,
Herbstkräftig die gedämpfte Welt
In warmem Golde fließen.

C

Johann Wolfgang von Goethe

Gefunden

Ich ging im Walde
So vor mich hin,
Und nichts zu suchen,
Das war mein Sinn.

Im Schatten sah ich
Ein Blümchen stehn,
Wie Sterne leuchtend,
Wie Äuglein schön.

Ich wollt es brechen
Da sagt' es fein:
Soll ich zum Welken
Gebrochen sein?

Ich grub's mit allen
Den Würzlein aus,
Zum Garten trug ich's
Am hübschen Haus.

Und pflanzt es wieder
Am stillen Ort;
Nun zweigt es immer
Und blüht so fort.

2 Gestalte dein Gedicht (Layout, Schriftart …). Drucke es aus.
Ihr könnt eure Gedichtseiten in der Klasse aushängen.

3 Schreibe die folgenden Wörter nach Silben getrennt auf, z. B.
Was-ser-me-lo-ne

Wassermelone · Eiweiß · Nusskuchenstücke · Knoblauchzehe · Erdbeertorte · Pfirsichschnitte · Vollkornbrötchen · Spargelköpfe · Pilzpfanne · Bohneneintopf · Hähnchenkeule · Olivenöl · Erbsensuppe · Pflaumenmarmelade · Schnittlauchstängel · Miesmuschelsoße · Pfefferminzteebeutel · Champignoncremesuppe · Zuckerschnecken

4 Schreibe auch diese Wörter getrennt auf:

gestalten · vergessen · träumen · aufwachen · säuseln · diskutieren · aufräumen · besprechen · abschreiben · anzeigen · abbrechen · verrechnen · umgestalten · ausrechnen · abzeichnen

5 So hat der Computer getrennt:

1. Sen-feier
2. Eie-ruhr
3. Bäcker-ei
4. Drucker-zeugnis
5. Eis-chaum
6. Spargel-der
7. Altbauer-haltung
8. Zwergen-te
9. Fleischer-ei
10. Neugrün-dung
11. Reiner-lös
12. Autoren-nen
13. Aber-kennung
14. Sprecher-ziehung
15. Alp-habet

Berichtige die Trennungen so, dass Missverständnisse vermieden werden,
z. B. Sen-feier → Senf-eier

11 Gedichte lesen – Gedichte vortragen

Reime

Joachim Ringelnatz

Die Seifenblase

Es schwebte eine Seifenblase
aus dem Fenster auf die Straße.

„Ach, nimm mich mit dir", bat die Spinne
und sprang von einer Regenrinne.

Und weil die Spinne gar nicht schwer,
fuhr sie im Luftschiff übers Meer.

Da nahte eine böse Mücke,
sie stach ins Luftschiff voller Tücke.

Die Spinne mit dem Luftschiff sank
ins kalte Wasser und ertrank.

Online-Link
Hörverstehen
313272-0134

1 Lies dir das Gedicht leise durch oder höre es dir an. Welche Situationen „siehst" du vor deinem inneren Auge? Beschreibe sie.

2 Lest euch gegenseitig das Gedicht vor und achtet dabei auf die passende Betonung.

3 Untersucht das Gedicht: Wie viele Strophen und Verse gibt es? Wie wird die Handlung aufgebaut? Welche Reime entdeckt ihr?

Merke

Die Zeilen eines Gedichtes heißen **Verse**.
Mehrere Verse bilden eine **Strophe**.
Oft reimen sich mehrere Verse, weil am Ende **Reimwörter** stehen.
Reimwörter enden auf gleiche oder ähnlich klingende Laute, z. B.:
Heer, Meer; Mücke, Tücke …
schwer, mehr, sehr …
Die betonten und unbetonten Silben in den Versen bilden den **Rhythmus**.

Heinz Erhardt

Die Made

Hinter eines Baumes Rinde
wohnt die Made mit dem Kinde.
Sie ist Witwe, denn der Gatte,
den sie hatte, fiel vom …
Diente so auf diese Weise
einer Ameise als …

Eines Morgens sprach die Made:
Liebes Kind, ich sehe grade,
drüben gibt es frischen Kohl,
den ich hol. So leb denn …
Halt! Noch eins, denk, was geschah,
geh nicht aus, denk an …!

Also sprach sie und entwich[1] –
Made junior jedoch schlich
hinterdrein, und das war schlecht,
denn schon kam ein bunter …
und verschlang die kleine fade
Made ohne Gnade. – …

Hinter eines Baumes Rinde
ruft die Made nach dem …

Speise

wohl

Kinde

Schade

Blatte

Specht

Papa

Online-Link
zu Heinz Erhardt „Die Made"
313272-0135

[1] entweichen: hier, gehobener Ausdruck für „weggehen"

4 Schreibe das Gedicht ab und ergänze die fehlenden Wörter. Notiere dir zu jeder Strophe in Stichworten, was beschrieben wird.

5 Unterstreiche die Reimpaare nun farbig,
z. B. Rinde – Kinde

Bilder

1 Stell dir vor, es wäre Herbst. Welche Gedanken und Bilder entstehen dazu in deinem Kopf? Notiere sie kurz.

Online-Link
Hörverstehen
313272-0136

2 Lies nun das Gedicht von Peter Hacks oder höre es dir an.

Peter Hacks

Der Herbst steht auf der Leiter

Der Herbst steht auf der Leiter
Und malt die Blätter an,
Ein lustiger Waldarbeiter,
Ein froher Malersmann.

Er kleckst und pinselt fleißig
Auf jedes Blattgewächs,
Und kommt ein frecher Zeisig[1],
Schwupp, kriegt der auch 'nen Klecks.

Die Tanne spricht zum Herbste:
Das ist ja fürchterlich,
Die anderen Bäume färbste,
Was färbste nicht mal mich?

Die Blätter flattern munter
Und finden sich so schön.
Sie werden immer bunter.
Am Ende falln sie runter.

[1] der Zeisig: ein kleiner Singvogel

3 Peter Hacks stellt den Herbst als Person dar. Beschreibe das genauer.

4 Welche Bilder findest du in dem Gedicht von Peter Hacks?

Merke

In Gedichten werden oft mit Sprache Bilder „gezeichnet", die das Denken und Fühlen des Lesers anregen. Diese **sprachlichen Bilder** dienen der Veranschaulichung von Eigenschaften und Vorgängen, z. B. *Der Herbst malt die Blätter an.*
Wenn Dinge und Naturerscheinungen „vermenschlicht" werden, spricht man von **Personifizierung**.

Christian Morgenstern

Der Schnupfen

Der Schnupfen hockt auf der Terrasse,
auf dass er sich ein Opfer fasse

– und stürzt alsbald mit großem Grimm
auf einen Menschen namens[1] Schrimm.

Paul Schrimm erwidert prompt[2]: „Pitschü!“
und hat ihn drauf bis Montag früh.

Online-Link
Hörverstehen
313272-0137

[1] namens: mit dem Namen
[2] prompt: sofort

5 Lies das Gedicht oder höre es dir an. Untersuche mit deiner Partnerin oder deinem Partner, was an diesem Gedicht komisch ist und euch zum Lachen bringt.

6 Wie stellst du dir den Schnupfen vor? Zeichne eine Szene aus dem Gedicht.

7 Beschreibe, welche sprachlichen Bilder du in dem Gedicht entdeckst.

Christine Busta

Der Sommer

Er trägt einen Bienenkorb als Hut,
blau weht sein Mantel aus Himmelsseide,
die roten Füchse im gelben Getreide
kennen ihn gut.
Sein Bart ist voll Grillen. Die seltsamsten Mären[1]
summt er der Sonne vor, weil sie's mag,
und sie kocht ihm dafür jeden Tag
Honig und Beeren.

Online-Link
Hörverstehen
313272-0137

[1] die Mär: die Geschichte, das Märchen

8 Lies das Gedicht oder höre es dir an. Beschreibe die sprachlichen Bilder.

9 Wie stellst du dir Herrn Sommer vor? Male ein Bild von ihm.

10 EXTRA Beschreibe die Verse und Reime. Bezeichne die Verse, die sich reimen, mit demselben Buchstaben (a, b, c …).

11 EXTRA Wie sieht wohl der Herr Winter aus? Schreibe ein ähnliches Gedicht. Nutze das Sommer-Gedicht als Muster.

Klänge

1 Lies dir beide Gedichte auf der Doppelseite durch. Welches Gedicht gefällt dir am besten? Beschreibe, wie das Gedicht auf dich wirkt.

Barbara Rhenius

Geisterstunde

Schlägt es zwölf vom Ulmer Münster,
kommen sie – die Nachtgespünster.

Schau hinaus aus deinem Fenster!
Siehst du sie – die Nachtgespenster?

Draußen ist es duster, finster,
klappernd tanzen die Gespinster.

Vampir krallt, es schraubt ein Monster,
Geister schwirrn um Nachtgesponster.

Kommt vom Flusse Nebeldunst her,
heulen schaurig die Gespunster.

Dann schlägt's eins vom Ulmer Münster,
– fort sind sie, die Nachtgespünster!

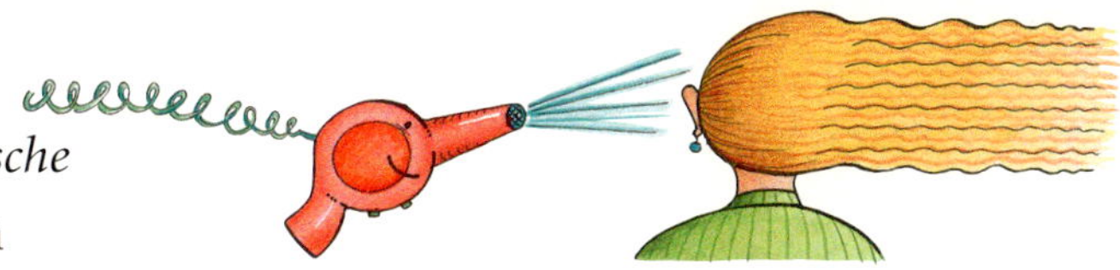

Erwin Grosche

Der Föhn

Ich bin der Föhn
und mache schööön.
Aus meiner Gruft[1]
kommt heiße Luft.

Nur nicht erschrocken,
ich mach Haare trocken.
Und mache STÖÖÖHN!
Ich bin der Föhn.

2 Beschreibe die Strophen, Verse und Reime von beiden Gedichten. Beschreibe dann, was an den Gedichten ungewöhnlich ist.

3 Arbeitet zu zweit an einem Gedicht. Lest abwechselnd jeden Vers:
- Probiert aus, wie sich das Gedicht anhört, wenn ihr es laut und deutlich vortragt. Vergleicht, wie sich das Gedicht anhört, wenn ihr es flüstert.
- Tauscht euch darüber aus, wie euch die einzelnen Sprechweisen gefallen.

TIPP!
Ihr könnt auch das Gedicht „Der Schnupfen“ auf Seite 137 einbeziehen.

4 Die Gedichte sind gut dafür geeignet, mit Geräuschen, Tönen oder einem Musikstück untermalt zu werden. Sammelt passende Ideen. Legt fest, an welchen Stellen die Geräusche oder die Musik zu hören sein sollen. Verteilt die Aufgaben.

5 Übe deinen Gedichtvortrag ein. Beachte dazu den Arbeitstechnik-Kasten.

6 Tragt die Gedichte in der Klasse vor. Gebt euch gegenseitig Rückmeldungen. Wie ist es euch gelungen, die Stimmung des Gedichts durch eine passende Sprechweise und die ausgewählten Geräusche zu unterstützen?

Arbeitstechnik

Ein Gedicht wirkungsvoll vortragen

1. Übe den Gedichtvortrag vor einem Spiegel: Schaue dich an und kontrolliere deine Haltung.
2. Stehe entspannt und selbstbewusst. Achte auf ein angemessenes Sprechtempo, mache an den passenden Stellen Pausen.
3. Warte beim Vortrag vor Zuhörern so lange, bis es ganz ruhig geworden ist.
4. Schaue während deines Vortrags die Zuhörer an.
5. Unterstütze deinen Vortrag durch Mimik und Gestik.
6. Bleibe nach dem Vortrag noch einen Moment stehen, bis sich die Spannung bei den Zuhörern gelöst hat.

Gedichte wirken lassen

Online Link
Hörverstehen
313272-0140

Johann Wolfgang von Goethe

Erlkönig

Wer reitet so spät durch Nacht und Wind?
Es ist der Vater mit seinem Kind;
Er hat den Knaben wohl in dem Arm,
Er fasst ihn sicher, er hält ihn warm.

Mein Sohn, was birgst du so bang dein Gesicht?
Siehst, Vater, du den Erlkönig nicht?
Den Erlenkönig mit Kron und Schweif?
Mein Sohn, es ist ein Nebelstreif.

„Du liebes Kind, komm, geh mit mir!
Gar schöne Spiele spiel ich mit dir;
Manch bunte Blumen sind an dem Strand;
Meine Mutter hat manch gülden Gewand.“

Mein Vater, mein Vater, und hörest du nicht,
Was Erlenkönig mir leise verspricht?
Sei ruhig, bleibe ruhig, mein Kind;
In dürren Blättern säuselt der Wind.

„Willst, feiner Knabe, du mit mir gehn?
Meine Töchter sollen dich warten schön:
Meine Töchter führen den nächtlichen Reihn
Und wiegen und tanzen und singen dich ein.“

Mein Vater, mein Vater, und siehst du nicht dort
Erlkönigs Töchter am düstern Ort?
Mein Sohn, mein Sohn, ich seh es genau:
Es scheinen die alten Weiden so grau.

„Ich liebe dich, mich reizt deine schöne Gestalt;
Und bist du nicht willig, so brauch ich Gewalt.“
Mein Vater, mein Vater, jetzt fasst er mich an!
Erlkönig hat mir ein Leids getan!

Dem Vater grauset’s, er reitet geschwind.
Er hält in den Armen das ächzende Kind,
Erreicht den Hof mit Mühe und Not;
In seinen Armen das Kind war tot.

1 Lies das Gedicht „Erlkönig“ oder lass es dir vorlesen.

2 Fasse den Inhalt des Gedichts in wenigen Sätzen zusammen:
- Welche Personen kommen darin vor?
- An welchen Orten befinden sich die Personen?
- Was geschieht?

3 Lies das Gedicht noch einmal anhand folgender Fragen. Notiere dazu deine Antworten:
- Wer reitet durch Nacht und Wind? Was genau erfährt man über diese Personen?
- Was für ein Wesen ist der Erlkönig?
- Nur bei einem Sprecher sind die Zeichen der wörtlichen Rede gesetzt. Bei wem und warum?

4 Untersuche, in welchen Strophen des Gedichtes Personen sprechen und in welchen nicht. Notiere, wie du das deutest.

5 Wie spricht der Erlkönig das Kind an? Beschreibe die Art und Weise.

6 Informiere dich im Internet über Johann Wolfgang von Goethe und über die Entstehung des „Erlkönigs“.

Online-Link
zu Johann Wolfgang von Goethe und Erlkönig
313272-0141

7 Bereite dich auf einen wirkungsvollen Vortrag des „Erlkönigs“ vor. Beachte, dass es im Gedicht vier „Rollen“ gibt, die unterschiedlich gesprochen werden müssen.
Du kannst den „Erlkönig“ auch mit drei Partnerinnen oder Partnern vortragen.
Einigt euch, welche Textstellen jeder als Sprecher übernehmen wird und wie er sie vortragen sollte.
Im Anschluss übt jeder Sprecher seine Textstellen allein, dann üben alle gemeinsam.

→ **Seite 139, 249,** Arbeitstechnik „Ein Gedicht wirkungsvoll vortragen“

8 Tragt eure Gedichte in der Klasse vor. Tauscht euch anschließend darüber aus, was euch besonders gut gelungen ist und was ihr noch verbessern könnt.

Ein s oder ss oder vielleicht ß?

Online-Link
Hörverstehen
313272-0142

1 Lies das Gedicht leise oder höre es dir an. Gib den Inhalt kurz mit eigenen Worten wieder.

Erich Kästner

Die Sache mit den Klößen

Der Peter war ein Renommist.
Ihr wisst vielleicht nicht, was das ist.
Ein Renommist, das ist ein Mann,
der viel verspricht und wenig kann.

Wer fragte: „Wie weit springst du, Peter?",
bekam zur Antwort: „Sieben Meter."
In Wirklichkeit – Kurt hat's gesehn –
sprang Peter bloß drei Meter zehn.

So war es immer: Peter log,
dass sich der stärkste Balken bog.
Und was das Schlimmste daran war:
Er glaubte seine Lügen gar!

Als man einmal vom Essen sprach,
da dachte Peter lange nach.
Dann sagte er mit stiller Größe:
„Ich esse manchmal dreißig Klöße."

Die anderen Kinder lachten sehr,
doch Peter sprach: „Wenn nicht noch mehr!"
„Nun gut", rief Kurt, „wir wollen wetten!"
(Wenn sie das bloß gelassen hätten.)

Der Preis bestand, besprachen sie,
in einer Taschenbatterie.
Die Köchin von Kurts Eltern kochte
die Klöße, wenn sie's auch nicht mochte.

Kurts Eltern waren ausgegangen.
So wurde endlich angefangen.
Vom ersten bis zum fünften Kloß,
da war noch nichts Besondres los.

Die andern Kinder saßen stumm
um Peter und die Klöße rum.
Beim siebenten und achten Stück
bemerkte Kurt: „Er wird schon dick."

Beim zehnten Kloß ward[1] Peter weiß
und dachte: Kurt erhält den Preis.
Ihm war ganz schlecht, doch tat er heiter
und aß, als ob 's ihm schmeckte, weiter.

Er schob die Klöße in den Mund
und wurde langsam kugelrund.
Der Anzug wurde langsam knapp.
Die Knöpfe sprangen alle ab.

Die Augen quollen aus dem Kopf.
Doch griff er tapfer in den Topf.
Nach fünfzehn Klößen endlich sank
er stöhnend von der Küchenbank.

Die Köchin Hildegard erschrak,
als er so still am Boden lag.
Dann fing er grässlich an zu husten,
dass sie den Doktor holen mussten.

„Um Gottes willen!", rief er aus,
„der Junge muss ins Krankenhaus."
Vier Klöße steckten noch im Schlund[2].
Das war natürlich ungesund.

Mit Schmerzen und für teures Geld
ward Peter wiederhergestellt.
Das Renommieren hat zu Zeiten
auch seine großen Schattenseiten.

[1] ward: alter Ausdruck für „wurde"

[2] der Schlund: Hals, Rachen

2 EXTRA Trage das Gedicht mit entsprechender Betonung vor. Bemühe dich besonders,
- Peters angeberische Art in der direkten/wörtlichen Rede zum Ausdruck zu bringen,
- die Steigerung der Spannung durch den Klang der Stimme wiederzugeben.

→ **Seite 8 f., 173, 247,** Arbeitstechnik „Das Vorlesen eines Textes vorbereiten"

3 Übernimm die folgende Tabelle in dein Heft. Schreibe aus dem Gedicht alle Wörter mit *ss* und *ß* heraus. Trage sie in die entsprechende Spalte ein.

ss	ß
wisst	bloß
…	…

4 Untersucht, wann der Vokal (Selbstlaut) vor dem s-Laut lang und wann er kurz gesprochen wird. Untersucht, wann man *ß* schreibt. Schreibt eine Regel dazu auf.

5 **Ein *s* oder *ß*?** Schreibe die Wörter richtig auf.

au✎en, Be✎en, Häu✎er, wei✎er, Ro✎e, Ho✎e, drei✎ig, Mei✎el, äu✎ern, bö✎e, drau✎en, Glä✎er, Grä✎er, Stra✎e, flie✎en, Rie✎en, Va✎e,

6 Sprich diesen Satz überdeutlich in Silben, sodass du die s-Laute unterscheiden kannst.

Große Hasen hassen nassen Rasen.
Gro-ße Ha-sen has-sen nas-sen Ra-sen.

7 **Ein *ss* oder *s*?** Setze ein.

Wir haben die be✎eren Be✎en. Fre✎en E✎el Brennne✎eln?
Hast du die Ro✎en gego✎en?

8 Sprich deutlich, damit du die Unterschiede hörst. Erkläre die Schreibung bei folgenden Wörtern:

lasen – fraßen – hassen, Wiese – gießen – wissen, Düse – Grüße – Küsse

Merke

Nach lang gesprochenem *a/ä, o/ö, u/ü* sowie nach *ie, ei* und *au/äu* schreibt man für einen (scharfen) s-Laut *ß*.

→ **Seite 240 f.,** Rechtschreibstrategien

Ich weiß, dass …

1 Seht euch die Sätze in den Sprechblasen an. Sie sollen euch helfen, selbst herauszufinden, wann die Konjunktion *dass* verwendet wird. Versucht, es zu erklären.

Ich hoffe, **dass** …

Ich bin überzeugt davon, **dass** …

Was denn?

Wovon denn?

…, **dass** ich das lernen werde.

…, **dass** du das bald nicht mehr verwechselst.

2 Hier sind weitere Beispiele, die du selbst ergänzen kannst. Schreibe die vollständigen Sätze auf.

Ich glaube, dass … (Was denn?)
Sie verspricht, dass … (Was denn?)
Ich erinnere mich, dass … (Woran denn?)
Sie gehen davon aus, dass … (Wovon denn?)
Wir wünschen euch, dass … (Was denn?)

3 Finde selbst solche Beispiele mit den folgenden Verben.

sagen, hoffen, behaupten, vermuten, meinen, wissen, befürchten, gefallen, ahnen

4 EXTRA Bilde Sätze, z. B.
Es ist bewiesen, dass die Erde um die Sonne kreist.

Etwas	ist bewiesen.	Etwas	ist wichtig.
	ist bekannt.		ist schade.
	ist (mir) klar.		ist bemerkenswert.
	ist (mir) bewusst.		ist verständlich.

5 Verwandle die folgenden Sätze in *dass*-Sätze und unterstreiche das gebeugte Verb im Nebensatz, z. B.
1. Ich weiß, ein Computer kann nicht alles. → Ich weiß, dass ein Computer nicht alles kann.

1. Ich weiß, ein Computer kann nicht alles.
2. Aber es ist auch klar, mittlerweile ist er in vielen Bereichen unentbehrlich geworden.
3. Viele Erwachsene meinen, Kinder verbringen zu viel Zeit am Bildschirm.
4. Ich bin der Ansicht, diese Entwicklung ist nicht mehr aufzuhalten.
5. Ich bin froh, im 21. Jahrhundert zu leben.

6 Stelle die Sätze aus Aufgabe 5 so um, dass der *dass*-Satz am Anfang des Satzgefüges steht, z. B.
1. Dass der Computer nicht alles kann, weiß ich.

7 EXTRA Hier findest du eine Einleitung zu einer Geschichte.
Schreibe die Geschichte weiter.
Versuche, darin möglichst oft die Konjunktion *dass* zu verwenden. Unterstreiche die Konjunktion *dass*.

Ich weiß, dass meine Eltern heute Abend nicht zu Hause sind. Sie haben natürlich Angst, dass irgendetwas Schreckliches passieren wird …

8 EXTRA Stelle deine Geschichte in der Klasse vor.

Merke

Das Wort *das* ist ein Artikel oder ein Pronomen und kann durch andere Wörter ersetzt werden, z. B. durch
dieses, jenes, welches.

Das Auto, das in der Garage steht, gehört Familie Möller.
→ *Das Auto, welches in der Garage steht, gehört Familie Möller.*

Das Wort *dass* kann nicht durch ein anderes Wort ersetzt werden.

Der *dass-Satz* kann auch am Anfang des Satzes stehen, z. B.
Experten behaupten, dass es in Zukunft fast nur noch Bücher auf CD-ROM geben wird.
→ *Dass es in Zukunft fast nur noch Bücher auf CD-ROM geben wird, behaupten Experten.*

→ **Seite 236 f.,** Artikel, Pronomen

→ **Seite 242,** Schreibung von das/dass

Ein s, ss oder ß?

Schreibe ab und setze richtig ein. **Wähle A, B, C oder D:**

A

Sü✎e Klö✎e

Viel Spa✎ und guten Appetit mit die✎em Rezept:

Einen halben Liter Milch erhitzt man mit einer halben Ta✎e Öl, fünf E✎löffeln Zucker und etwas geriebener Zitronenschale. Wenn die Milch zu kochen beginnt, gie✎t man 200 g Grie✎ hinein und rührt so lange, bis sich der Teig klo✎artig zusammenballt und vom Topfboden lö✎t.

Ein Ei wird in die noch hei✎e Ma✎e gerührt.

In einem zweiten, hohen Topf lä✎t man Wa✎er mit etwas Salz aufkochen. Ist der Grie✎ abgekühlt, werden noch zwei Eier gut untergerührt. Mit na✎en Händen werden nicht zu gro✎e Klö✎e geformt, in das kochende Wa✎er gegeben und etwa 15 Minuten gegart.

B

Sternenflüstern

Ojmiakon scheint auf den ersten Blick ein ganz normales Dorf im sibirischen Osten Ru✎lands zu sein. Aber hier wird ein Weltrekord gehalten. Da✎ merkt freilich nur, wer im Winter kommt. Im Januar mi✎t man eine Durchschnittstemperatur von minus 50 Grad. Eine Stelle am Ortseingang informiert über die niedrigste jemals geme✎ene Temperatur. Sie lag im Jahr 1926 bei minus 71,2 Grad. Wir sind am Kältepol der Erde.

Hei✎er Wa✎erdampf aus dem Heizkraftwerk und viele Öfen sorgen dafür, da✎ es in den Häusern mollig warm wird. Drau✎en im feinen Pulverschnee aber mu✎ man gut aufpa✎en. Ganz schnell erfriert einem die Na✎enspitze, ein Zeh oder der kleine Finger.

Die knisternde Kälte lä✎t auch die Feuchtigkeit der Atemluft sofort zu kleinsten Ei✎kristallen erstarren. Das geschieht in Sekundenbruchteilen und erzeugt ein lei✎es knisterndes Geräusch. Man nennt es das sibirische Sternenflüstern.

C

Der Maßstab

Das Wort Ma✎stab ist sehr intere✎ant:
Zunächst fällt auf, da✎ es eine besondere Schreibweise hat. ß und s stehen hintereinander, weil Ma✎stab aus Ma✎ und Stab zusammengesetzt ist. Ein Ma✎stab ist also ein Stab zum Me✎en; mit dem man Gegenstände in Zentimetern und Millimetern mi✎t.
Wird das Wort Ma✎stab aber im Zusammenhang mit Stra✎en-, Land- oder Wanderkarten verwendet, gibt der Ma✎stab an, wie viel mal etwas im Vergleich zur geme✎enen Grö✎e in der Wirklichkeit verkleinert oder vergrö✎ert wurde.
Und schlie✎lich ist der Ma✎stab da✎, woran jemand oder etwas geme✎en wird. Wenn man also bei jemandem einen hohen Ma✎stab anlegt, bedeutet da✎, da✎ man ihm viel zutraut.

D

Lemminge

Wohl da✎ bekannteste Denk- und Geschicklichkeitsspiel, da✎ je für Computer entwickelt wurde, ist da✎ Spiel „Lemminge".
Man hat dabei die Aufgabe, die kleinen, putzigen Wesen von ihren Selbstmordgedanken[1] abzubringen.
Man muss sie dazu bringen, da✎ sie gewisse Tätigkeiten verrichten, da✎ sie zum Beispiel Treppen bauen, unterirdische Gänge buddeln oder ein Hindernis sprengen, da✎ ihnen den Weg zum rettenden Ausgang versperrt. Ständig besteht die Gefahr, da✎ sie abstürzen oder anderweitig zu Tode kommen. Einige Spielstufen sind so schwer, da✎ auch der geübte Spieler stundenlang nachdenken muss, bis er auf eine Lösung kommt. Da ist man froh, da✎ es eine Pausentaste gibt.
Hat man es geschafft, einen vorgeschriebenen Prozentsatz an Lemmingen in einer bestimmten Zeit zu retten, erreicht man da✎ nächste Level, da✎ meistens schwieriger ist.
Da✎ es von diesem witzigen Spiel schon einige Nachfolgespiele gibt, verwundert nicht.

[1] die Selbstmordgedanken der Lemminge: Lemminge sind kleine Nagetiere. Walt Disney veröffentlichte 1958 einen Film, in dem eine Massenwanderung der Tiere mit anschließendem Freitod dargestellt wurde. Die Szene mit dem Freitod war jedoch gestellt. Aber seitdem hat sich das angebliche Selbstmordverhalten im Gedächtnis der Menschen gehalten. Das Computerspiel bezieht sich auf diesen Film.

12 Fernsehen, Computer und vieles mehr!

Informationen sind wichtig!

1 Wie informiert ihr euch
- über wichtige Ereignisse in der Welt?
- über ein Fußballergebnis?
- über eure Lieblingsserie, wenn ihr eine Folge verpasst habt?

Besprecht die verschiedenen Möglichkeiten.

2 Die Übermittler von Informationen, z. B. Zeitungen oder Fernsehen, nennt man auch „Medien"[1].
Schreibe alle Medien untereinander auf, die du kennst. Die Abbildungen unten können dir helfen.

[1] das Medium, die Medien

3 Besprecht, wo die Unterschiede zwischen elektronischen Medien und auf Papier gedruckten Medien (Printmedien) liegen.

4 Übernimm folgende Tabelle in dein Heft und fülle sie aus.

Diese Medien nutze ich oft	**manchmal**	**selten**	**immer, wenn ich etwas wissen will**
Bücher	...	...	...

5 Suche aus deiner Tabelle aus jeder Spalte jeweils ein Beispiel aus. Bilde jeweils einen Satz, in dem du begründest, warum du dieses Medium benutzt.

6 Tausche dich mit deiner Partnerin oder deinem Partner über eure Ergebnisse aus.

7 Besprecht, welche Möglichkeiten ihr kennt, um euch im Internet zu informieren.

8 Tauscht euch darüber aus, welche Zeitungen und Zeitschriften ihr lest und was euch an diesen besonders gefällt.

9 EXTRA Arbeitet zu zweit. Stellt euch vor, ihr wollt euch auf ein Referat über ein Tier oder einen Star vorbereiten und benötigt Informationen. Welchen Vorteil haben hierbei Printmedien (Bücher, Zeitungen und Zeitschriften) und welchen Vorteil hat das Internet? Tragt eure Erfahrungen in die Tabelle ein.

Bücher / Zeitungen / Zeitschriften	**Internet**
Man kann sie überall lesen.	Manchmal kann man sich hier Filme zum Thema ansehen.
Man braucht keinen PC.	...

Meine Fernsehwelt

1 Schreibe deine fünf Lieblingssendungen in einer „Hitliste" von 1 bis 5.

2 Beschäftige dich genauer mit deiner Lieblingssendung und beantworte folgende Fragen:

1. Warum siehst du diese Sendung so gern?
2. Wer sind die Helden in dieser Sendung?
3. Welche Eigenschaften haben diese?
4. Welche Rolle würdest du gern übernehmen, wenn du mitwirken könntest? Begründe deine Wahl.

3 Manche Serien laufen schon sehr lange. Trotzdem wollen die Fans immer wissen, wie es weitergeht.
Diskutiert, wie es die Serien-Macher schaffen, dass man keine Folge verpassen will? Führt Beispiele an.

4 Tausche dich mit deiner Nachbarin oder deinem Nachbarn über die Hitliste aus Aufgabe 1 aus: Welche Sendungen schaut ihr beide gern? Unterstreicht sie in euren Listen.

5 Setzt euch in Vierergruppen zusammen. Wählt gemeinsam die vier Sendungen aus, die in eurer Gruppe am beliebtesten sind.
Tragt in Stichworten zusammen, was euch an diesen Sendungen besonders gut gefällt.

6 Stellt eure Gruppenergebnisse in der Klasse vor. Wechselt euch bei der Vorstellung der Ergebnisse ab. Nutzt eure Notizen aus Aufgabe 4.

7 Erarbeitet in der Klasse eine „Klassen-Hitliste", in die sich jeder dreimal eintragen darf, z. B.

Beliebteste Sendungen bei den Schülern der 6a

Sendung	Mädchen	Jungen
Deutschland sucht den Superstar	𝍸 𝍸 𝍸 𝍸	𝍸 I
Fußballspiele	𝍸	𝍸 II
Alarm für Cobra 11	II	𝍸 𝍸 II
CSI: Miami	𝍸	𝍸 𝍸
Nachrichten über das Weltgeschehen	III	II
Actionfilme	III	𝍸
Germany's next Topmodel	𝍸 𝍸	I

8 Werte eure Klassen-Hitliste aus, beantworte folgende Fragen schriftlich:
1. Welche Sendung ist bei den Mädchen am beliebtesten, welche bei den Jungen?
2. Welche der angeführten Sendungen ist bei den Mädchen am wenigsten beliebt, welche bei den Jungen?
3. Welche Sendung ist in eurer Klasse die beliebteste? Welche von den angeführten Sendungen ist in der Klasse am wenigsten beliebt?
4. Wo sind die Unterschiede zwischen den Mädchen und den Jungen am größten?
5. Was ist dir noch aufgefallen?

9 Vergleicht eure Auswertung.

10 EXTRA Zum Knobeln: Wie viele Schülerinnen und Schüler haben sich an der Erarbeitung der Hitliste der 6a (Beispiel zu Aufgabe 7) beteiligt?

Eine echte Erfolgsstory

Ein Fernseher erzählt

„Hallo du! Ja du, du bist gemeint. Ich bin es, der Fernseher. Weißt du eigentlich, dass ich eine echte „Erfolgsstory“ bin? In der ersten Hälfte des 20. Jahrhunderts bin ich „auf den Markt“ gekommen. Das heißt, da bin ich erfunden worden. So gegen 1950 bin ich auf der ganzen Welt bekannt geworden. Gut, ich muss zugeben, dass ich in den ersten Jahren noch sehr teuer war. Denn da gab es noch nicht so viele von mir zu kaufen. Es wird erzählt, dass in Deutschland im Jahr 1950 von hundert Menschen nur einer das Geld besaß, mich zu kaufen.

Doch schon 1970 konnten das fünfzig Menschen von den Hundert tun. Heute stehe ich in jedem Haushalt mindestens einmal. Also können sich heute von hundert Menschen alle einen Fernseher leisten. Ich bin nämlich gar nicht mehr teuer.

Und deswegen stehe ich heute auch schon in ganz vielen Kinderzimmern. Ach, du hast auch einen in deinem Zimmer? Na, dann sehen wir uns ja bald. Ich bin gespannt, was du heute gucken möchtest.“

1 Welche Informationen über das Fernsehgerät findest du in diesem Text? Schreibe sie in dein Heft.

2 Hier wurde versucht, den Besitz von Fernsehgeräten in Deutschland zu veranschaulichen. Wie müsste der Kreis in der Mitte gestaltet werden? Zeichne ihn entsprechend.

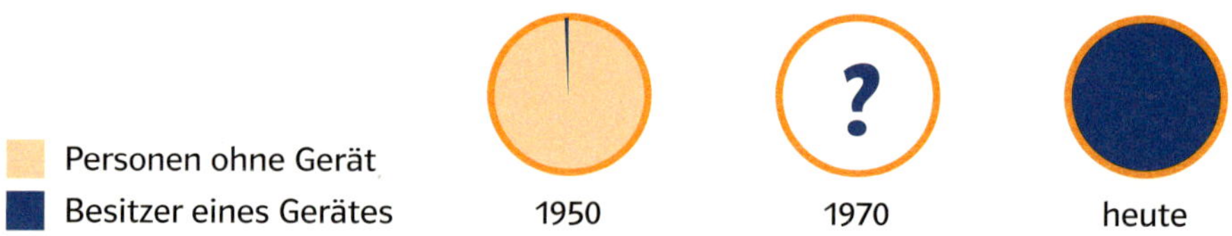

3 Wie hoch müsste die Säule rechts sein, wenn die mittlere Säule 1 cm misst?

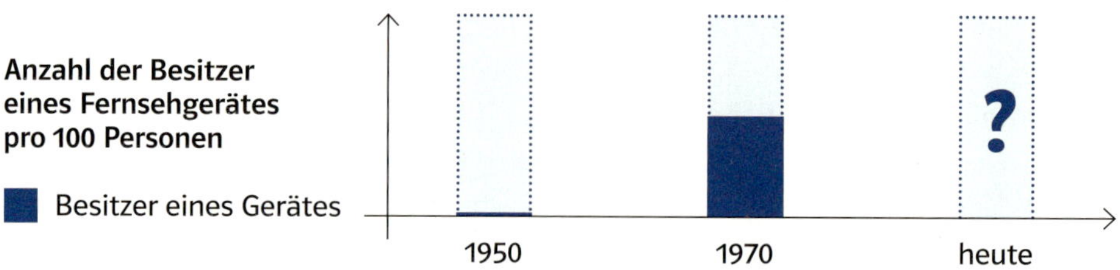

4 Untersucht: Wie lang müssten der mittlere und der obere Balken sein, wenn der untere Balken 1 mm misst? Übernimm die Darstellung in dein Heft und zeichne alle drei Balken in der richtigen Länge.

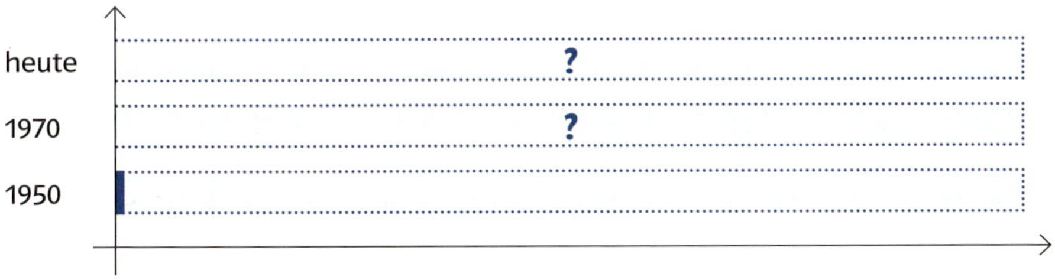

5 In den Aufgaben 2, 3 und 4 werden Diagramme dargestellt. Ihr kennt sie z. B. aus dem Mathematik- oder Erdkundeunterricht. Untersucht, wann es sich um ein Balkendiagramm oder ein Säulendiagramm handelt und wo ein Kreisdiagramm dargestellt wird.

6 Untersuche das Diagramm, das du in Aufgabe 4 gezeichnet hast. Welche Informationen kannst du diesem Diagramm entnehmen? Formuliere mit deinen eigenen Worten.

7 Schaut euch die Diagramme auf Seite 208 an. Besprecht, welche Informationen euch diese Diagramme liefern. Formuliert in vollständigen Sätzen.

8 EXTRA Schau dir auf Seite 151 die Befragung der 6a zu den Lieblingssendungen der Schülerinnen und Schüler an. Stelle die Befragungsergebnisse bei den Jungen oder bei den Mädchen in einem Diagramm deiner Wahl dar.

Arbeitstechnik

Ein Diagramm lesen und verstehen

1. Lies die Überschrift. Formuliere in einem Satz, was das Diagramm zeigt.
2. Notiere, um welche Art von Diagramm es sich handelt und woran du die Ergebnisse ablesen kannst (Größe des Ausschnittes, Höhe der Säulen, Länge der Balken).
3. Prüfe, welche weiteren Angaben das Diagramm enthält.
4. Notiere, was du über den höchsten und den niedrigsten Wert herausfinden kannst.
5. Formuliere deine Erkenntnisse in ganzen Sätzen.

Balken, Säulen und Kreise

Neben dem Balkendiagramm gibt es noch viele andere Möglichkeiten, wie man Zusammenhänge bildlich darstellen kann.

1 Sicher erkennst du gleich, welche der drei Grafiken ein Balkendiagramm, ein Säulendiagramm und ein Kreisdiagramm ist.
Schreibe zu jeder Bezeichnung eine kurze Erklärung und beschreibe, wie ein hoher oder ein niedriger Wert dargestellt wird, z. B.
Das Säulendiagramm heißt so, weil …
Einen hohen oder niedrigen Wert erkennt man an …

1 Bedeutung unterschiedlicher Medien – sehr wichtig/wichtig Mädchen und Jungen (Alter: 12–19 Jahre)

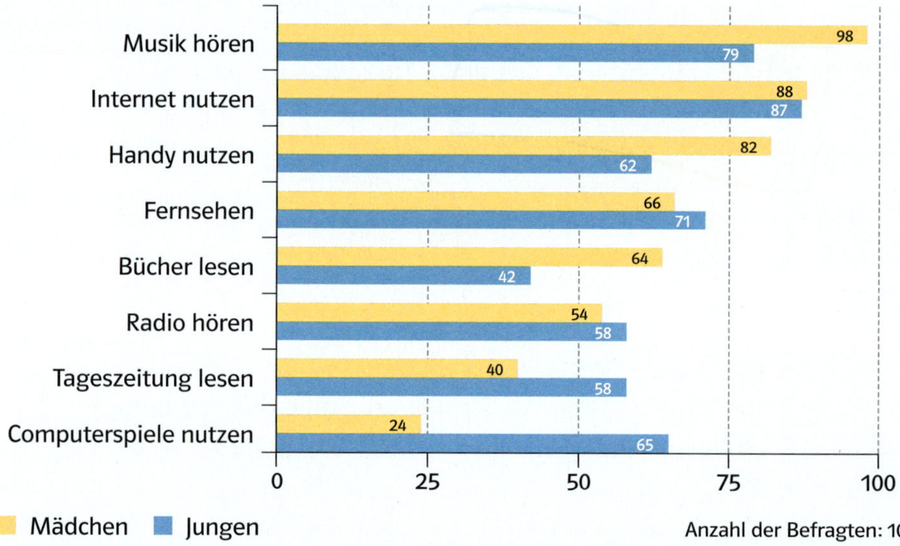

Anzahl der Befragten: 102
(Quelle: JIMplus 2009, Angaben in Prozent)

2 Internet-Nutzungshäufigkeit (2007–2009) – täglich/mehrmals pro Woche (Alter: 12–19 Jahre)

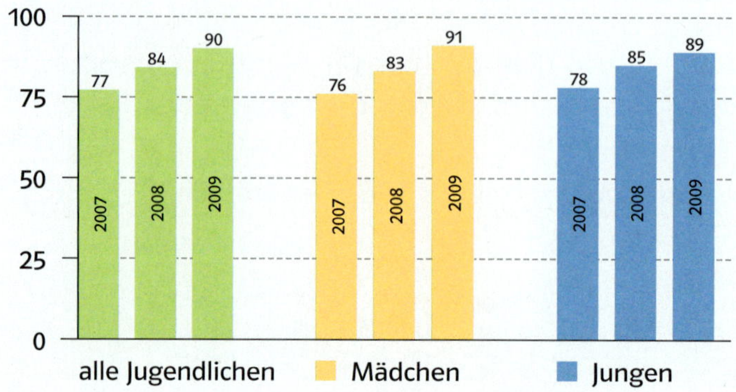

Anzahl der Befragten:
2007: 1.204
2008: 1.208
2009: 1.200

(Quelle: JIM 2007–2009, Angaben in Prozent)

2 Betrachte das Diagramm 2 und lies die Überschrift. Beschreibe, um welche Art von Diagramm es sich handelt und worüber es informiert. Beachte auch die verschiedenen Farben.

→ **Seite 153,** Arbeitstechnik „Ein Diagramm lesen und verstehen"

2 genauer. Nutze dazu die Punkte aus dem e 153. Schreibe alle Informationen, die du st, in einem zusammenhängenden Text auf.

Internetnutzung bei Jugendlichen

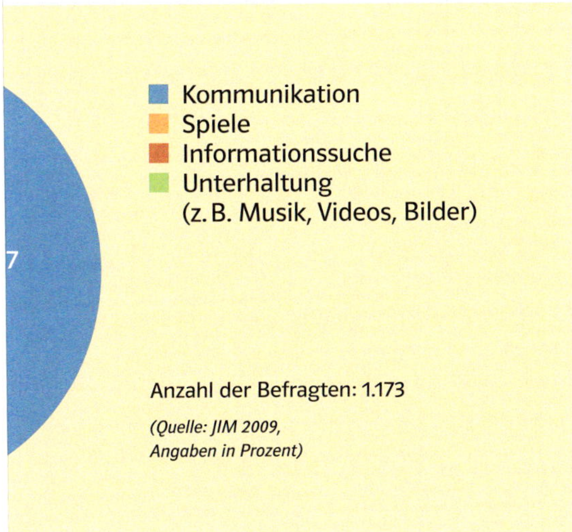

n 3 an. Beschreibe, worüber es informiert, enen Farben bedeuten.

mm 3 ausgewertet. Welche Aussagen tref- inde oder berichtige die Ergebnisse.
ugendlichen die meiste Zeit mit Spielen.
rnet zur Informationssuche genutzt.
ernet als Mädchen.

rnet? Schreibe auf, zu welchem Zweck du t nutzt.

Pflichtaufgabe 7 | **Gedichte vortragen**

Schreibe den grünen Kasten auf Seite 139 ab und rahme ihn grün ein!

Übe das Gedicht „Geisterstunde" vorzutragen. Nutze dabei die Tipps aus dem grünen Kasten.

Favoriten im Fernsehen

1 Lies den Text über „Das Supertalent".

Bei der erfolgreichen **Show** „Das Supertalent" wurden die Halbfinalrunden wegen des großen Zuschauerinteresses auf **vier** erhöht. **Vierzig Kandidaten** kämpften mit **wechselndem** Erfolg um den Einzug ins **Finale**. Die ursprünglichen Bewerber gehen in die **Zehntausende**. Durchschnittlich schalten **ungefähr** sieben **Millionen** die Sendung ein und **verfolgen** die unterschiedlichen Darbietungen. Oft lockt diese Show am Samstag die ganze **Familie vor** den Bildschirm und Eltern wie **Nachwuchs** sind gleichermaßen **fasziniert**. Die Kandidaten geben sich die größte Mühe, **während** die **Jury** um Dieter Bohlen immer wieder in das Geschehen eingreift. Mit Sicherheit macht auch das den Reiz der Sendung aus. Man **ahnt** selten, was passieren wird. Oft hört man Junge wie Alte nach dem Wochenende über die Höhepunkte der **Vorstellung** reden. **Wahrscheinlich** trägt auch die **Vielfalt** der Talente zur **Attraktivität** der Show bei. Außerdem treten schon Kinder auf, die oft die Älteren **lehren**, wie man sich mit einem selbstbewussten Auftritt **empfiehlt**. Bei „Das Supertalent" ist für jeden etwas dabei und spannend ist es auch noch. Wenn man schon nicht selber auf der **Bühne** stehen kann, so ist es doch aufregend mitzufiebern und zu hoffen, dass der Auftritt des Favoriten **fehlerfrei** abläuft, sich die Mühen **auszahlen** und ER oder SIE vielleicht sogar **berühmt** werden.

TIPP!
Einige Wörter kannst du doppelt zuordnen.

2 Im Text sind Wörter fett gedruckt. Bei diesen Wörtern kann man die Schreibung nicht ableiten. Sie gehören zu den „Merkwörtern". Lege eine Tabelle mit sechs Spalten an. Ordne die Merkwörter zu, z. B.

TIPP!
Vorsilben wie bei *der Vortrag/vortragen; der Versuch/versuchen* werden immer mit V/v geschrieben.

Fremdwörter	unhörbares *-h-*	*v*	*ä* nicht ableitbar	*-chs-*	*i* statt *ie*
Show					

3 Ordne auch die folgenden Merkwörter den Gruppen in deiner Tabelle zu.

zahlreich – nehmen – die Klinik – der März – vortragen – wachsen – nämlich – mehr – versuchen – vorbei – das Risiko – die Apotheke – das Ohr – der Wechsel – das Theater – die Figur – das Vertrauen

Informationen einholen

1 Unhörbares *h*: Lest zunächst jeden Satz aufmerksam durch. Bei elf Wörtern fehlt das unhörbare h. Überlegt gemeinsam, wo es fehlt. Nehmt ein Wörterbuch zuhilfe.

1. Dir hat jemand erzählt, dass die Sängerin Lena in einem Animationsfilm[1] einer Schildkröte ihre Stimme geliehen hat. Über diesen Film möchtest du mehr erfaren.
2. Informationen über Filme kannst du auch im Internet erhalten. Aber leider hat man dir einen verkerten Titel genannt. Unter dem Stichwort „Filmempfelungen" suchst du zuerst, aber du erhältst keine brauchbare Information. Den Feler, zu allgemein zu bleiben, wirst du nicht mer machen.
3. Jetzt fürst du die Suche unter dem Stichwort „aktuelle Kinder- und Jugendfilme" durch. Du wälst die Adresse „Neu im Kino/ Kinderfilm-online" aus. Das ist ein Volltreffer. Bilder zu den Filmen nemen den größten Teil der Seiten ein.
4. Da siehst du eine Schildkröte. Das muss der passende Film sein. Die Erfarung zeigt, dass es gut ist durchzuhalten. Du klickst das Bild an und kannst dich informieren. Die Suche hat sich gelont.

[1] der Animationsfilm: Figuren, die aus unterschiedlichen Materialien sein können, werden in einem Film zum Leben erweckt

2 Ein *f* oder *v*? Wie viele f-Wörter und wie viele v-Wörter findet ihr? Wenn ihr unsicher seid, schlagt in einem Wörterbuch nach.

Sammys Abenteuer

1. Dieser ?ilm mit dem Untertitel „Die Suche nach der geheimen Passage" stellt uns Sammy, einen Meeresschildkröterich, ?or. Er hat sein Schildkrötenmädchen ?erloren.
2. Und so ?ing es an. Als eine Möwe die beiden ?erspeisen will, ?erteidigt Sammy sich und seine ?reundin. Er ?asst all seinen Mut zusammen und spuckt der Möwe Sand ins Gesicht. Diese lässt sie daraufhin ?allen.
3. Sammy stürzt in die ?luten. ?on seiner Ge?ährtin Shelly ist nichts mehr zu sehen. Auf einem Holz?loß treibt er Ge?ahren entgegen, ?on denen er noch keine ?orstellung hat.
4. Am zweiten Tag trifft Sammy einen Schildkröten-Jungen. Sie werden ?reunde und sie treiben ?ortan gemeinsam durch die Meere. Das Schildkrötenmädchen Shelly ?indet wieder zu ihnen und sie sind für die Suche nach der geheimen Passage ?ollzählig.

3 EXTRA Diktiert euch die Abschnitte des Textes aus Aufgabe 2 in Partnerarbeit. Wechselt euch dabei ab.

Frühes Ende einer Band

1 Schreibe die folgenden Sätze ab. Ergänze die fehlenden Satz- und Redezeichen.

1. Kamil fragt neugierig ✎ Hat sich da nicht schon wieder eine Mädchenband aufgelöst? ✎
2. Sara erklärt ✎ Stimmt, die waren vor vier Jahren bei einem Casting. ✎
3. ✎ Und jetzt ist schon Schluss? ✎ wundert sich Kamil.
4. ✎ Zuerst war die Gruppe sehr erfolgreich ✎ berichtet Sara ✎ aber dann blieb der große Erfolg aus. ✎
5. ✎ Warum versucht die Gruppe nicht, weiter gute Songs zu machen? ✎ will Kamil wissen.
6. Ich glaube, dass sie dazu keine Lust haben ✎ meint Sara ✎ weil jede von ihnen jetzt ihre eigene Musik machen möchte.
7. ✎ Wahrscheinlich wurde ihnen bis jetzt vorgeschrieben, wie ihre Musik sein soll ✎ sagt Kamil.
8. ✎ Ich hätte auch keine Lust ✎ stimmt Sara ihm zu ✎ wenn mir alles vorgeschrieben werden würde. ✎

2 Übt den Text als Dialog zu lesen. Lasst dabei die Begleitsätze weg.

3 Gebt den Inhalt des Gesprächs ohne wörtliche Rede wieder. Vervollständigt dazu die folgenden Sätze, z. B.

1. Kamil fragt, ob sich …
   → *Kamil fragt, ob sich wieder eine Mädchenband aufgelöst hat.*
2. Sara erklärt ihm, dass diese Band vor …
3. Kamil wundert sich, dass jetzt …
4. Sara berichtet, dass die Gruppe …
5. Kamil will wissen, warum …
6. Sara meint, dass sie dazu keine Lust haben, weil …
7. Kamil sagt, dass ihnen wahrscheinlich bis jetzt …
8. Sara stimmt ihm zu, dass sie auch …

Merke

1. Begleitsatz **vor** der direkten/wörtlichen Rede:
   ———: „~~~~.“   ———: „~~~~?“   ———: „~~~~!“
   Begleitsatz   wörtliche Rede
2. Begleitsatz **nach** der direkten/wörtlichen Rede:
   „~~~~“, ———.   „~~~~?“, ———.   „~~~~!“, ———.
3. Begleitsatz **zwischen** der direkten/wörtlichen Rede:
   „~~~~“, ———, „~~~~.“

Fragen und Antworten

1 Lies den Text aufmerksam durch.

KI.KA – Fernsehen für Kinder

Der Kinderkanal von ARD und ZDF, genannt KI.KA, bietet die unterschiedlichsten Sendungen an. Du findest viele Informationen und täglich Nachrichtensendungen, aber auch Geschichten und Spielfilme, Serien und Trickfilme. Für 3- bis 13-jährige Zuschauer hat der Sender Passendes im Programm. Gesendet wird von 6 Uhr morgens bis 21 Uhr am Abend. Die Kinder-Nachrichten mit dem Namen „logo! Die Welt und ich." werden viermal am Tag ausgestrahlt. Besonders beliebt sind die Sendungen des Redakteurs Willi Weitzel.

2 Stelle W-Fragen zum Text. Benutze in den Begleitsätzen die Formulierungen aus den gelben Kästchen, z. B.
Ein Mädchen fragt: „Was bedeutet die Abkürzung KI.KA?"

ein Mädchen fragt | ein Junge sagt | ein anderes Kind meint

das Mädchen mit dem Pferdeschwanz will wissen | der Junge mit der Brille will sich informieren

das Kind aus der letzten Reihe fragt

3 Schreibe die Fragen und Antworten aus den beiden Kästen so ab, dass sie zusammenpassen.

- Weißt du, was „Lilipuz" ist?
- Wann kann man dieses Kinderradio hören?
- Gibt es da auch Nachrichten?
- Geht es nur um Deutschland?
- Wird auch Musik gespielt?

- Ja, du kannst sogar mit einer Mail über dein Lieblingslied abstimmen.
- Nein, alle vier Wochen werden Kinder aus anderen Ländern vorgestellt.
- Die Woche über kannst du es zwischen 14.05 und 15.00 Uhr hören.
- Dieses komische Wort ist der Name des Kinderprogramms im Radio.
- Ja, jeden Tag wirst du in der Sendung „Klicker" informiert.

13 Wenn zwei sich streiten

Sicher kennst du das Sprichwort „Wenn zwei sich streiten, freut sich der Dritte". Weißt du, was damit gemeint ist? In Fabeln kommen solche Sprichwörter häufig vor.

1 Erinnere dich:
- Was ist das Besondere an Fabeln?
- Was weißt du noch über den Fabeldichter Äsop?

2 Lies die Fabel oder höre sie dir an.

Online-Link
Hörverstehen
313272-0160

Nach Äsop

Der Löwe, der Eber und die Geier

In einem sehr heißen Sommer waren alle Flüsse und Bäche ausgetrocknet, sodass die Tiere großen Durst litten. Da entdeckte ein Löwe in einem schattigen Gehölz eine Wasserlache. Gleichzeitig hatte aber auch ein durstiger Eber[1] das Wasser entdeckt. Beide stürzten auf die Lache zu.
„Wage ja nicht zu trinken!", fauchte der Löwe den Eber an. „Ich bin dein König, und du hast zu warten, bis ich getrunken habe."
„Du kannst dich meinetwegen ruhig König nennen", entgegnete der Eber, „aber du kannst mich nicht täuschen. Wenn ich dich zuerst trinken lasse, wirst du diese kleine Pfütze bis zum letzten Tropfen austrinken."
„Keine Widerrede!", brüllte der Löwe. „Tu, was ich dir sage! Fort mit dir!"
„Ich bleibe, wo ich bin", fletschte der Eber. „Das ist ebenso meine Pfütze wie deine. Wenn du willst, werden wir um sie kämpfen."
So kämpften sie denn. Der Löwe griff an und spreizte seine mächtigen Klauen wie zwanzig Dolche, aber der Eber sprang zur Seite und wich den Prankenhieben des Gegners aus. Dann griff er selbst an und zerriss mit seinen zwei scharfen Hauern[2] des Löwen Fell. Der Kampf wurde immer erbitterter, sodass beide Tiere bald aus vielen Wunden bluteten. Während einer Atempause sah der Löwe in die Höhe und

[1] der Eber: das männliche Schwein

→ Seite 166, Wie Tiere wirklich sind

[2] der Hauer: ein kräftiger Eckzahn

entdeckte eine Schar kreisender Geier, jener Todesvögel, die sich von Aas ernähren.
„Schau!", rief der Löwe, „Geier! Sie warten darauf, dass einer von uns oder wir beide getötet werden. Lass uns diesen dummen Streit abbrechen. Es ist besser, gut Freund zu sein, als zum Fraße zu werden für andere. Komm, trinken wir beide!"

3 Fasse den Inhalt der Fabel in wenigen Sätzen zusammen.
Du kannst dazu die folgenden Stichworte nutzen:

Löwe und Eber | Streit um Wasser | Kampf um Leben und Tod | Geier schauen zu | Löwe erkennt die Unsinnigkeit des Kampfes | warten auf das Ende | einigt sich mit dem Eber

4 Lies die folgenden Sprichwörter.
Überlege, welches Sprichwort am besten zu dieser Fabel passt.
Begründe deine Meinung.

- Den Letzten beißen die Hunde.
- Der Klügere gibt nach.
- Wer andern eine Grube gräbt, fällt selbst hinein.
- Wer zuletzt lacht, lacht am besten.
- Streit schafft Leid.
- Wenn zwei sich streiten, freut sich der Dritte.

5 EXTRA Denke dir für die Fabel einen anderen Schluss aus:

1. Was würde zum Beispiel passieren, wenn ein noch stärkeres Tier, etwa ein Elefant, während des Streits zu der Wasserstelle käme?
2. Wie würden Löwe und Eber reagieren, wenn ein schwächeres Tier dazukäme und ebenfalls trinken wollte?

Merke

Merkmale von Fabeln
1. Tiere sprechen und handeln wie Menschen.
2. Sie verkörpern menschliche Eigenschaften (z. B. Neid oder Dummheit).
3. Oft gibt es einen Konflikt zwischen den Tieren und am Ende eine überraschende Wendung (Pointe).
4. Der Leser soll aus der Fabel eine Lehre ziehen.

Von Wolf und Storch, Maus und Frosch

Auf dieser Doppelseite findest du zwei Fabeln. **Wähle A oder B:**

A

Nach Jean de La Fontaine

Der Wolf und der Storch

Ein gieriger Wolf fraß einmal so schnell, dass ihm ein großer Knochen im Hals stecken blieb. Der Wolf heulte laut: „Hilfe! Auuuaaa! Will mir denn keiner helfen?"

Ein Storch, der zufällig vorbeiging, fragte den Wolf: „Was ist denn mit dir los? Warum ist dein Maul so weit offen?" – „Ich ersticke", jammerte der Wolf, „in meinem Rachen steckt ein großer Knochen."

Neugierig schaute der Storch in den Rachen des Wolfes. „Stimmt", sagte er, „ich sehe den Knochen."

„Kannst du den Knochen nicht herausholen mit deinem langen Schnabel? Bitte rette mich. Ich werde dir ewig dankbar sein und dich fürstlich belohnen[1]", bettelte der Wolf mit weinerlicher Stimme.

„Na gut", klapperte der Storch und steckte seinen Kopf in den Rachen des Wolfes. Schon bald hatte er den Knochen herausgeholt.

[1] fürstlich belohnen: reich belohnen

1 Lies die Fabel durch.

2 Sicher hast du bemerkt, dass der Schluss fehlt.
- Lies dir die drei Vorschläge für den Schluss durch.
- Überlege, welcher zur Fabel passt. Begründe!

① Der Wolf war überglücklich, bedankte sich bei dem Storch und versprach: „Wenn du einmal in Schwierigkeiten steckst, dann werde ich dir auch helfen."

② Der Storch wartete eine Weile. Dann fragte er: „Was ist mit meiner Belohnung? Ich habe dir das Leben gerettet." – „Und ich habe dir das Leben geschenkt", sagte der Wolf. „Dein Kopf war zwischen meinen Zähnen und ich habe nicht zugebissen."

③ Der dankbare Wolf sagte: „Komm mit in meine Höhle, damit ich dich belohnen kann."
Die beiden gingen zur Höhle des Wolfes und machten sich gemeinsam über die Vorräte her, die der Wolf dort gesammelt hatte.

B

Maus und Frosch

Einmal saß eine Maus an einem See und überlegte, wie sie ans andere Ufer kommen könne. „Ach“, sprach sie seufzend, „so weit kann ich bestimmt nicht schwimmen.“ Das hörte ein Frosch, der nicht weit entfernt im Wasser saß. „Ich bringe dich wohlbehalten[1] hinüber“, sagte er. Die Maus stimmte freudig zu. Da nahm der Frosch einen Faden und band sich das eine Ende um den Bauch, das andere Ende verknotete er am Schwanz der Maus. Darauf sprang er ins Wasser. Als er die Maus ein Stück weit in den See hinausgezogen hatte, tauchte er unter und die Maus musste mit ihm in die Tiefe. „Hilfe“, schrie sie. „Willst du, dass ich ertrinke?“ Der Frosch aber sagte: „Warum warst du nicht vorsichtiger?“ Da kam ein Storch und sah die Maus im Wasser zappeln. Er flog herab, ergriff die Maus und trug sie mitsamt des Frosches in sein Nest. Den Frosch aber hatte er noch gar nicht gesehen. Erst im Nest entdeckte er ihn und sagte: „Wie kommst du denn hierher?“ „Ach“, sagte der Frosch, „ich war untreu. Ich wollte die Maus ins Unglück stürzen und sie ertränken. Nun bin ich selbst ins Unglück geraten.“ „Jawohl, das bist du“, sagte der Storch, sperrte seinen Schnabel auf und fraß den untreuen Frosch.

Wohin wollte die Maus?

Welchen Vorschlag machte der Frosch?

Wie transportierte der Frosch die Maus?

Was machte der Frosch, nachdem er ein Stück geschwommen war?

Warum hatte die Maus Angst?
Was sagte der Frosch?

Wohin brachte der Storch die Maus und den Frosch?

Was dachte der Frosch nun über sein Verhalten?

Was machte der Storch?

[1] wohlbehalten: sicher

1 Lies die Fabel.

2 Schreibe die blauen Fragen ab und beantworte sie in ganzen Sätzen.

→ **Seite 250,** Arbeitstechnik „Einen Text mithilfe von W-Fragen verstehen“

Und welche Lehre kann man daraus ziehen?

1 Lies die Fabel „Der Löwe und die Mücke“.

Nach Äsop

Der Löwe und die Mücke

Eine Mücke forderte mit den übermütigsten Worten einen Löwen zum Zweikampf heraus: „Ich fürchte dich nicht, du großes Ungeheuer“, rief sie ihm zu, „weil du gar nicht besser bist als ich; oder glaubst du, es sei heldenhaft, seine Beute mit den Zähnen zu zerreißen? Jedes andere feige Tier, wenn es mit einem Tapferen kämpft, tut dasselbe, es beißt und kratzt. Du sollst aber spüren, dass ich stärker bin als du!“
Der starke Löwe lachte nur über die kleine Mücke. Da flog die Mücke in ein Nasenloch des Löwen und stach ihn so sehr, dass er sich vor Schmerz selbst zerfleischte und sich für besiegt erklärte. Stolz auf diesen Sieg flog die Mücke davon, um ihn in aller Welt auszuposaunen[1].
Sie übersah aber das Netz einer Spinne und verfing sich darin. Gierig kam die Spinne heran.
Kurz vor ihrem Tod erkannte die Mücke, wie hochmütig sie gewesen war. Denn nun wurde sie, die Bezwingerin des Löwen, von so einem unbedeutenden Tier wie einer Spinne besiegt!

[1] ausposaunen: laut und stolz verkünden

2 Gib den Inhalt der Fabel kurz wieder. Du kannst folgende Stichworte benutzen:

Löwe und Mücke

Mücke prahlt, sie sei stärker

Stich in die Nase

Löwe zerfleischt sich selbst

Mücke fliegt triumphierend davon

Mücke wird von Spinne besiegt

3 Vergleiche die Fabel mit dem Kasten auf Seite 161 und schreibe auf, welche Merkmale du wiederfindest, z. B.
1. Die Mücke kann sprechen. (Zeile 2)

→ **Seite 161,** Merkmale von Fabeln

4 Lies die folgenden Sprichwörter durch. Entscheide, welches am besten zur Fabel passt. Begründe deine Wahl.

- Hochmut kommt vor dem Fall.
- Wer andern eine Grube gräbt, fällt selbst hinein.
- Wer zuletzt lacht, lacht am besten.
- Man soll den Tag nicht vor dem Abend loben.
- Ein Unglück kommt selten allein.
- Wer hoch steigt, kann tief fallen.

5 Fasse die Lehre der Fabel in einem Satz zusammen.

6 EXTRA Male ein Bild zum Ausgang der Fabel.

Wie Tiere wirklich sind

1 Lies die Sachtexte über die Tiere, die du bereits auf den Seiten 160 und 161 kennen gelernt hast.

Löwe

Nach den Tigern sind Löwen die zweitgrößten Katzen und damit die größten Landraubtiere Afrikas. Löwen sind keine besonders guten Renner. Sie überfallen daher die Beute aus dem Hinterhalt[1] oder folgen einer Spur bis zum Schlafplatz eines Tieres. Sie verfügen über große Kräfte und haben ein kräftiges Gebiss, sodass sie kaum natürliche Feinde haben. Die größten männlichen Löwen erreichen mit Schwanz eine Länge von 3,30 Metern. Löwen erreichen ein Alter von 20 bis 25 Jahren. Sie jagen bevorzugt[2] am Ufer von Flüssen oder in weiten Savannen[3]. Ihre bevorzugte Nahrung sind große Tiere wie Büffel, Zebras oder Antilopen, bei großem Hunger auch tote Tiere (Aas).

[1] aus dem Hinterhalt: aus einem Versteck heraus

[2] bevorzugt: am liebsten

[3] die Savanne: Grasland mit einzelnen Baumgruppen

Eber

Mit dem Begriff Eber bezeichnet man ein männliches Schwein. Unsere Hausschweine stammen von Wildschweinen ab. Das männliche Wildschwein wird auch Keiler genannt. Ausgewachsene Keiler erreichen eine Schulterhöhe von einem Meter und eine Körperlänge von 1,50 Meter. Sie fallen besonders durch die mit zunehmendem Alter immer weiter hervorstehenden Eckzähne (Hauer) auf. Die Eckzähne sind gefährliche Waffen. Wildschweine können ungefähr 20 Jahre alt werden. Sie leben bevorzugt in Waldgebieten. Besonders sagen ihnen feuchte und sumpfige Orte zu[4]. Gerne und oft wälzen sie sich in schlammigen Wasserlöchern. Sie gehören zur Gruppe der Allesfresser.

[4] es sagt ihnen zu: es gefällt ihnen

Geier

Geier können hervorragend sehen. Selbst kleine Tiere sehen sie aus großer Höhe. Geier sind auch sehr gute Segelflieger. Sie können eine Flügelspanne von mehr als 2,50 Metern haben und bis zu 40 Jahre alt werden. Es gibt verschiedene Arten von Geiern: Bartgeier sind die Riesen unter den Geiern. Ihre Nahrung besteht nur aus Knochen. Wo immer sie welche finden, schnappen sie diese und lassen sie aus großer Höhe auf die Felsen fallen, wo sie in Stücke zerbrechen. Die Splitter schlucken sie dann hinunter. Schmutzgeier dagegen fressen alles, was Menschen und Tiere übrig lassen: Tierreste, deren Haut, Muskelfleisch und Sehnen. Gänsegeier fressen am liebsten Aas.

2 **Wähle A, B oder C.** Schreibe die Sätze ab und ergänze dabei die fehlenden Wörter oder Wortgruppen.

A

Löwen sind die ✎ Katzen. Sie sind die ✎ Landraubtiere ✎.
Die ✎ Löwen erreichen eine Körperlänge ✎. Sie können ✎ Jahre alt werden. Löwen jagen am Ufer ✎ oder in ✎ Savannen. Ihre Nahrung sind ✎ Tiere ✎, manchmal auch ✎ Tiere (Aas).

B

Eber sind männliche Schweine. Die ✎ Wildschweine nennt man Keiler. ✎ Keiler erreichen eine Schulterhöhe ✎ und eine Körperlänge ✎. Sie fallen durch ✎ Eckzähne auf. Wildschweine können ✎ Jahre alt werden. Sie leben gerne an ✎ Orten. Mit Vorliebe wälzen sie sich in ✎ Wasserlöchern. Sie gehören zur Gruppe ✎.

C

Geier sind ✎ Segelflieger. Sie können hervorragend sehen und erkennen ✎ Tiere aus ✎ Höhe. Sie erreichen eine Flügelspanne ✎. Geier können ✎ Jahre alt werden. Bartgeier fressen Splitter ✎. Die Nahrung ✎ besteht aus Resten ✎. Die Nahrung ✎ ist Aas.

3 Überprüft eure Sätze in Partnerarbeit.

4 Markiert die Einfügungen farbig. Unterstreicht die Wörter, die durch eure Ergänzungen näher beschrieben werden.

5 Arbeitet die Merksätze im Kasten in Partnerarbeit durch.
Erklärt euch gegenseitig anhand von Beispielen, was Attribute sind und welche Form sie haben können.

Merke

Wenn man Nomen genauer beschreiben will, nennt man ihre Eigenschaften und Besonderheiten.
Wörter und Wortgruppen, die diese Eigenschaften ausdrücken, kann man auf verschiedene Arten zu einem Nomen stellen, z. B. *ausgezeichnete Segelflieger, vierzig Jahre, die Nahrung der Geier, eine Körperlänge von 3,30 Metern.*
Solche Beifügungen zum Nomen heißen **Attribute**. Sie bleiben auch beim Umstellen des Satzes immer direkt bei ihrem Bezugswort stehen.

→ **Seite 168 ff., 235 f.,** Nomen

→ **Seite 168 ff., 240,** Attribute

Eigenschaften von Fabeltieren

1 Ein Spiel zu zweit – Nomen „aufblasen“: Sucht ein Fabeltier aus. Lasst einen Lernpartner erraten, welches ihr meint. Geht so vor:

Mein Tier ist ...
Mein Tier ist ein **Raubtier**.
Mein Tier ist ein **Raubtier** mit rotbraunem Fell.
Mein Tier ist ein **Raubtier** mit rotbraunem Fell, das in der Fabel „Reineke ...“ heißt.

2 EXTRA In den Sätzen sind die Nomen unterstrichen. Stelle fest, durch welche Attribute sie genauer beschrieben werden, z. B.
Was für Geschichten? → kurze Geschichten.

Fabeln sind kurze Geschichten, die durch ein Beispiel belehren sollen. Meist treten darin Tiere, die wie Menschen sprechen und handeln, auf. Es werden menschliche Schwächen, welche der Leser aus dem Alltag kennt, bloßgestellt. Die Lehre, die der Fabeldichter vermitteln will, nennt man Moral.

3 EXTRA Vollende die Sätze:

1. Der Löwe ... 2. Die Ameise ... 3. Der Fuchs ... 4. Der Hase ... 5. Der Esel ...

Beschreibe darin die Fabeltiere näher. Verwende möglichst Attributsätze, z. B. Der Löwe ist ein Tier, das in der Fabel oft als bösartig dargestellt wird.

→ **Seite 240,** Attribute
→ **Seite 204, 240,** Attributsätze
→ **Seite 234 ff.,** Wortarten

Merke

- **Attribute** haben die Aufgabe, Nomen näher zu beschreiben. Sie stehen vor oder hinter dem Bezugswort (*das listige **Tier**, ein **Tier** mit besonderem Charakter*).
- Man erfragt ein Attribut mit *Was für ein (eine)?* oder *Welcher?/Welche?/Welches?*
- Ein Attribut kann auch ein ganzer Satz sein. Er heißt **Attributsatz.** Weil Attributsätze mit den Relativpronomen *der/die/das* oder *welcher/welche/welches* eingeleitet werden, nennt man sie auch Relativsätze (*Der Fuchs, der die Situation erkannt hatte, schmeichelte dem Raben.*).

4 Lies die Fabel oder lass sie dir vorlesen. Notiere den Inhalt in Stichworten.

Jean de La Fontaine

Die Taube und die Ameise

Online-Link
Hörverstehen
313272-0169

An einem heißen Sommertag flog eine durstige Taube an einen kleinen, rieselnden Bach. Sie girrte vor Verlangen, neigte ihren Kopf und tauchte den Schnabel in das klare Wasser. Hastig saugte sie den kühlen Trunk. Doch plötzlich hielt sie inne. Sie sah, wie eine Ameise heftig mit ihren winzigen Beinchen strampelte und sich verzweifelt bemühte, wieder an Land zu paddeln.

Die Taube überlegte nicht lange, knickte einen dicken, langen Grasstängel ab und warf ihn der Ameise zu. Flink kletterte diese auf den Halm und krabbelte über die Rettungsbrücke an Land. Die Taube brummelte zufrieden, schlürfte noch ein wenig Wasser und sonnte sich danach auf einem dürren Ast, den der Blitz von einem mächtigen Baum abgespalten hatte und der nahe am Bach lag.

Ein junger Bursche patschte barfüßig durch die Wiesen zum Wasser. Er trug einen selbst geschnitzten Pfeil und Bogen. Als er die Taube erblickte, blitzten seine Augen auf. „Gebratene Tauben sind meine Lieblingsspeise“, lachte er und spannte siegesgewiss seinen Bogen. Erbost über dieses unerhörte Vorhaben gegen ihren gefiederten Wohltäter kroch die Ameise behände auf seinen Fuß und zwickte ihn voller Zorn.

Der Taugenichts zuckte zusammen und schlug mit seiner Hand kräftig nach dem kleinen Quälgeist. Das klatschende Geräusch schreckte die Taube aus ihren sonnigen Träumen auf, und eilig flog sie davon.

Aus Freude, dass sie ihrem Retter danken konnte, biss die Ameise noch einmal kräftig zu und kroch dann wohl gelaunt in einen Maulwurfshügel.

5 Fasse den Inhalt der Fabel mithilfe deiner Notizen zusammen.

6 Arbeitet zu zweit. Besprecht, welche Lehre der Fabeldichter wohl vermitteln wollte.

7 Schreibe die unterstrichenen Nomen mit ihren Attributen auf, z. B.
an einem heißen Sommertag, eine durstige Taube

8 EXTRA Suche zu den Nomen im Text weitere Attribute, z. B.
an einem heißen Sommertag **im August**, eine **weiße**, durstige Taube

Wortschatz in Fabeln

1 In der Fabel „Der Löwe, der Eber und die Geier“ auf den Seiten 160 und 161 werden einige ungewohnte Wörter gebraucht. Ersetze die unterstrichenen Wörter durch die Wörter rechts. Schreibe so: *die Quellen waren ausgetrocknet, in einem schattigen …*

in einem schattigen Gehölz
eine Wasserlache
etwas wahrnehmen
der Durst plagte ihn
entgegnete der Eber
jemanden täuschen
fletschte der Eber
den Prankenhieben ausweichen
scharfe Hauer

Wald | Pfütze | quälte | Schlägen mit den Tatzen | entdecken | Eckzähne | betrügen | widersprach | zeigte drohend die Zähne

2 Ordne den folgenden Fabeltieren passende Eigenschaften zu, z. B. *der stolze Adler, der angeberische Frosch, …*

Tiere
Adler, Ameise, Biene, Bär, Eber, Elefant, Esel, Elster, Frosch, Fuchs, Geier, Grille, Hahn, Hase, Hund, Lamm, Lerche, Löwe, Maus, Nachtigall, Pfau, Rabe, Schaf, Storch, Wolf

Eigenschaften
alt – ängstlich – angeberisch – begabt – böse – brutal – duldsam – dumm – ehrlich – eingebildet – eitel – emsig – feige – fleißig – freundlich – furchtsam – gefährlich – gefräßig – gerissen – geschwätzig – gutgläubig – habgierig – herrschsüchtig – hilfsbereit – hungrig – klug – kühn – listig – mächtig – musikalisch – raffiniert – ruhmsüchtig – schlau – schmeichlerisch – schön – stark – stolz – störrisch – stur – töricht – treu – tyrannisch – überheblich – unterwürfig – winzig – zornig

3 Vergleicht, welche Eigenschaften ihr den Tieren zugeordnet habt.

4 Bilde Wortgruppen mit Attributen und unterstreiche das Nomen, auf das sie sich beziehen, z. B. *die lange Mähne des Löwen*

1. (lang) Mähne (Löwe)
2. (wuschelig) Schwanz (Eichhörnchen)
3. (funkelnd) Augen (Katze)
4. (scharf) Klauen (Habicht)
5. (borstig) Fell (Wildschwein)
6. (lang) Ohren (Hase)
7. (boshaft) Freude (Fuchs)
8. (angstvoll) Schreien (Maus)
9. (wütend) Fauchen (Tiger)
10. (prahlerisch) Geschwätz (Rabe)
11. (flehend) Bitten (Grille)
12. (laut) Trompeten (Elefant)

5 Worum geht es in der Fabel? Lest und tauscht euch über den Inhalt aus.

Nach Martin Luther

Der Fuchs

Der Löwe hatte ✎ Tiere in seine ✎ Höhle eingeladen. In dieser Höhle stank es immer ganz schrecklich. Aber der Löwe war stolz auf sein ✎ Zuhause. Er fragte zuerst den Wolf, wie es ihm in der Höhle gefiele. Der ✎ Wolf sagte, dass es stinke. Da stürzte sich der ✎ Löwe auf ihn und tötete den ✎ Wolf. Als nächstes fragte der Löwe den ✎ Esel. Der Esel log in seiner ✎ Angst und sagte, dass es gut rieche. Der ✎ Löwe tötete daraufhin auch den Esel. Anschließend fragte er den ✎ Fuchs, wie es rieche. Der Fuchs antwortete: „Ich habe ✎ Schnupfen. Ich kann nichts riechen." Der Fuchs war aus dem Schaden ✎ klug geworden und hielt deshalb sein Maul.

6 Schreibt die Fabel ab. Ergänzt dabei Attribute, die zu den unterstrichenen Nomen passen.

7 Erfindet Gespräche zwischen
- dem Löwen und dem Wolf,
- dem Löwen und dem Esel,
- dem Löwen und dem Fuchs.

Schreibt die Gespräche auf. Verwendet die heutige Sprache. So könnt ihr z. B. beginnen:

Löwe: Wolf, komm du als Erster in mein königliches Haus.
Wolf: Guten Tag, da bin ich.
Löwe: Sag mal, Wolf, …

14 Alles nur Märchen?

Prinz sucht passende Frau

1 Lies das Märchen aufmerksam durch.

Hans Christian Andersen

Die Prinzessin auf der Erbse

Es war einmal ein Prinz, der wollte eine Prinzessin heiraten. Aber das sollte eine wirkliche Prinzessin sein. Da reiste er in der ganzen Welt herum, um eine solche zu finden, aber überall fehlte etwas. Prinzessinnen gab es genug, aber ob es wirkliche Prinzessinnen waren, das konnte er nie herausfinden. Immer war da etwas, was nicht in Ordnung war. Da kam er wieder nach Hause und war traurig, denn er wollte doch gern eine wirkliche Prinzessin haben.

Eines Abends zog ein furchtbares Wetter auf; es blitzte und donnerte, der Regen stürzte herab, und es war ganz entsetzlich. Da klopfte es an das Stadttor, und der alte König ging hin, um aufzumachen.

Es war eine Prinzessin, die draußen vor dem Tor stand. Aber wie sah sie vom Regen und dem bösen Wetter aus! Das Wasser tropfte ihr von den Haaren und Kleidern herab, lief in die Schnäbel der Schuhe[1] hinein und zum Absatz wieder hinaus. Sie sagte, dass sie eine wirkliche Prinzessin sei.

„Ja, das werden wir schon erfahren!“, dachte die alte Königin, aber sie sagte nichts, ging in die Schlafkammer hinein, nahm alles Bettzeug ab und legte eine Erbse auf den Boden der Bettstelle. Dann nahm sie zwanzig Matratzen, legte sie auf die Erbse und dann noch zwanzig Eiderdaunendecken[2] oben auf die Matratzen. Hier sollte nun die Prinzessin die ganze Nacht über liegen.

Am Morgen wurde sie gefragt, wie sie geschlafen hätte.
„Oh, entsetzlich schlecht!“, sagte die Prinzessin, „ich habe fast die ganze Nacht kein Auge geschlossen! Gott weiß, was in meinem Bett gewesen ist. Ich habe auf etwas Hartem gelegen, sodass ich am ganzen Körper ganz braun und blau bin! Es ist ganz entsetzlich!“

[1] die Schnäbel der Schuhe: die Schuhspitzen

[2] die Eiderdaune: die feinste und teuerste Feder, die als Füllung für Bettdecken verwendet wird

Daran konnte man sehen, dass sie eine wirkliche Prinzessin war, da sie durch die zwanzig Matratzen und die zwanzig Eiderdaunendecken die Erbse gespürt hatte. So feinfühlig konnte niemand sein außer einer echten Prinzessin.
Da nahm sie der Prinz zur Frau, denn nun wusste er, dass er eine wirkliche Prinzessin gefunden hatte. Und die Erbse kam in die Kunstkammer, wo sie noch zu sehen ist, wenn sie niemand gestohlen hat.
Seht, das war eine wirkliche Geschichte!

2 Welche Überschrift passt zu welchem Abschnitt des Märchens? Ordne zu.

1. Die Königin macht das Bett
2. Schlecht geschlafen!
3. Ein trauriger Prinz
4. Es klopft – eine wirkliche Prinzessin?
5. Eine wirkliche Prinzessin!

3 *„Mama, wie habt ihr euch eigentlich kennen gelernt, Papa und du?"* – Wenn die Kinder des Prinzen und der Prinzessin das später einmal fragen, was wird ihre Mutter dann antworten?

TIPP!
Lies noch einmal den zweiten Abschnitt des Märchens.

4 *„Aber das sollte eine wirkliche Prinzessin sein."* – Überlege, was der Prinz wohl damit meint und was für eine Frau er sucht.

5 *„Ja, das werden wir schon erfahren!", dachte die alte Königin, aber sie sagte nichts, …*
Suche diese Stelle im Märchentext. Was denkt sich die Königin wohl? Was will sie wissen? Wie will sie es herausbekommen?

6 EXTRA Bereitet euch gemeinsam darauf vor, den Text vorzulesen:

- Bildet Gruppen. Jede Gruppe übernimmt einen farbig unterlegten Abschnitt.
- Besprecht, worauf es in eurem Abschnitt ankommt. Was muss man eher lebhaft lesen, was eher ruhig? Was ist humorvoll, was ernst?
- Tragt den Abschnitt in eurer Gruppe reihum vor. Die anderen geben Hinweise zum guten Lesen. Wiederholt die Sätze, bis ihr zufrieden seid.
- Bildet dann neue Gruppen. Bereitet den Vortrag der anderen Abschnitte vor.
- Überlegt, wie ihr den Schlusssatz lesen wollt.

TIPP!
Wer vorliest, steht am besten dafür auf.

→ **Seite 8, 143, 247,** Arbeitstechnik „Das Vorlesen eines Textes vorbereiten"

→ **Seite 212, 251,** Arbeitstechnik „Ein Buch vorstellen"

7 Tragt den Text in der Klasse vor. Die Zuhörer sagen im Anschluss, was ihnen an dem Vortrag gefallen hat und geben Tipps zur Verbesserung.

→ **Seite 9, 63, 246,** Arbeitstechnik „Eine Rückmeldung geben"

Unterschiedliche Perspektiven

1 Seht euch die Bilder an. Wie heißt das Märchen?
- Erzählt, was in diesem Ausschnitt geschieht.
- Erzählt nun das ganze Märchen nach.

TIPP!
Erzählt in der Ich-Form.

2 Entscheidet euch für eine Figur: für das Rotkäppchen oder für den Wolf.
- Erzählt den Märchenausschnitt aus der Sicht dieser Figur, z. B.
  Wolf: Ich lag im Bett und hatte die Haube und die Brille der Großmutter aufgesetzt. Da ging die Tür auf und …
- Die Zuhörer erraten, aus wessen Sicht erzählt wird. Sie beobachten, ob der Erzähler in seiner Rolle bleibt und nur aus der Sicht dieser Figur erzählt.

Merke

In einer **Ich-Erzählung** wird das Geschehen aus der **Perspektive** (Sicht) einer Figur erzählt. Sie sagt z. B. *Ich lebte damals …* *Dann ging ich …* Der Erzähler tut so, als habe er alles selbst erlebt.

Ich bin die Prinzessin – ich bin der Frosch

… Nun trug es sich zu, dass die goldene Kugel der Königstochter nicht in ihr Händchen fiel, das sie in die Höhe gehalten hatte, sondern vorbei auf die Erde schlug und geradezu ins Wasser hineinrollte.
… Die Königstochter folgte ihr mit den Augen nach, aber die Kugel verschwand und der Brunnen war tief, so tief, dass man keinen Grund sah. Da fing sie an zu weinen und weinte immer lauter und konnte sich gar nicht trösten. Und wie sie so klagte, rief ihr jemand zu: „Was hast du vor, Königstochter, du schreist ja, dass sich ein Stein erbarmen möchte.“ Sie sah einen Frosch, der seinen dicken hässlichen Kopf aus dem Wasser streckte …

1 Kennt ihr auch dieses Märchen? Erzählt es.

2 Stellt euch vor, ihr seid die Prinzessin oder der Frosch. Was tut, denkt und fühlt ihr dann? Erzählt aus der Sicht dieser Figuren, was am Brunnen passiert ist. Beginnt so:

1. Prinzessin: An einem heißen Tag spielte ich mit meiner goldenen Kugel am Rand eines kühlen Brunnens. Ich freute mich so sehr über das schöne Spielzeug, dass ich es hoch und höher warf. Doch auf einmal …
Erzählt weiter als Prinzessin.
… Ich eilte nach Hause und hatte diesen ekligen Frosch bald vergessen. Baah!

2. Frosch: An einem heißen Tag döste ich auf dem kühlen Grund meines Brunnens und kaute an einer Fliege. Da hörte ich auf einmal von oben merkwürdige Geräusche …
Erzählt weiter als Frosch.
… Ich sah, wie die wunderschöne Prinzessin einfach fortlief, ohne sich umzuschauen. Enttäuscht stieg ich zurück in den Brunnen. Ach!

3 EXTRA Ihr habt jetzt so erzählt, als ob ihr als Prinzessin oder als Frosch alles selbst erlebt hättet. Erklärt, warum man dies eine Ich-Erzählung nennt.

Merke

In einer **Er-/Sie-Erzählung** wird das Geschehen aus der **Perspektive** eines „allwissenden" Erzählers dargestellt. Er sagt z. B. *Er lebte damals …, Sie ging …* Der Erzähler weiß alles über die Figuren, z. B. wie sie aussehen, was sie wollen und denken, was sie früher erlebt haben und was sie später erleben werden.

So erlebte ich es

1 Lies das Märchen. Stelle fest, welche Personen in diesem Märchen vorkommen und an welchen Orten die Handlung spielt.

Online-Link
Hörverstehen
313272-0176

Brüder Grimm

Der süße Brei

Es war einmal ein frommes Mädchen, das lebte mit seiner Mutter allein, und sie hatten nichts mehr zu essen. Da ging das Kind hinaus in den Wald, wo ihm eine alte Frau begegnete. Die wusste seinen Jammer schon und schenkte ihm ein Töpfchen, zu dem sollt es sagen: „Töpfchen, koche!", so kochte es guten, süßen Hirsebrei, und wenn es sagte „Töpfchen, steh!", so hörte es wieder auf zu kochen. Das Mädchen brachte den Topf seiner Mutter heim, und nun waren sie ihrer Armut und ihres Hungers ledig[1] und aßen süßen Brei, sooft sie wollten. Auf eine Zeit war das Mädchen ausgegangen, da sprach die Mutter: „Töpfchen, koche!", da kocht es und sie isst sich satt; nun will sie, dass das Töpfchen wieder aufhören soll, aber sie weiß das Wort nicht. Also kocht es fort[2], und der Brei steigt über den Rand hinaus und kocht immerzu, die Küche und das ganze Haus voll, und das zweite Haus und dann die Straße, als wollt's die ganze Welt satt machen, und ist die größte Not, und kein Mensch weiß sich da zu helfen. Endlich, wie nur noch ein einziges Haus übrig ist, da kommt das Kind heim und spricht nur: „Töpfchen, steh!", da steht es und hört auf zu kochen; und wer wieder in die Stadt wollte, der musste sich durchessen.

[1] einer Sache ledig sein: von etwas befreit sein

[2] fort: weiter

2 Das Töpfchen hat besondere Eigenschaften. Schreibe eine Gebrauchsanweisung für den Topf:
- Zweck (Wofür kann man ihn verwenden?),
- Benutzung (Wie funktioniert er?),
- Gefahrenhinweise (Was muss man beachten?).

3 Erzähle das Märchen vom süßen Brei schriftlich auf neue Weise, z. B.

1. als Ich-Erzählung aus der Sicht der alten Frau im Wald,
2. als Ich-Erzählung aus der Sicht des Mädchens,
3. als Ich-Erzählung aus der Sicht der Mutter,
4. als Ich-Erzählung aus der Sicht des Nachbarn im zweiten Haus oder aus der Sicht eines Bewohners im letzten Haus.

- Entscheide, aus welcher Perspektive du erzählen willst.
- Die folgenden Fragen sollen dir beim Erzählen des Märchens helfen:

TIPP!
Du kannst deine Ideen zunächst in einem Wörternetz sammeln.

→ **Seite 100, 103, 216, 248,** Arbeitstechnik „Ein Wörternetz knüpfen“

Die alte Frau
Wer war sie?
Woher hatte sie das Töpfchen?
Was wusste sie über den Topf?
Was dachte sie, als sie das Mädchen im Wald traf?
Wie erfuhr sie von den späteren Ereignissen?

Das Mädchen
Warum entschloss es sich, in den Wald zu gehen?
Was dachte es, als es die alte Frau traf und den Topf als Geschenk erhielt?
Was sagte es, als es den Topf der Mutter gab?
Was dachte es, als es heimkam?

Der Nachbar
Was wusste er über das Leben von Mutter und Tochter?
Erfuhr er von dem Töpfchen oder nicht?
Was sah er, als das Töpfchen nicht aufhörte zu kochen?
Wie reagierte er, als der Brei auch sein Haus erreichte?

Die Mutter
Was dachte sie, als das Mädchen in den Wald ging?
Was sagte sie, als ihre Tochter ihr das Töpfchen gab?
Was dachte sie, als das Mädchen ausgegangen war?
Wie fühlte sie sich, als das Töpfchen nicht aufhörte zu kochen?

4 Lies deinen Text in der Klasse vor. Achte darauf, dass nur das erzählt wird, was die gewählte Figur wissen und was sie selbst erlebt haben kann.

Ein russisches Märchen

1 Lies das Märchen oder höre es dir an.
Schreibe dir zu jedem Abschnitt einige Stichworte auf.

Online-Link
Hörverstehen
313272-0178

Leo N. Tolstoi

Der große Bär

Vor langen, langen Jahren war einmal eine große Trockenheit auf Erden: Alle Flüsse, Bäche und Brunnen waren versiegt, alle Bäume, Sträucher und Gräser vertrocknet, und Menschen und Tiere kamen vor Durst um.

Da ging eines Tages ein kleines Mädchen von daheim fort, mit einem Krug in der Hand, um Wasser für die kranke Mutter zu suchen. Das Mädchen fand nirgends Wasser und legte sich vor Müdigkeit im Feld auf das Gras und schlief ein. Als es erwachte und nach dem Kruge griff, hätte es beinahe das Wasser verschüttet. Er war nämlich voll frischen, klaren Wassers. Das Mädchen freute sich und wollte trinken, aber da fiel ihm ein, dass es dann für die Mutter nicht reichen würde, und sie lief mit dem Krug nach Hause.

Sie hatte es damit so eilig, dass sie gar nicht das Hündchen bemerkte, stolperte und den Krug fallen ließ. Das Hündchen winselte kläglich. Das Mädchen langte nach dem Krug. Sie dachte, nun habe sie das Wasser verschüttet, aber nein! Der Krug stand aufrecht auf dem Boden und nicht ein Tropfen fehlte. Da goss sich das Mädchen ein wenig Wasser in die hohle Hand und das Hündchen leckte es auf und wurde wieder ganz lustig.
Das Mädchen langte wieder nach dem Krug, aber siehe: Da war er nicht mehr aus Holz, sondern aus Silber.

Das Mädchen lief mit dem Krug nach Hause und gab ihn der Mutter. Die Mutter sprach: „Ich muss ohnedies[1] sterben, trink du lieber das Wasser." Sie gab dem Mädchen den Krug. Im selben Augenblick aber verwandelte sich der silberne Krug in einen goldenen.

Da konnte das Mädchen nicht länger widerstehen und wollte den Krug gerade an ihre Lippen setzen, als ein Wanderer ins Zimmer trat und um einen Schluck Wasser bat. Das Mädchen schluckte den Speichel hinunter und reichte dem Wanderer den Krug. Und da: Plötzlich erschienen auf dem Krug sieben riesengroße Diamanten, und aus jedem floss ein großer Strahl frischen, klaren Wassers. Die sieben Diamanten stiegen höher und stiegen zum Himmel empor und wurden der Große Bär[2].

[1] ohnedies: sowieso

[2] der Große Bär: ein Sternbild

2 Erzähle das Märchen mithilfe deiner Notizen.

3 Erinnere dich: Wie kannst du Satzglieder erkennen?

4 **Vor langen Jahren war einmal eine große Trockenheit auf Erden.** Stelle die Wörter in dem Satz so oft wie möglich um. Schreibe alle Sätze auf, z. B. *Vor langen Jahren war einmal auf Erden eine große Trockenheit. Auf Erden war einmal …*

TIPP!
Achte darauf, dass der Satz grammatisch richtig bleibt und seinen Sinn nicht verändert.

5 Was hast du bei der Umstellprobe erkannt? Stelle fest, welche Wörter jeweils zusammengehören und deshalb ein Satzglied sind. Unterstreiche sie.

→ **Seite 180, 205, 239,** Umstellprobe

6 Schreibe die Sätze ab. Unterstreiche die verschiedenen Satzglieder jeweils mit unterschiedlichen Farben.

Das Mädchen brachte Wasser mit. Es streckte dem Hündchen die Hand hin. Das Tier leckte das Wasser auf. Das Mädchen gab seiner Mutter den Krug. Die Mutter gab ihn der Tochter zurück. Das Mädchen reichte dem Wanderer den Krug.

7 Übernimm die Tabelle in dein Heft. Trage die Sätze aus Aufgabe 6 richtig ein.

Subjekt	Prädikat	Dativobjekt (Wem?)	Akkusativobjekt (Wen? Was?)	Prädikat
Das Mädchen	brachte		Wasser	mit.

Merke

Das Prädikat
- bildet in jedem Satz den **Satzkern**, um den sich die **Satzglieder** gruppieren.
- wird aus einer Verbform gebildet *(zog, ist, will).*
- steht im Aussagesatz an der zweiten Stelle.
- kann auch aus zwei Teilen bestehen und Satzglieder wie eine Klammer umschließen *(Er leckte das Wasser auf.).*

Das Subjekt
- besteht aus Nomen oder Pronomen im Nominativ (1. Fall).
- erfragt man mit *Wer?* oder *Was?*

Das Dativobjekt
- besteht aus Nomen oder Pronomen im Dativ (3. Fall).
- erfragt man mit *Wem?*

Das Akkusativobjekt
- besteht aus Nomen oder Pronomen im Akkusativ (4. Fall).
- erfragt man mit *Wen?* oder *Was?*

→ **Seite 180 ff., 239 f.,** Satzglieder

→ **Seite 234 ff.,** Wortarten

Wann? Wo? Warum? Wie?

1 Erweitere die Sätze mit den angegebenen Satzgliedern, z. B.
Eine große Trockenheit herrschte vor langer Zeit auf der Erde.

1. Eine große Trockenheit herrschte auf der Erde.	**vor langer Zeit**
2. Das Mädchen legte sich auf das Gras.	**neben ihr Fahrrad**
3. Es schlief sofort ein.	**vor Erschöpfung**
4. Es lief nach Hause.	**eilig**

→ **Seite 179, 205, 239,** Umstellprobe

- Untersuche deine Sätze. Stelle fest, an welcher Stelle im Satz diese Satzglieder stehen können. Mache dazu die Umstellprobe.
- Wie fragst du nach den eingefügten Satzgliedern? Schreibe die Fragen auf.

TIPP!
Die Merksätze unten können dir helfen.

2 Satzglieder, die auf die Fragen *Wann? Wo? Warum? Wie?* antworten, heißen Adverbialbestimmungen. Bestimme die unterstrichenen Satzglieder in den folgenden Sätzen genauer.

1. Die Menschen und Tiere kamen vor Durst um. 2. Da ging eines Tages ein kleines Mädchen von daheim fort, um Wasser zu suchen. 3. Der Krug stand aufrecht auf dem Boden. 4. Das Hündchen leckte das Wasser auf und war danach wieder ganz lustig. 5. Im selben Augenblick verwandelte sich der silberne Krug in einen goldenen.

3 EXTRA Lies auf Seite 181, was ein **Adverb** ist.
Stelle fest, welche der folgenden Wörter keine Adverbien sind.
Begründe deine Antwort.

immer | dort | heutig | gestern | ständig | morgens
genauso | hier | oben | damals | freudig | froh

→ **Seite 240,** Satzglieder

Merke

Bei den **Adverbialbestimmungen unterscheidet man:**
- **Adverbialbestimmung der Zeit** *(Wann? Seit wann? Wie oft? Wie lange?)*
- **Adverbialbestimmung des Ortes** *(Wo? Wohin? Woher?)*
- **Adverbialbestimmung der Art und Weise** *(Wie? Auf welche Weise?)*
- **Adverbialbestimmung des Grundes** *(Warum? Weshalb? Aus welchem Grund?)*

4 Lies den Anfang dieses Märchens.

Brüder Grimm

Hänsel und Gretel (Ausschnitt)

Vor einem großen Walde wohnte ein armer Holzhacker mit seiner Frau und seinen zwei Kindern: Das Bübchen hieß Hänsel und das Mädchen Gretel. Er hatte wenig zu beißen und zu brechen und einmal, als große Teuerung ins Land kam, konnte er auch das tägliche Brot nicht mehr schaffen. Wie er sich nun abends im Bette Gedanken machte und sich vor Sorgen herumwälzte, seufzte er und sprach verzweifelt zu seiner Frau: „Was soll aus uns werden? Wie können wir unsere armen Kinder ernähren, da wir für uns selbst nichts mehr haben?“ „Weißt du was, Mann“, antwortete die Frau, „wir wollen morgen in aller Frühe die Kinder hinaus in den Wald führen.“ […]

5 Erzähle, wie das Märchen weitergeht.

6 Bestimme in dem Märchen die unterstrichenen Satzglieder.

7 EXTRA Märchen erkennt man an bestimmten Merkmalen. Lies den folgenden Text und nenne Beispiele aus Märchen, die du kennst, z. B.
Anfang: Vor langer Zeit … Schluss: Und wenn sie nicht …

Merkmale von Märchen

Märchen lassen sich leicht an den immer wieder verwendeten Formulierungen erkennen, die z. B. am Anfang und am Schluss stehen. Zu Beginn begeben sich die Hauptpersonen oft von zu Hause fort und wandern durch die Welt. Da begegnen sie häufig Wesen mit magischen Kräften – auch dem Bösen in verschiedener Gestalt. Am Ende siegt meist das Gute; die Märchen vermitteln die Hoffnung, dass man auf das Glück treffen kann – selbst wenn man vorher viele Abenteuer bestehen muss.

8 EXTRA Bestimme in dem Text von Aufgabe 7 die unterstrichenen Satzglieder.

Merke

Adverb, das: Wortart; Plural: die Adverbien (z. B. *heute, abends, dort, hier, gern, deshalb*). Adverbien sind **nicht veränderbar**. Man kann sie mit *Wann? Wo? Wie lange? Wie oft? Wie? Warum?* erfragen. Adverbien werden häufig als Adverbialbestimmungen verwendet.

→ **Seite 236,** Wortarten

Gemeinsam stark

Das Rübchen (Ausschnitt)

Der Großvater säte eine Rübe und sie ist riesengroß herangewachsen. Der Alte ging das Rübchen ernten, packte es am Kraut, zog und zog, konnte es aber nicht herausziehen.

Da rief der Großvater die Großmutter.

Die Großmutter hielt den Großvater fest, der Großvater packte das Rübchen an, sie zogen und zogen, konnten es aber nicht herausziehen.

Da rief die Großmutter die Enkelin.

Die Enkelin hielt die Großmutter fest, die Großmutter hielt den Großvater fest, der Großvater packte das Rübchen an, sie zogen und zogen, konnten es aber nicht herausziehen.

Da rief die Enkelin die Hündin.

Die Hündin hielt die Enkelin fest, …

TIPP!
Sieh dir dazu das Bild genau an.

1 Erzähle, wie das Märchen weitergeht.

2 Stelle die Wörter im Satz so oft wie möglich um.

Im Frühjahr säte der Großvater in seinem Garten eine Rübe.

Schreibe die Sätze auf, z. B.
Der Großvater säte im … Eine Rübe säte der … In seinem Garten säte …

3 Schreibe auf, wie man nach den unterstrichenen Satzgliedern fragt, z. B.
<u>Im Frühjahr</u> säte der Großvater in seinem Garten eine Rübe. → Wann?

1. <u>Im Frühjahr</u> säte der Großvater in seinem Garten eine Rübe.
2. Im Herbst ging er <u>in den Garten</u>, um die Rübe zu ernten.
3. Er zog <u>mit aller Kraft</u> an der Rübe.
4. <u>Wegen der gewaltigen Größe der Rübe</u> konnte er sie nicht herausziehen.
5. <u>Gemeinsam</u> konnten sie die Rübe herausziehen.

4 Schreibe aus den Sätzen von Aufgabe 3 alle Adverbialbestimmungen heraus.

Rätselhafte Wörter

In vielen bekannten Märchen findest du Wörter, die heute nicht mehr sehr gebräuchlich sind.

1 Lies die Ausschnitte aus den Märchen. Ersetze die farbig hervorgehobenen Wörter durch Wörter, die heute verwendet werden. Sie stehen unter dem Text.

1. Nach einem Jahr nahm sich der König eine neue **Gemahlin**. (Schneewittchen)
2. Und also geschah es auch; es war noch kein Jahr vergangen, als die Königin einen Sohn **gebar**. (Rumpelstilzchen)
3. Es war einmal eine kleine süße **Dirne**, die hatte jedermann lieb, der sie nur ansah. (Rotkäppchen)
4. Ein König hatte eine Tochter, die war über alle Maßen schön, aber dabei so stolz und übermütig, dass ihr kein **Freier** gut genug war. (König Drosselbart)
5. Das Mädchen irrte im Wald herum, bis es Nacht **ward**, da kam es ebenfalls zu dem Haus des Alten, **ward** hereingerufen und bat um Speise und Nachtlager. (Das Waldhaus)
6. Die Faule war das wohl zufrieden und meinte, nun würde der Goldregen kommen; Frau Holle führte auch sie zu dem Tor, als sie aber darunter stand, ward statt des Goldes ein großer Kessel voll **Pech** ausgeschüttet. (Frau Holle)
7. Das Mädchen arbeitete, fegte, wusch, spann und nähte für sieben, und sie war so schön wie sieben zusammen, darum **ward** sie Siebenschön **geheißen**. (Siebenschön)
8. Und obgleich es sein Hemdlein weggegeben, so hatte es ein neues an, und das war vom allerfeinsten **Linnen**. (Die Sterntaler)

zur Welt brachte – Ehefrau – wurde – wurde genannt

Mädchen – Teer – Bewerber – Leinen

2 Bilde von den folgenden Wörtern die Verkleinerungsformen. Schreibe sie mit ihrem Artikel auf, z. B. *die Geiß → das Geißlein.*

die Geiß – der Schneider – die Rose – die Schwester – der Baum – die Ente – die Kappe – das Auge – der Mann – die Maus

3 Nenne Märchen, die dir zu den Wörtern einfallen, z. B. *Dornröschen.*

15 Die Sage erzählt

Sagenhafte Helden

1 Was wisst ihr über Sagen? Welche Sagen kennt ihr? Erzählt in der Klasse.

2 Was wisst ihr über Rom? Was würdet ihr über die Gründung Roms gern erfahren? Tragt eure Fragen zusammen.

→ **Seite 187, 250,** Arbeitstechnik „Einen längeren Text lesen und verstehen"

3 Lies die folgende Sage. Notiere in Stichworten, was in jedem Abschnitt steht.

Die Gründung Roms

Online-Link
Hörverstehen
313272-0184

Die Sage erzählt, dass die Zwillinge Romulus und Remus – Söhne des Kriegsgottes Mars – in einem Körbchen auf dem Tiber ausgesetzt wurden. Der Korb schaukelte auf den Wellen dahin und gelangte in eine Landschaft, die von sieben Hügeln gekrönt war. Dort blieb er im Geäst eines Feigenbaumes hängen, und eine Wölfin soll dann die Zwillinge aufgezogen haben.

Die beiden Brüder Romulus und Remus beschlossen, an der Stelle, wo sie vor dem Tode bewahrt worden waren, eine Stadt zu gründen.

Romulus spannte zwei weiße Rinder vor seinen Pflug und führte sie im Viereck um den Berg Palatin herum. Das aufgeworfene Erdreich und die Furche sollten Wall und Graben kennzeichnen und an den Stellen, wo dereinst die Tore stehen sollten, hob Romulus seinen Pflug auf und trug ihn.

Doch wer sollte der neuen Stadt den Namen geben und wer sollte König sein? Beide Brüder erhoben Anspruch darauf; aber da sie Zwillinge waren, konnte keiner von beiden das Recht der Erstgeburt geltend machen.

„Ihr müsst nach der Weisung der Götter handeln und ihren Willen durch den Vogelflug erkunden", riet man ihnen. Sie folgten diesem Ratschlag und einigten sich. Wem die Schicksalsvögel zuerst ein glückliches Zeichen geben würden, der sollte König sein.

Lange warteten die beiden auf die göttliche Weisung, Romulus auf dem Berg Palatin und Remus auf dem Berg Aventin. Endlich zeigten sich Remus sechs Geier, die den Berg umkreisten.

„Heil unserem König Remus!“, riefen seine Begleiter voller Freude, und sogleich eilten sie zu seinem Bruder, um ihm die Kunde zu bringen, dass Remus der Erwählte sei.

Doch bei ihrer Ankunft auf dem Palatin erschienen zwölf Geier, die unter Blitz und Donner vorüberflogen. „Mir steht die Königswürde zu!“, erklärte nun Romulus selbstbewusst, „denn mir ist die doppelte Zahl der göttlichen Vögel erschienen, dazu unter besonderem Himmelszeichen!“

Remus achtete des Bruders Einwände gering und schließlich scheute er sich nicht, ihn zu verspotten. Er sprang über die niedrige Mauer der neuen Stadt, um zu beweisen, wie wertlos sie sei. Das Sinnbild des Geborgenseins zu verhöhnen erschien Romulus als ein so ungeheurer Frevel[1], dass er auf der Stelle das Gericht vollzog und den Bruder mit dem Schwerte tötete.

„So möge es jedem ergehen“, rief er aus, „der diese Mauer zu übersteigen wagt!“ Romulus wurde König der jungen Stadt. Nach seinem eigenen Namen nannte er sie Rom.

[1] der Frevel: ein Verbrechen

4 Schließe dein Buch. Erzähle die Sage mithilfe deiner Notizen nach.

5 Besprecht, welche eurer Fragen aus Aufgabe 2 der Text beantwortet hat. Wo könntet ihr Antworten auf die übrigen Fragen finden?

6 Um Texte verstehen zu können, muss man manche Informationen aus dem Textzusammenhang erschließen oder zusätzliche Informationsmöglichkeiten nutzen.
Beantwortet die folgenden Fragen und erklärt, wie ihr auf die Antwort gekommen seid:
- Wo fließt der Tiber?
- Wer hat die Stadtmauer gebaut?
- Wann wurde Rom gegründet?

TIPP!
Solche Informationen kann man in Lexika oder auch im Internet finden.

7 EXTRA Suche in Nachschlagewerken oder im Internet Informationen über die Herkunft der Zwillinge. Finde heraus, wie die sieben Hügel Roms heißen.

Online-Link
313272-0185

Wielands Flucht

Auf der Insel Seeland in der Ostsee lebte einst der Riese Wate. Dieser hatte drei Söhne: Helferich, Eigel und Wieland. Helferich wurde ein berühmter Arzt, Eigel der beste Bogenschütze weit und breit. Wieland aber wurde Schmied. Die Waffen und Rüstungen, die er bald schmiedete, hatten den Ruf, unbesiegbar zu machen. Das hörte der mächtige König Nidung, der auf Jütland herrschte. Er ließ Wieland gefangen nehmen und befahl ihm, Wunderwaffen für ihn zu schmieden. Damit Wieland nicht fliehen konnte, ließ er ihm die Kniesehnen durchschneiden. Wieland dachte aber in der von hohen Mauern umgebenen Burg Tag und Nacht darüber nach, wie er fliehen könnte.

TIPP!
Zwei bis drei Sätze pro Abschnitt genügen.

1 Bereite dich darauf vor, die Sage in der Klasse nachzuerzählen. Lies zuerst die Sage Abschnitt für Abschnitt. Notiere zu jedem Abschnitt die wichtigsten Informationen.

Eines Tages sagte Wieland zu König Nidung: „Mir ist so einsam. Erlaube doch meinem Bruder Eigel, mich zu besuchen.“ Nidung willigte ein, da er Eigel kennen lernen wollte. So kam Eigel mit seinem Söhnchen in Nidungs Burg.

Der grausame König stellte ihn sogleich auf die Probe: „Wenn du ein solcher Wunderschütze bist, wie man erzählt, so kannst du sicher einen Apfel vom Kopf deines Sohnes schießen.“ Eigel tat in seiner Not, wie Nidung ihm befohlen hatte. Er traf den Apfel. Hätte er aber das Kind getroffen, so hätte er mit einem zweiten, verborgenen Pfeil Nidung erschossen.

„Ich sehe, du bist zu gebrauchen“, sagte Nidung. „Ich will dich deshalb zu meinem Hofjäger machen.“ Wieland aber sagte zu Eigel, als dieser ihn in der Schmiede besuchte: „Höre, Bruder, wenn dich Nidung auf die Jagd schickt, so schieße ihm vor allem Wildgänse, denn diese isst er am liebsten. Bring ihm den Braten, mir aber bring die Federn.“ Eigel tat, wie ihm Wieland gesagt hatte, und brachte ihm viele Federn.

Nach einiger Zeit wurde Eigel aber neugierig: „Sag mir, Bruder, zu was du die vielen Federn brauchst.“ Wieland schaute sich vorsichtig um, ob niemand von des Königs Leuten in der Nähe war. Dann holte er aus einem Versteck zwei kunstvoll gefertigte Flügel aus Federn hervor: „Sie sind gerade fertig geworden. Ich kann sie hier in der Burg aber nicht ausprobieren. Ich bitte dich deshalb, Bruder, schmuggle die Flügel morgen, wenn du zur Jagd gehst, aus der Burg und probiere auf freiem Feld, wo dich niemand beobachtet, ob sie zum Fliegen taugen.“

Eigel erfüllte Wieland den Wunsch. Am nächsten Abend kam er voller Begeisterung mit den Flügeln zurück und berichtete Wieland, dass er mit ihnen wie ein Vogel geflogen sei.

„Gut", sagte Wieland, „so will ich mit ihrer Hilfe morgen diesem Kerker[1] entfliehen und zurück in unsere Heimat fliegen. Vielleicht kann unser Bruder Helferich meine lahmen Beine wieder heilen, sodass alles wieder gut wird."

„Aber was wird dann aus mir?", fragt Eigel. „Nidung wird sich an mir und meinem Söhnchen für deine Flucht rächen." „Auch daran habe ich gedacht", erwiderte Wieland. „Er wird von dir verlangen, dass du mich mit einem Pfeil vom Himmel schießen sollst. Tu dann, wie er sagt. Schieße aber in meine linke Achselhöhle. Dort will ich eine Schweinsblase mit Blut anbringen. Wenn Nidung dann sieht, dass Blut vom Himmel tropft, wird er meinen, du hättest mich verletzt und ich würde bald abstürzen. Dann wird er schnell die Pferde satteln lassen, um mich zu verfolgen. Dieses Durcheinander nütze, um mit deinem Söhnchen aus der Burg zu fliehen."

Alles kam, wie Wieland gesagt hatte. Am nächsten Morgen, als Nidung im Burghof beim Frühstück saß, schwang sich Wieland vom Dach seines Kerkerturms in die Lüfte, kreiste über den Burghof und verspottete Nidung. Sobald Nidung sich von seinem Schrecken über den fliegenden Menschen erholt hatte, schrie er nach Eigel und befahl ihm: „Wenn dir dein Leben und das Leben deines Sohnes lieb ist, so hole deinen Bruder mit einem Pfeil vom Himmel." Eigel gehorchte, spannte den Bogen und schoss einen Pfeil in Richtung des Bruders. Er traf und das Blut aus der Schweinsblase tropfte in den Burghof.

„Er hat ihn getroffen! Er wird nicht weit kommen! Holt schnell die Pferde", schrie Nidung voller Schadenfreude. Kurze Zeit später ritten und rannten alle Burgbewohner durch das große Tor hinaus, um nach Wieland zu suchen.

Eigel nutzte dieses Durcheinander, um mit seinem Söhnchen die Burg zu verlassen und in den Wäldern unterzutauchen. Wieland aber flog hoch am Himmel seiner Heimat zu.

[1] der Kerker: das Gefängnis

2 Finde für jeden Abschnitt eine Überschrift, die den Inhalt zusammenfasst.

→ **Seite 184, 250,** Arbeitstechnik "Einen längeren Text lesen und verstehen"

3 Schließe das Buch und erzähle die Sage mithilfe deiner Überschriften nach.

Wo findet man ...?

Damit du dich in Wörterbüchern und anderen Nachschlagewerken schnell zurechtfindest, ist es wichtig zu wissen, wie sie aufgebaut sind.

Ambiente 21 **Amtmann**

das **Am|bi|en|te** des –, *ohne Plural* (Umgebung, Atmosphäre)
die **Am|bi|ti|on** der –, die Am|bi|ti|o|nen (Ehrgeiz)
am|bi|va|lent (doppelwertig, zwiespältig)
die **Am|bi|va|lenz** der –, die Am|bi|va|lenzen (Doppelwertigkeit, Zwiespältigkeit)
der **Am|boss** des Ambosses, die Am|bos|se (eiserner Block)
am|bu|lant (1. herumziehend; 2. medizinische Behandlung ohne Krankenhausaufenthalt); *Gegensatz:* stationär
die **Am|bu|lanz** der –, die Am|bu|lan|zen (1. Krankentransportwagen; 2. Abteilung im Krankenhaus für Untersuchungen und Behandlungen ohne Krankenhausaufenthalt)
die **Amei|se** der –, die Amei|sen
der **Amei|sen|hau|fen** des Ameisenhaufens, die Amei|sen|hau|fen
die **Amei|sen|säu|re** der –, *ohne Plural*
amen *oder* **Amen** (so sei es) zu allem ja und amen/Ja und Amen sagen
das **Amen** des Amens, die Amen; so sicher wie das Amen in der Kirche (ganz gewiss), sein Amen (Einverständnis geben)
Ame|ri|ka Amerikas
der **Ame|ri|ka|ner** des Amerikaners, die Ame|ri|ka|ner
die **Ame|ri|ka|ne|rin** der –, die Ame|ri|ka|ne|rin|nen
ame|ri|ka|nisch
der **Ame|thyst** des Amethyst(e)s, die Amethys|te (Halbedelstein)
die **Ami|no|säu|re** der –, die Ami|no|säu|ren (Eiweißbaustein)
die **Am|me** der –, die Am|men (Frau, die ein fremdes Kind stillt)
das **Am|men|mär|chen** des Ammenmärchens, die Am|men|mär|chen (unglaubwürdige Geschichte)
das **Am|mo|ni|ak** des Ammoniaks, *ohne Plural* (gasförmige Verbindung von Stickstoff und Wasserstoff)
die **Am|nes|tie** der –, die Am|nes|ti|en (Begnadigung, Straferlass)
die **Amö|be** der –, die Amö|ben (Einzeller)
der **Amok** des Amoks, *ohne Plural*; Amok laufen (in einem Wahnanfall umherlaufen und blindwütig töten)
der **Amok|läu|fer** des Amokläufers, die Amok|läu|fer (blindwütig umherlaufender und tötender Mensch)

das **a-Moll** des –, *ohne Plural* (Tonart)
die **a-Moll-Ton|lei|ter** der –, die a-Moll-Ton|lei|tern
der **Amor** des Amors, *ohne Plural* (römischer Liebesgott)
amorph (gestaltlos)
die **Amor|ti|sa|ti|on** der –, die Amor|ti|sa|ti|o|nen (Tilgung einer Schuld, Deckung der Anschaffungskosten)
amor|ti|sie|ren du amortisierst (tilgst) deine Schuld, die Anschaffung hat sich amortisiert (sich bezahlt gemacht), das Gerät amortisierte sich
die **Am|pel** der –, die Am|peln (Verkehrssignal)
das **Am|pere** [*franz.;* ampär] des Ampere(s), die Am|pere (Maßeinheit für die elektrische Stromstärke); *Zeichen:* A
die **Am|phi|bie** [*griech.;* amfibje] der –, die Am|phi|bi|en (Tier, das im Wasser und auf dem Land leben kann, z.B.: der Frosch)
das **Am|phi|bi|en|fahr|zeug** [*griech.;* amfibjenfarzoig] des Amphibienfahrzeug(e)s, die Am|phi|bi|en|fahr|zeu|ge (Wasser- und Landfahrzeug)
das **Am|phi|the|a|ter** [*griech.;* amfiteater] des Amphitheaters, die Am|phi|the|a|ter (Rundtheater)

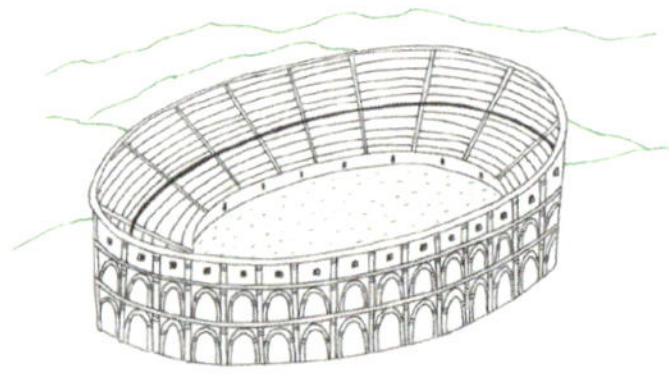

die **Am|pul|le** der –, die Am|pul|len (Glasröhrchen für Flüssigkeiten)
die **Am|pu|ta|ti|on** der –, die Am|pu|ta|ti|o|nen (Abtrennen eines kranken Körpergliedes durch Operation)
am|pu|tie|ren der Chirurg amputiert den Fuß, er hat amputiert, sie amputierte
die **Am|sel** der –, die Am|seln (Singvogel)
das **Amt** des Amt(e)s, die Äm|ter (1. Aufgabe, Beruf; 2. Behörde)
die **Amt|frau** der –, die Amt|frau|en
amt|lich
der **Amt|mann** des Amtmann(e)s, die Amt|män|ner

A B C D E F G H I J K L M N O P Q R S T U V W X Y Z

1 Man verliert oft viel Zeit, wenn man beim Nachschlagen nicht weiß, wo sich der Anfangsbuchstabe des gesuchten Wortes im Alphabet befindet: am Anfang, in der Mitte oder am Ende.
Man kann das Alphabet deshalb in drei Teile gliedern, z. B.

Anfang	Mitte	Ende
ABCDEFGH	IJKLMNO	PQRSTUVWXYZ

Tauscht euch darüber aus, wie ihr vorgeht. Prägt euch die Gliederung ein, die ihr euch am besten merken könnt.

2 Übt das Alphabet gemeinsam. Stellt euch gegenseitig Fragen, z. B.
- In welchem Teil des Alphabets findest du: G, S, P, K ...?
- Wo stehen auf der abgebildeten Wörterbuchseite die Wörter: *Amme, Ampel, Ampulle ...?* Zeigt auf die Wörter mit dem Finger.

3 EXTRA Lies den Merkkasten und erkläre dann die Zeichen an folgenden Wörtern auf der abgebildeten Wörterbuchseite:
Amtmann, Amnestie, Ammenmärchen, amerikanisch.

4 EXTRA Suche zu folgenden Abkürzungen ein Wortbeispiel in einem Wörterbuch.

dt.	deutsch	**Med.**	Medizin
franz.	französisch	**österr.**	österreichisch
geh.	gehoben	**Rechtsspr.**	Rechtssprache
germ.	germanisch	**schweiz.**	schweizerisch
griech.	griechisch	**ugs.**	umgangssprachlich
jmdm.	jemandem	**vgl.**	vergleiche
landsch.	landschaftlich	**m. Vorn.**	männlicher Vorname
lat.	lateinisch	**w. Vorn.**	weiblicher Vorname

Merke

Ein senkrechter Strich dient zur Angabe der Silbentrennung, z. B. **Amei|sen|hau|fen.**
Ein Strich unter einem Vokal kennzeichnet die lange, betonte Silbe, z. B. **Ameise.** Ein Punkt unter einem Vokal kennzeichnet die kurze, betonte Silbe, z. B. **Amsel.**
Erklärungen zu den verwendeten Zeichen und Abkürzungen findest du meist in den „Hinweisen für den Benutzer".

→ **Seite 190 ff., 243,** Im Wörterbuch nachschlagen

Nachschlagewettbewerb

1 Übernimm die Tabelle in dein Heft. Suche in einem Wörterbuch den Infinitiv/die Grundform zu folgenden Verbformen. Schreibe so:

konjugierte (gebeugte) Verbform	Infinitiv/ Grundform	Seite im Wörterbuch
du riefst	rufen	…
sie saß	…	…
sie hat gebacken	…	…
du gewannst	…	…
du dachtest	…	…
wir haben gefunden	…	…
er verließ	…	…

2 Sucht nun selbst konjugierte Verbformen. Wer von euch schlägt am schnellsten die dazugehörigen Infinitive im Wörterbuch nach?

3 Stationenlernen zum Nachschlagen

1. Richtet sechs Stationen (Tische) mit unterschiedlichen Büchern im Klassenzimmer ein. Ihr braucht dazu:
   - Wörterbücher,
   - Postleitzahlenbücher,
   - Atlanten,
   - Wörterbücher Deutsch – Englisch,
   - Telefonbücher,
   - Versandhauskataloge.
2. Löst die Aufgaben in den sechs Stationen auf Seite 191. Bestimmt selbst, an welcher Station ihr beginnt. Für jede richtige Lösung gibt es einen Punkt.

→ **Seite 188 f., 191 ff., 243,**
Im Wörterbuch nachschlagen

Merke

In vielen Wörterbüchern stehen schwierige konjugierte (gebeugte) Formen des Verbs bei dem dazugehörigen Infinitiv (Grundform).

Station 1 Wörterbuch

1. Wie heißt das Nomen, das im Wörterbuch hinter „Deutschunterricht“ steht?
2. Auf welcher Seite steht „Jugendherberge“?
3. Was bedeutet „et cetera“?
4. Schreibe drei Fremdwörter mit Seitenangabe auf.
5. Wie viele Wörter mit dem Anfangsbuchstaben „Y“ findest du in dem Wörterbuch?

Station 2 Postleitzahlenbuch

1. Wie viele Orte mit dem Namen „Friedeburg“ gibt es in Deutschland? Notiere alle Postleitzahlen.
2. Wie heißt die Postleitzahl von „Witzwort“?
3. Auf welcher Seite steht euer Wohnort?
4. Wo liegt der Ort „Oberfell“?
5. Wie heißt die Postleitzahl für die „Schulgasse“ in Berlin?

Station 3 Atlas

1. Auf welcher Insel liegt „Wyk“?
2. In welchem Bundesland liegt die Stadt „Gera“?
3. An welchem Meer liegt „Sankt Peter-Ording“?
4. Wie hoch ist das „Nebelhorn“?
5. An welchem See liegt „Rottach-Egern“?

Station 4 Wörterbuch Deutsch – Englisch

Wie heißen folgende Wörter auf Englisch

1. gestern,
2. Zirkeltraining,
3. Kuscheltier,
4. Rechtschreibfehler,
5. Wörterbuch?

Station 5 Telefonbuch

1. Wie lautet die Telefonnummer des ersten Kindergartens im Telefonbuch?
2. Auf welcher Seite steht die Telefonnummer eurer Schule?
3. Wie viele Telefonteilnehmer findest du unter dem Buchstaben „X“?
4. Gibt es in eurem Ort eine Bücherei? Notiere die Nummer.
5. Wie heißt der erste Telefonteilnehmer nach dem Namen „Müller“?

Station 6 Versandhauskatalog

Auf welchen Seiten findest du

1. Jogginganzüge,
2. Schlafsäcke,
3. Zelte,
4. Computerspiele,
5. Armbanduhren?

4 Stellt fest, wer von euch die meisten Punkte erreicht hat.

Wörterbucharbeit

1 Wie werden die folgenden Wörter geschrieben? Überprüfe die Schreibweise mithilfe eines Wörterbuchs. Notiere die jeweilige Seitenzahl, z. B.
1. erwidern → Seite …

1. a) erwiedern – b) erwidern – c) erwihdern – d) erwiehdern
2. a) nämlich – b) nemlich – c) nehmlich – d) nähmlich
3. a) interresant – b) interressant – c) interessant – d) interesant
4. a) zimlich – b) ziemlich – c) ziehmlich – d) zihmlich
5. a) enddecken – b) entecken – c) endecken – d) entdecken
6. a) behende – b) behaende – c) behännde – d) behände
7. a) achzig – b) achzich – c) achtzich – d) achtzig
8. a) alljährig – b) alljährlig – c) alljährlich – d) alljährich
9. a) vorwärtz – b) vorwärz – c) vorwärts – d) vorwerts
10. a) bischen – b) bisschen – c) bißchen – d) bissschen

2 Schlage die folgenden Wörter in einem Wörterbuch nach.

Stadt | Schicksal | Qual | Geburt | Atem

Notiere die Seitenzahl und schreibe zwei Beispiele auf, die zur gleichen Wortfamilie gehören, z. B. *Stadt (Seite …) → stadtauswärts, …*

3 Kläre mithilfe eines Wörterbuchs die Bedeutung folgender Wörter, z. B.
Legende: die Heiligenerzählung → Seite …

Legende | Katastrophe | Pfalz | Chronik | Rüstung | Rhythmus | Sage

4 Suche in einem Wörterbuch die Infinitive/Grundformen der folgenden Wörter. Schreibe sie auf und notiere die jeweilige Seitenzahl, z. B.
er ließ – lassen → Seite …

er ließ | sie wusste | ihr musstet | du kamst | sie erzog | wir mochten | sie vergaßen | ich aß | ihr bliebt

5 Wie lautet das Lösungswort? Ordne die folgenden Wörter alphabetisch. Schreibe sie geordnet untereinander. Bei richtiger Reihenfolge ergeben die rot gedruckten Buchstaben das Lösungswort.

Rasse –
Rasen –
Rauschgift –
Ratgeber –
Raumflug –
Ratlosigkeit –
Raum –
Rauch –
Rattengift

Lösung: sagenhaft

6 Schreibe die folgenden Wörter in alphabetischer Reihenfolge auf:

derb | dankbar | dick | dunkel | dünn | dicht

7 Wörterbuchquiz Nutze für die Beantwortung der Fragen ein Wörterbuch. Notiere die Seite, auf der du die Antwort gefunden hast, z. B.
1. Globus → die Globusse oder auch die Globen → Seite …

1. Wie heißt der Plural (die Mehrzahl) von *Globus*?
2. Wie oft kann man das Wort *Übung* trennen?
3. Wie lautet das Perfekt von *winken* (ich *habe ge*…)?
4. Wie lautet das Präteritum von *sinken* (das Schiff *s*…)?
5. Heißt es *der*, *die* oder *das E-Mail*?
6. Mit *d* oder *t*? – *to?müde*, *to?treten*, der *To?*
7. Wie heißt der Plural (die Mehrzahl) von *Lexikon*?
8. Wie lautet das Perfekt von *hängen* (das Bild *hat ge*…)?
9. Schreibt man *„es tut mir leid“* oder *„es tut mir Leid“*?
10. Heißt es korrekt *„wegen dem schlechten Wetter“* oder *„wegen des schlechten Wetters“*?

- Für jede richtige Antwort und Seitenangabe erhältst du drei Punkte.
- Kontrolliert eure Antworten in Partnerarbeit.
- Stellt fest, wer von euch die meisten Punkte hat.

16 Lust auf ...?

Skaten, Klettern und andere Sportarten

1 Die dargestellten Sportarten kennt ihr alle. Aber wer von euch kann skaten, klettern ...? Berichtet darüber.

TIPP!
Ihr könnt die Schülerbücher auch ausleihen.

2 Wie geht ihr vor, wenn ihr euch für ein Thema interessiert und mehr darüber erfahren wollt?

3 Vielleicht besitzen einige von euch Sachbücher zum Thema Sport. Bringt sie mit.

Sich einen Überblick verschaffen

1 In den meisten Büchern erhält man im Klappentext einen Überblick über den Inhalt. Stelle fest, worüber der Klappentext des Buches „Lust auf Inline-Skating“ informiert.

→ **Seite 251,** Arbeitstechnik „Sich schnell über den Inhalt eines Buches informieren“

Lust auf Inline-Skating

Begeistert euch Inline-Skating, habt ihr Lust, es richtig zu lernen? Wisst ihr, wie man eine „Acht“ läuft – auch „Sculling“ genannt? Möchtet ihr wissen, wie man einen echten Powerslide auf den Asphalt legt? Träumt ihr davon, in voller Fahrt von einer Sprungschanze zu jumpen?

Dann lest selbst, was euch Chris Edwards, Weltmeister in „Vert Skating“, zu sagen hat. Chris führt euch in die aufregende Welt des Inline-Skating ein. Er beleuchtet alle Einzelheiten dieser jungen Sportart, vom Balancehalten über die ersten Schritte auf Rollen, das Abbremsen und das Fallen ohne Verletzungen, das Überwinden von Hindernissen und Gefällen bis hin zur schwierigen Kurventechnik des Übersetzens vor- und rückwärts. Die klaren, kurzgehaltenen Texte dieses Buches sind mit tollen Aufnahmen illustriert. Insgesamt eine perfekte Anleitung für alle Skater, die beim Gliding Spaß haben wollen.

Hier lernt ihr:
- die Auswahl der passenden Skates,
- die verschiedenen Arten des Abbremsens,
- rückwärts zu laufen,
- Hindernisse zu überwinden.

Darüber hinaus erfahrt ihr alles über:
- die richtige Schutzausrüstung,
- Pflege und Reparatur der Skates,
- die besten Oberflächen zum Skaten
- und das Aufstehen nach einem Sturz.

2 Gib mit eigenen Worten wieder, was man über dieses Sachbuch erfährt.

Im Inhaltsverzeichnis nachschlagen

Ein Inhaltsverzeichnis ist ein guter Wegweiser durch ein Buch.

1 Lies dir das Inhaltsverzeichnis des Buches „Lust auf Inline-Skating" durch.

Inhalt

2 Beantworte die Fragen:
- Wie ist dieses Buch aufgebaut?
- An wen wendet sich das Buch?
- Welche Kapitel interessieren dich besonders?

Vergleiche deine Ergebnisse mit deiner Partnerin, deinem Partner.

3 Stellt eure mitgebrachten Bücher mithilfe der Klappentexte und Inhaltsverzeichnisse in der Klasse vor.

Glossar und Register nutzen

1 Die Abbildung zeigt einen Ausschnitt aus dem Buch „Lust auf Inline-Skating". Darin findet ihr Fachbegriffe der Inline-Skater. In Fachbüchern nennt man so eine Übersicht auch „Glossar". Besprecht, welche Aufgabe ein Glossar hat.

Glossar

Helm: Wichtigstes Stück der Schutzausrüstung, harte Kunststoffschale mit Innenpolsterung

I

Inbusschlüssel: Innensechskantschlüssel zum Lösen bzw. Festziehen der Achsbolzen für die kugelgelagerten Rollen

Inline-Racing, Speed-Skating: Sportart auf Inline-Skates, dem Eisschnelllauf vergleichbar, bei der es auf höchstes Tempo ankommt

Innenkanten der Rollen: Am rechten Skate die linke, am linken die rechte Kante der Rollen

Rollen, Gleiten: Laufen in der Ebene oder auf leichtem Gefälle ohne Abheben der Skates und ohne Beschleunigung

S

Schanze: siehe Rampe

Schneepflug: (vom Skilaufen entlehnt) Fersen weit auseinander, Fußspitzen zusammen, z. B. bei der „Eieruhr" angewandt

Schutzausrüstung: Helm; Ellenbogen-, Gelenk- und Knieschützer, die den Skater vor Verletzungen schützen sollen (siehe Helm und Ellenbogenschützer)

Sculling: siehe Eieruhr

2 Lest nach, was ihr im Glossar zum Stichwort „Schutzausrüstung" findet.

3 Manche Sachbücher enthalten außerdem ein Register. Tauscht euch darüber aus, was die Zahlen hinter den Stichwörtern bedeuten.
Stellt fest, wo ihr in dem Buch Informationen zum „Übersetzen vorwärts" findet.

Register

Q
Quaterpipe 32

R
Rahmen der Inline-Skates 10, 35
Rail-grinding 30, 32, 34
Rampe, Sprungschanze 32, 33
Ready Position 16, 17
Reparaturen 12, 13

U
Überholen 12
Übersetzen vorwärts 26, 27
Übersetzen rückwärts 28
Umsetzen der Rollen 13
Understroke 26

V
V-Stellung der Füße 17
Verletzungsfrei fallen 20, 21

Genauer nachlesen, was interessiert

1 Was zur Schutzausrüstung gehört, weißt du bereits aus dem Glossar. Lies den Text über das richtige Verhalten beim Fallen.

2 Lies noch einmal und fasse mit eigenen Worten zusammen, was du über das Hinfallen, das Verletzungsrisiko und die Schutzkleidung erfährst.

Verletzungsfrei fallen

Irgendwann erwischt es jeden einmal: Du verlierst das Gleichgewicht oder ein Hindernis verfängt sich in den Rollen und du fällst zu Boden. Keine Sorge: Hinfallen gehört dazu, wenn man es lernt. Du musst bloß auch lernen, wie man sicher landet, also wie man „richtig“ hinfällt und ohne Verletzungen wieder auf die Beine kommt. Je entspannter du bist, um so geringer ist das Verletzungsrisiko. Versuche nie, einen Sturz zu vermeiden, indem du an einem Baum, einem Zaun oder gar an einem Menschen Halt suchst. Stattdessen verlass dich auf deine Schutzausrüstung; und vor allem gilt: Ruhe bewahren!

3 Lies die drei Abschnitte und gib jedem eine Überschrift. Fasse die wichtigsten Informationen in jedem Abschnitt mit Stichworten zusammen.

Der kontrollierte Sturz

1. Erfahrene Skater fallen meistens plötzlich, weil sie ziemlich schnell laufen. Als Anfänger dagegen bewegst du dich noch viel langsamer und wirst das Hinfallen häufig im Voraus spüren. Versuch immer, nach vorn zu fallen. Bleib ruhig und bring den Schwerpunkt nach unten, indem du dich vornüberbeugst.

2. Beim Aufprall auf den Boden solltest du dich darauf konzentrieren, die Wucht des Falls mit dem schützenden Kunststoff aufzufangen, also zuerst auf den Knien, dann auf den Ellbogen und dann auf den Handgelenken zu landen. Halt die Finger hoch, um die Knöchel nicht zu verletzen.

3. Rutsch auf den Knie- und Armschützern weiter, bis du flach auf dem Boden liegst. Damit wird die Wucht des Sturzes auf den ganzen Körper verteilt. Wenn du dich vor dem Hinfallen scheust, dann üb jede dieser Phasen für sich, bis du dich traust, den ganzen Sturz zu proben.

4 Tauscht euch darüber aus,
- was ihr über die beste Fallrichtung erfahrt,
- wie ihr auf dem Boden aufkommen solltet,
- wie ihr die Wucht des Aufpralls am besten auf den gesamten Körper verteilen könnt.

Weitere Informationen einholen

1 Lies den Text aufmerksam durch.

Stürze genau wie Sprünge üben

Die meisten Verletzungen beim Skateboard-Fahren sind Folgen eines unkontrollierten Sturzes.

Skateboarden und Inline-Skaten sind bei Jugendlichen und auch zunehmend bei Erwachsenen außerordentlich beliebt. Beide Skate-Sportarten gelten aber allgemein als risikoreich und gefährlich. Daher verwundert es nicht, dass Eltern nur selten begeistert sind, wenn ihre Sprösslinge die Liebe zum Skateboarden entdeckt haben. Zu schlecht ist der Ruf, den beide Sportarten im Hinblick auf das Verletzungsrisiko haben.

Dr. Henry Schulz, ein Experte für Sportverletzungen, hat die typischen Verletzungen untersucht, die sich Inline-Skater bei ihrer Sportart zuziehen. Meist treten Prellungen und Schürfwunden auf, in schweren Fällen aber auch Brüche an Hand- und Fußgelenken. Solche Verletzungen sind typisch für diese Sportarten und fast immer die Folge eines unkontrollierten Sturzes ...

Wenn Skater stürzen, verletzen sie sich nur selten am Kopf. Ist dies aber der Fall, stellen die Mediziner meist schwere Verletzungen wie Schädel- und Kieferbrüche fest. Dafür gibt es mehrere Gründe: „Kaum ein Skater trägt einen Helm", weiß Schulz zu berichten. Nur jeder zehnte jugendliche Skater schützt ausreichend seinen Kopf. Auch die Erwachsenen sind keine guten Vorbilder, denn nur drei von hundert tragen einen Kopfschutz. Auch Gelenkschützer sind bei manchen unerfahrenen Skatern verpönt.

Jugendliche finden es nach eigenen Angaben einfach uncool, Protektoren[1] zu tragen, die darüber hinaus bei den Tricks nur stören würden. Ein angemessener Kopf- und Gelenkschutz ist unbedingt erforderlich, reicht allein aber nicht aus. „Auch das Fallen-Üben ist wichtig", betont Henry Schulz ...

Am besten wäre eine professionelle Fallschule. „Jugendliche Skater müssen lernen, Situationen zu meistern, in denen sie sich unsicher fühlen", erklärt Schulz ...

[1] der Protektor: eine am Körper getragene Schutzausrüstung; sie dient dazu, vor Verletzungen zu schützen

2 Welche dieser Behauptungen stimmen, welche stimmen nicht? Schreibe jeweils die richtige Aussage auf. Gib als Beleg jeweils die Textstelle (Zeilenzahl) an, z. B.

1. → Zeile 3, …

1. Skateboarden und Inline-Skating gelten als risikoreich und gefährlich.
2. Die beiden Sportarten haben einen guten Ruf.
3. Typische Verletzungen sind Brüche von Knie- und Fußgelenken.
4. Skater verletzen sich nur selten am Kopf.
5. Jeder zehnte Jugendliche schützt seinen Kopf nicht ausreichend.
6. Auch Erwachsene schützen sich nicht ausreichend.
7. Gelenkschützer sind bei Skatern beliebt.

3 „Jugendliche finden es nach eigenen Angaben einfach uncool, Protektoren zu tragen, …" – Wie stehst du dazu? Schreibe deine Meinung auf.

Fit sein – Zeichen setzen

1 Lies die Sätze über Fitness mit der richtigen Betonung. Welche Satzschlusszeichen setzt du ein: Punkt, Fragezeichen oder Ausrufezeichen?

Gemeinsames Trainieren macht Spaß ✎
Was ist besser für das Herz, Krafttraining oder Ausdauertraining ✎
Erst dehnen, dann starten ✎
Rauchen verboten ✎
Wie steht es mit deiner Kondition ✎
Übersäuerung der Muskeln vermeiden ✎
Ernährst du dich richtig ✎
Beweglichkeit und Kraft kann man mit täglichem Training verbessern ✎

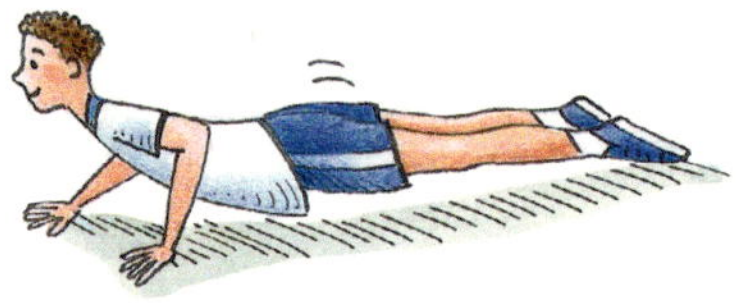

2 Versuche, die folgenden Ratschläge zum Training zu lesen. Warum ist das so schwer?

Das gilt bei jedem Training

Vor jedem Training solltest du dich aufwärmen und dehnen Walken lockeres Laufen Hüpfen Seilspringen und Dehnübungen kann jeder von euch jetzt kannst du mit dem Training beginnen du solltest dich jedoch nicht überanstrengen regelmäßiges Training ist wichtiger alle Leistungssportler wie Fußballer Schwimmer Tennisspieler und Skiläufer trainieren normalerweise täglich Duschen Umziehen Ausruhen und Trinken nach dem Training ist empfehlenswert lösche deinen Durst mit Wasser Tee Fruchtsäften oder isotonischen Getränken

3 Arbeitet zu zweit. Lest den Text abwechselnd laut vor und klopft bei jedem fehlenden Satzzeichen. Wie viele Sätze findet ihr? Habt ihr auch Sätze gefunden, bei denen nicht nur am Satzende geklopft werden muss?

4 Schreibe nun den Text ab und füge die Satzzeichen ein. Achte auf die Großschreibung am Satzanfang.

Merke

Die Glieder einer Aufzählung werden durch ein **Komma** voneinander getrennt. Achtung: ***und*** und ***oder*** ersetzen das Komma, z. B.
Lösche den Durst mit Wasser, Tee ***oder*** *Fruchtsäften.*

Trainiere den Satzbau und die Beweglichkeit

1 Erkläre, wie die folgenden Sätze zu einem Satz mit Aufzählungen zusammengefasst worden sind.

Sportler trainieren täglich. Sportler ernähren sich gesund. Sportler rauchen nicht.	Sportler trainieren täglich, ernähren sich gesund und rauchen nicht.

2 Aus drei mach eins! Mach es bei diesen Trainingsratschlägen genauso wie oben. Bilde aus sechs Sätzen zum täglichen Training zwei Sätze mit allen Informationen.

1. Nach dem Training solltest du duschen.
2. Nach dem Training solltest du deine Kleidung wechseln.
3. Nach dem Training solltest du eine Ruhepause einlegen.

1. Trainiere nicht bei Fieber.
2. Trainiere nicht bei Schmerzen.
3. Trainiere nicht nach Medikamenteneinnahme.

3 Fasse die einzelnen Schritte dieser Beweglichkeitsübungen jeweils zu einem Satz zusammen.

ACHTUNG!
Wärmt euch auf, bevor ihr die Übungen ausprobiert!

Katzenbuckel
1. Du kniest dich hin.
2. Du stützt dich vor dem Körper mit etwas gebeugten Armen ab.
3. Du machst eine Katzenbuckel, indem du die Wirbelsäule nach oben drückst.

Stehauf-Männchen
1. Du legst dich auf den Bauch.
2. Du faltest die Hände hinter dem Rücken.
3. Du stehst danach auf, ohne die Hände zu benutzen.

Riesenschritt
1. Du setzt einen Fuß auf eine Bank.
2. Du nimmst eine weite Schrittstellung (mit den Fußspitzen nach vorne) ein.
3. Du drückst mit dem gestreckten hinteren Bein kräftig gegen den Boden.

Mit Ausdauer zum Ziel

1 Untersuche, wie die zwei Sätze verknüpft worden sind. Schreibe den Satz ab, der beide Sätze zusammenfasst.

Ein Sportler ermüdet langsamer und erholt sich schneller. Der Sportler trainiert regelmäßig seine Ausdauer.	**Ein Sportler, der regelmäßig seine Ausdauer trainiert, ermüdet langsamer und erholt sich schneller.**

2 Lies den Merksatz (unten) und suche den Relativsatz in dem Beispiel aus Aufgabe 1.

3 Bilde aus den zwei Hauptsätzen jeweils einen Hauptsatz mit Relativsatz. Schreibe den Relativsatz in einer anderen Farbe. Achte auf die Kommas.

Dauerlaufen, Schwimmen und Radfahren sind tolle **Ausdauersportarten.** Diese **Ausdauersportarten** kannst du überall ausüben.	**… sind tolle Ausdauersportarten, die …**
Dein **Ausdauertraining** ist gesund. Das **Ausdauertraining** solltest du mindestens zweimal pro Woche durchführen.	**Dein Ausdauertraining, welches …**
Dein **Herz** versorgt den Körper gut mit Sauerstoff. Das **Herz** wird durch Ausdauertraining gestärkt.	…

→ **Seite 168, 240,** Attributsätze

Merke

Relativsätze werden durch **Relativpronomen** *(der, die, das, welcher, welche, welches)* eingeleitet und durch **Kommas** vom Hauptsatz getrennt. Relativsätze heißen auch Attributsätze.

Ein eigenes Sportprogramm aufstellen

1 Schreibe dein eigenes Sportprogramm auf. Es sollen mindestens drei Sätze mit Aufzählungen und drei Relativsätze vorkommen.
Achte besonders auf die Zeichensetzung.

Mein Sportprogramm
Fußball, Tischtennis und Streetball sind meine Lieblingssportarten.
Die Strecke, die ich täglich laufe, führt durch den Wald.
...

2 Arbeitet mit einer Partnerin, einem Partner. Tauscht eure Texte aus. Lest das Sportprogramm des Partners durch. Markiert darin die Aufzählungen und Relativsätze. Prüft, ob alle Kommas richtig gesetzt sind.

3 EXTRA Erinnerst du dich an die Umstellprobe? Auch Sätze, in denen ein Relativsatz vorkommt, lassen sich umstellen, z. B.

→ **Seite 179 f., 239,** Umstellprobe

- Zum Ausdauertraining gehört eine Aufwärmphase, **die immer am Anfang des Trainings stehen sollte**.
- Eine Aufwärmphase, **die immer am Anfang des Trainings stehen sollte**, gehört zum Ausdauertraining.

4 EXTRA Stelle die folgenden Sätze ebenfalls um. Schreibe die ursprüngliche und die umgestellte Fassung auf.

- Ich gehe jede Woche zweimal in das Fitnessstudio, das sich in der Nähe unserer Schule befindet.
- Nils und Tobias trainieren jede Woche in der Schwimmhalle, die erst vor kurzem eröffnet wurde.

Weiter, höher, schneller!

1 Aufwärmen Schreibe Anweisungen. Achte bei Aufzählungen auf die Kommas und auf das *und*, z. B. Strecke die Arme nach vorne aus, gehe tief in die Hocke, ...

Kniebeugen
- Arme nach vorne ausstrecken
- tief in die Hocke gehen
- zügig wieder aufrichten
- wieder in die Hocke gehen

Rumpfbeugen diagonal
- mit gegrätschten Beinen hinstellen
- den Rumpf vorbeugen
- mit den Fingerspitzen der rechten Hand nach den Zehen des linken Fußes greifen
- dann mit den Fingerspitzen der linken Hand nach den Zehen des rechten Fußes greifen

Bauchmuskeltraining
- auf den Rücken legen
- beide Beine angewinkelt aufstellen
- die Knie mit den Händen umfassen
- die Knie an die Brust drücken

2 Entspannen Lies den Text leise. Lies ihn dann noch einmal etwas lauter und klopfe bei jedem fehlenden Satzzeichen auf den Tisch. Schreibe nun den Text ab und füge die Satzzeichen ein.

Die Atmung geschieht automatisch wir merken sie deshalb kaum beobachte einmal deine Atmung leg dich auf den Rücken lass die Atmung einfach geschehen und verändere sie nicht atmest du durch die Nase oder durch den Mund bewegt sich beim Atmen deine Brust oder dein Bauch leg deine Hand auf den Bauch und auf die Brust kannst du es spüren wie oft atmest du pro Minute beobachte dein Ein- und Ausatmen gibt es Pausen richtiges Atmen kann dir in vielen Situationen in deinem Leben helfen das gilt für Prüfungen Streit Angst oder Erregung hier hilft dir die nachfolgend erklärte Beruhigungsatmung:
Sammle dich und lass dich nicht ablenken atme etwas langsamer und tiefer als sonst warte ab das Einatmen soll jetzt von selbst beginnen das Einatmen geschieht ganz von selbst und wechselt ohne Pause in die Ausatmung übe die Beruhigungsatmung einmal täglich beim Einschlafen stört dich niemand dabei später setzt du sie gezielt ein bei Prüfungen in der Schule bei Streit mit Freunden und bei Angst kannst du sie anwenden.

3 Footbag Schreibe die Sätze ab und setze die fehlenden Kommas mit einem Farbstift ein.
Unterstreiche jeweils das Wort, das näher erläutert wird, z. B.
Footbag ist eine Sportart, die jeder lernen kann.

1. Dazu braucht man nur einen faustgroßen Ball der mit Granulat[1] gefüllt ist.
2. Footbag ist ein Spiel das viel Geschicklichkeit und die Fähigkeit zur Balance[2] erfordert.
3. Der Spieler muss den kleinen Ball der nur mit den Füßen berührt werden darf so lange wie möglich in der Luft halten.
4. Spieler die sich im Freestyle Footbag messen können perfekt mit dem Ball umgehen.
5. Als Mannschaftssport wird der Footbag über ein Netz das 1,74 m hoch ist ins gegnerische Feld gespielt.
6. Dabei stehen sich Teams die aus zwei bis drei Leuten bestehen gegenüber.
7. Aber erst durch die richtige Musik die das Spiel unterstützt und anheizt wird Footbag zum Funsport.

[1] das Granulat: kleine Körnchen

[2] die Balance: das Gleichgewicht

4 Verschiedene Talente – verschiedene Sportarten
Verknüpfe die Hauptsätze jeweils zu einem Hauptsatz mit Relativsatz, z. B.
„Judo“ ist ein japanisches Wort, das so viel wie „Weg des Nachgebens“ bedeutet.

1. „Judo“ ist ein japanisches Wort.
   Es bedeutet so viel wie „Weg des Nachgebens“.
2. „Fechter“ sind bewegliche und ausdauernde Sportler.
   Sie brauchen eine gute Technik, Nervenstärke und viel „Köpfchen“.
3. „Trampolinturnen“ ist eine akrobatische Sportart.
   Sie erfordert von den Springern Bewegungsgenauigkeit, Drehverträglichkeit, eine ausgeprägte Raumorientierung und Mut.
4. „Reiter“ sind Pferdeliebhaber.
   Sie sind gern im Stall, kümmern sich um ihr Pferd und trainieren fleißig.
5. „Tischtennis“ ist ein Ballspiel.
   Es trainiert das Reaktionsvermögen und die Bewegungskoordination.
6. „Inline-Skating“ ist eine leicht erlernbare Sportart.
   Sie ist bei Kindern und Erwachsenen gleichermaßen beliebt.

17 Das richtige Buch für mich

Bücher für jeden Geschmack

Bücher kannst du fast überall lesen, im Bus oder in der Straßenbahn, im Bett und natürlich auch in der Schule. Es gibt Bücher für jeden Geschmack: lustige, spannende und informative Bücher.

→ **Seite 153, 250,** Arbeitstechnik „Ein Diagramm lesen und verstehen“

1 Was liest du am liebsten und wo liest du am liebsten?
Diese Fragen wurden von Schülern einer 6. Klasse sehr unterschiedlich beantwortet. Die Kreisdiagramme zeigen die Auswertung der Befragung. Ordne zunächst die Prozentzahlen den passenden Farben in den Kreisdiagrammen zu. Formuliere dann das Ergebnis jeweils in einem Satz, z. B.
10 Prozent der Schüler lesen am häufigsten in der Schule.

Wo liest du am häufigsten?

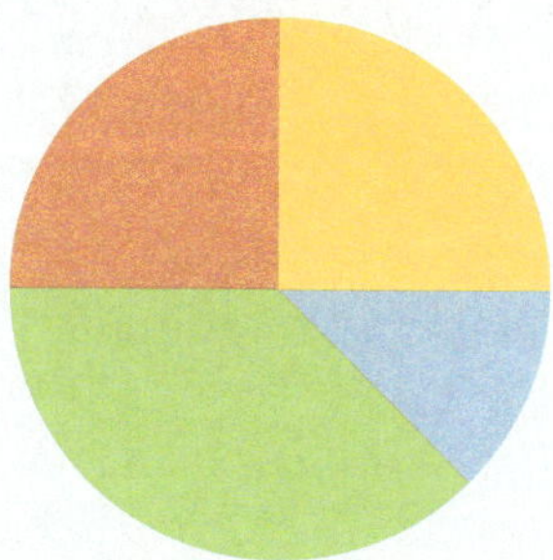

Schule	10 %
Auto	25 %
Bett	25 %
Sofa	40 %

Was liest du am liebsten?

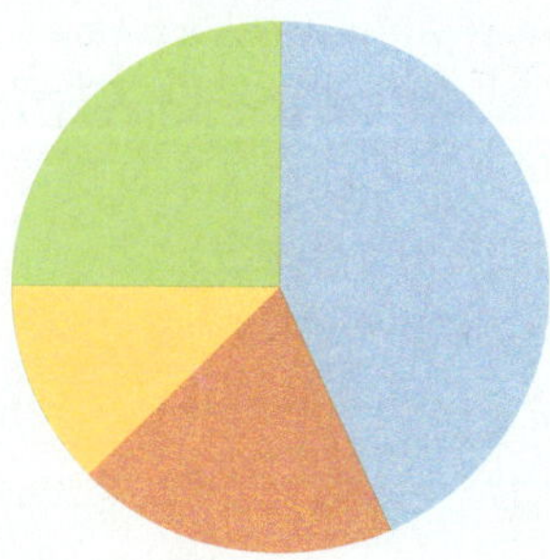

Abenteuergeschichten	10 %
Tiergeschichten	20 %
Kriminalgeschichten	25 %
Sachbücher	45 %

2 Und wie ist es bei dir: Was liest du am liebsten? Wo liest du meistens und wie viel liest du ungefähr? Schreibe in dein Heft.

3 Bei der Suche nach einem passenden Buch helfen dir die Informationen, die du auf den Büchern findest.
Arbeitet zu zweit und seht euch die abgedruckte Vorder- und Rückseite des Buches genau an. Beschreibt, welche Informationen ihr erhaltet.
Benutzt dabei die Fachbegriffe:
- Autor
- Titel
- Verlag
- Klappentext
- ISBN[1]

[1] ISBN: Abkürzung für „Internationale Standard-Buchnummer"; jedes Buch hat eine eigene ISBN

4 Würde dich dieses Buch interessieren? Begründe deine Einschätzung.

5 Wie heißt dein Lieblingsbuch? Schreibe Autor, Titel, Verlag, Klappentext und ISBN auf.

6 Vergleicht eure Angaben in der Klasse.

Ordnung hilft!

Weil es so viele verschiedene Bücher gibt, sind sie in Bibliotheken (Büchereien) und Buchhandlungen meist nach Abteilungen geordnet. So findet man leichter das, was einen interessiert.

Online-Link
Bibliothek
313272-0210

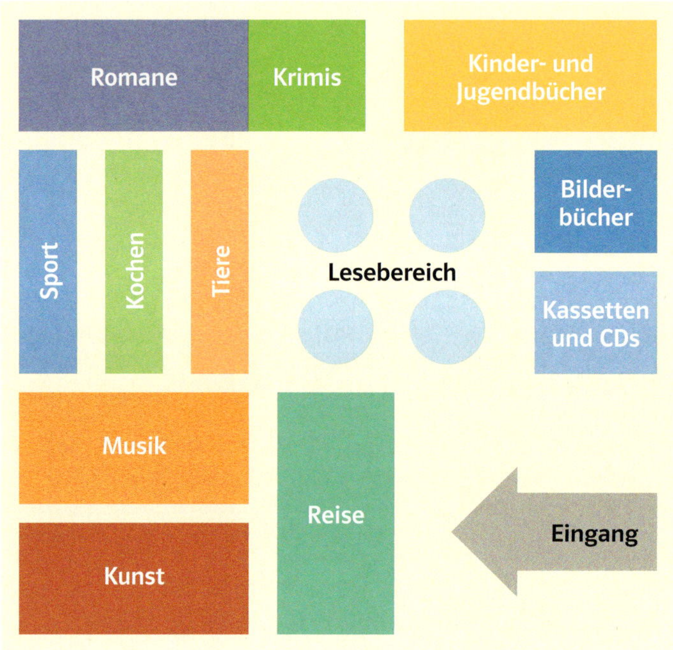

1 Dies ist der Übersichtsplan einer Bibliothek mit den verschiedenen Abteilungen. Wo würdest du die folgenden Bücher suchen? Schreibe die Sätze auf, z. B. *Das Buch „Das Ruhrgebiet entdecken" finde ich in der Abteilung „Reise".*

~~„Das Ruhrgebiet entdecken"~~; „Die drei ???"; „Leckere Kuchen"; „So lerne ich Inliner fahren"; „Der Mörder aus dem Norden"; „100 Stücke für die Gitarre"

2 Arbeite mit deiner Nachbarin oder deinem Nachbarn zusammen. Suche dir einen Buchtitel aus Aufgabe 1 aus, aber verrate ihn nicht. Beschreibe dann mithilfe des Plans den Weg vom Eingang zu der Abteilung, in der dein Buch zu finden ist, z. B. *Um zu meinem Buch zu kommen, musst du nach rechts gehen, an den Kassetten und CDs vorbei, …*
Nun ist deine Partnerin oder dein Partner an der Reihe.

3 EXTRA In einer Bibliothek sind die verschiedenen Abteilungen noch weiter untergliedert und genauer bezeichnet. Überlege, wie man die Kinder- und Jugendbücher sortieren könnte. Entwirf eine Übersicht für diese Abteilung, z. B. in Form einer Liste oder eines Plans.

Büchersuche mit dem Computer

1 Fatma interessiert sich für Vulkane, Max liest lieber Fußballgeschichten und am liebsten die mit den „Wilden Fußballkerlen". Die beiden schauen im Online-Katalog ihrer Stadtbibliothek nach, der unten abgedruckt ist. Was kann Max dort eingeben, damit er seine Lieblingsbücher findet? Was könnte Fatma eingeben? Hier ein Beispiel:
In der Zeile, in der nach … gefragt wird, kann Max …

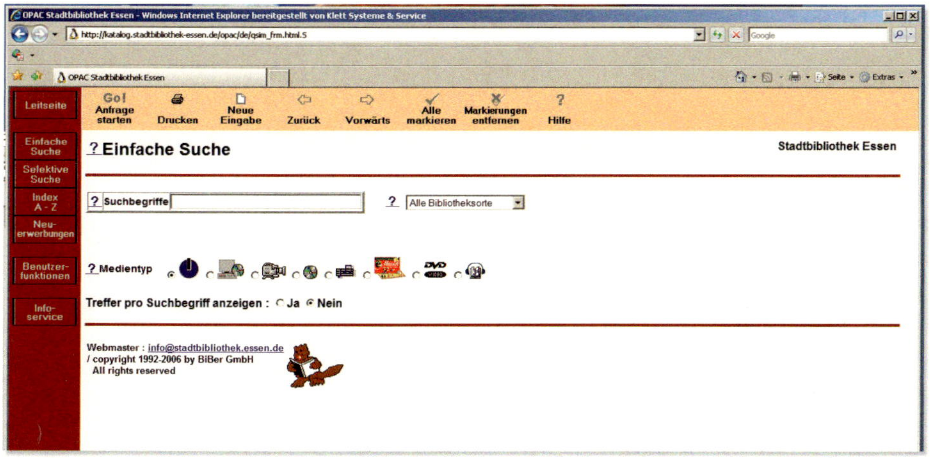

2 Viele Kinder- und Jugendbücher findest du im Internet auf der Seite *www.antolin.de*. Finde mithilfe der Internet-Seite mehr über „Die Wilden Fußballkerle" heraus:
- Wer hat die Bücher dieser Reihe geschrieben?
- In welchem Verlag sind die Bücher erschienen?
- Für welche Klassenstufe werden sie empfohlen?

3 Fatma hat bei *www.antolin.de* das Suchwort „Vulkan" eingegeben. Wie viele Seiten mit Ergebnissen erhältst du, wenn du genauso vorgehst? Klicke nun in der rechten Spalte bei „alle Klassen" die Klassenstufe an, in der du bist. Drücke auf „OK". Wie viele Seiten bleiben übrig?
Erkläre, wie sich das Ergebnis verändert, wenn man rechts noch etwas anklickt.

4 EXTRA Mache dich bei *www.antolin.de* auf die Suche nach Büchern, die dich interessieren.
Zuerst musst du oben auf der Internetseite einen Suchbegriff eingeben und das Dreieck daneben anklicken. Danach kannst du in der rechten Spalte noch etwas angeben, z. B. ein Thema bei „alle Kategorien".
Um mehr über den Inhalt eines Buches zu erfahren, klickst du einfach die Abbildung an.

„Mein Buch heißt ...“

1 Besprecht, wie ihr ein Buch so vorstellen könnt, dass die Zuhörerinnen und Zuhörer begeistert sind. Nutzt dazu die Informationen aus dem unten abgebildeten Arbeitstechnik-Kasten „Ein Buch vorstellen“.

Arbeitstechnik

Ein Buch vorstellen

1. Suche dir ein Buch aus, das dir gefällt.
2. Wähle eine geeignete Textstelle aus, die du vorlesen willst.
3. Prüfe beim ersten lauten Lesen, wie viel Zeit du dafür benötigst.
4. Übe nun das Vorlesen. Lies die besonders schwierigen Textstellen mehrmals. Achte auf deutliche Aussprache, angemessenes Lesetempo und passende Betonung.
5. Überlege dir, mit welchen Worten du deine Buchvorstellung einleiten möchtest und wie du zu dem ausgewählten Textausschnitt hinleiten willst.
6. Übe die Einleitung, als würdest du einen Vortrag halten.

2 Eine Schülerin der Klasse 6c hat sich das Buch „Der kleine Hobbit“ ausgesucht. Lest die Einleitung für ihre Buchvorstellung:

Ich stelle das Buch „Der kleine Hobbit“ von J. R. R. Tolkien vor. Das ist der Autor, der „Der Herr der Ringe“ geschrieben hat. Die Abenteuer des kleinen Hobbit Bilbo Beutlin bilden die Vorgeschichte zu „Der Herr der Ringe“.
Das vierte Kapitel ist besonders spannend, deshalb lese ich euch einen Ausschnitt daraus vor. Ich beginne an der Stelle, an der Bilbo mit seinen Freunden, den Zwergen, von sogenannten Orks, das sind gewaltige koboldartige Wesen, gefangen genommen wird. Nur der Zauberer Gandalf, der Bilbo begleitet, kann entkommen.

3 Lest nun den Abschnitt, den die Schülerin zum Vortragen ausgewählt hat.

Heraus sprangen Orks, gewaltige koboldartige Wesen, große, übel aussehende Orks. Massen von Orks, noch ehe einer Rocks und Blocks sagen konnte. Sechs kamen auf jeden Zwerg und zwei sogar auf Bilbo, und alle wurden gegriffen und durch den Spalt weggeschleppt, ehe sie Zunder und Flint sagen konnten. Nur Gandalf nicht. So viel hatte Bilbos Schrei wenigstens erreicht. Gandalf war im Bruchteil

einer Sekunde hellwach geworden, und als die Orks ihn greifen wollten, erhellte ein entsetzlicher Strahl die Höhle wie ein Blitz. Pulvergestank verbreitete sich und mehrere Orks blieben tot auf der Strecke.
Schnappend schloss sich der Spalt. Bilbo und die Zwerge waren auf der falschen Seite. Wo aber blieb Gandalf? Das wussten weder sie noch die Orks, und die warteten nicht darauf, bis sie es herausgefunden hatten. Sie schnappten Bilbo und die Zwerge und hasteten weiter. Das geschah in völliger Dunkelheit, in einer Finsternis, durch die nur Orks, die im Herzen der Gebirge hausen, hindurchsehen können. Kreuzungen und Gabelungen liefen nach allen Richtungen, aber die Orks kannten ihren Weg ebenso gut, wie ihr euren Weg zum nächsten Postamt kennt. Immer tiefer führte der Weg hinab und es war scheußlich dumpf und stickig, Wüste Burschen waren diese Orks und sie kniffen Bilbo und die Zwerge unbarmherzig. Sie grunzten und lachten mit ihren schrecklichen, versteinerten Stimmen und der Hobbit war noch viel unglücklicher als damals, als der Troll ihn bei den Zehen hochgehoben hatte. Er wünschte sich immerzu fort in seine hübsche, saubere Hobbithöhle, und das nicht zum letzten Male.
Jetzt schimmerte ein rotes Licht auf. Die Orks begannen zu singen (besser: zu krächzen) und klopften mit ihren Füßen den Takt, wobei sie ihre Gefangenen kräftig schüttelten.

„Klapp! Schnapp! Ins Finstre hinab!
Gripp! Grapp! Schneid ihm die Ohren ab!
Ab in den Orkturm –
schrei nur, du Wurm!

Klatsch! Ratsch! Peitscht sie, und patsch!
Knüppel und Leder – wimmerst du? Watsch!
Eisen und Zangen im Orkturm –
quietscht noch ein Wurm?

Zisch! Zasch! Schneller und rasch!
Gejammer, Gewinsel – weh, wird einer lasch!
Drunten grabt ihr die Nägel wund –
murrt noch ein Hund?“

Das klang entsetzlich. Die Wände warfen das Echo von „Klapp!“, „Schnapp!“, „Klatsch!“, „Patsch!“ und das scheußliche Gelächter ihres „Schrei nur, du Wurm!“ vielfältig zurück.

4 Stellt fest, ob euch die Einleitung der Schülerin geholfen hat, den Inhalt des Ausschnitts besser zu verstehen.

... und dann kam Joselle

Ein Schüler der Klasse 6a hat dieses Buch vorgestellt.

1 Betrachte das Umschlagbild und lies den daneben abgedruckten Klappentext. Schreibe auf, worum es in dem Buch gehen könnte.

Am liebsten sitzt Nick allein im Schatten einer großen Robinie[1]. Seine Mitschüler wohnen alle zu weit entfernt, um sie während der Ferien zu treffen. Nick stört das nicht wirklich. Aber irgendjemand scheint es auf ihn abgesehen zu haben: Als er eines Morgens aus dem Fenster sieht, entdeckt er riesige, aus Steinen geformte Worte, die ihn verwirren und verunsichern. Kurz darauf taucht Joselle auf und mit ihr beginnt ein Leben voller Geheimnisse und Überraschungen. Nick vergisst sogar die bösen Worte aus Stein. Bis er ganz unvermutet eine unglaubliche Entdeckung macht ...

[1] die Robinie: ein Laubbaum

2 Lies nun die folgenden Ausschnitte.

Nick

Nick war schmächtig, er hatte kleine Hände und Füße. Er fand, dass seine Finger dünn wie Geburtstagskerzen aussahen, vor allem neben den kräftigen, knubbeligen Fingern seines Vaters. Nick war der Kleinste in seiner Klasse. Dass viele Kinder aus anderen Klassen ihn kannten, lag nur daran, dass er so klein und rothaarig war. Sein Haar war nämlich so auffallend, dass Passanten[1] oft stehen blieben und ihm nachstarrten. Auch seine hellen blauen Augen hatten manchmal diese Wirkung. Wangen und Nase waren mit Sommersprossen übersät. Er hatte dichte Wimpern, die jedoch durchsichtig wie Nylonfäden waren. Und – er war ängstlich. [...] Eigentlich ist bei mir alles verquer, dachte er. Ich bin ein richtiger Angsthase. Er konnte eine ganze Liste von Dingen nennen, die ihm Schauer über den Rücken jagten, wenn er nur daran dachte.

[1] der Passant: ein Fußgänger; jemand, der vorbeigeht

Joselle

Joselle Stark trocknete sich mit dem Handrücken die Augen. „Nein, ich weine nicht", rief sie wütend. [...]
„Joselle? Was machst du da drin?"
„Ich komm schon, Omi!" Joselle rutschte vom Korb und sah in den Spiegel, der innen an der Badezimmertür hing. Wie ich ausseh!, dachte sie und schniefte. Ihr dunkelbraunes Haar hing in wirren Strähnen um ihr Ge-

sicht, ein paar widerspenstige Locken verdeckten ihr rechtes Auge. „Wenn sie doch meinen Mund verdecken würden“, murmelte sie und schüttelte ihre Mähne zurück.
Sie hatte wunderbar ebenmäßige Zähne, die allerdings eine Nummer zu groß für ihren Mund waren.

Das Ende der Freundschaft?

Sie sah weg. „Es tut mir leid“, sagte sie. „Es war nur ein Spaß. Ich hab es nicht böse gemeint. Und als ich dich dann kannte, hab ich sofort damit aufgehört.“ Sie fingerte nervös an sich herum. „Echt.“
„Ich dachte, du wärst meine Freundin“, sagte Nick. Seine Stimme überschlug sich. Seine Hände und Finger standen von ihm ab wie die Zacken von einem Stern. Er fuchtelte damit um seine Beine herum. „Hau ab.“ Er warf ihr einen niederträchtigen[2] Blick zu.
„Jetzt magst du mich nicht mehr“, flüsterte Joselle, wandte sich zur Seite und verbarg ihr Gesicht. „Es tut mir doch leid“, wiederholte sie und wandte sich ihm wieder zu, während sie eine lose Haarsträhne aus dem Gesicht wischte. Aber sie sah ihm nicht in die Augen. „Bitte, du darfst mich nicht hassen.“ Einen Augenblick lang sah Nick alles rasierklingenscharf. Die Poren[3] in ihrem Gesicht, das Feuchte in ihren Augen, jede Haarsträhne, jeden Regentropfen. Alles war so klar und gestochen, es tat zu weh, um lange hinzusehen.
Und auf einmal stürzte sich Nick auf Joselle und stieß sie zu Boden, so hart er konnte. Er traf sie an der Schulter. „Mach, dass du wegkommst“, sagte er. „Hau bloß ab.“ Und dann griff er nach einem der runden Knöpfe an ihrem Pullover und riss ihn so heftig ab, dass ein Faden wie ein feiner Schweif mit herauskam. Er schaute ihr nicht mehr ins Gesicht. Er sah, wie sie aus dem Matsch aufstand, den Schirm nahm und über die Straße in Richtung auf Floys Haus zustolperte, ohne sich noch mal umzusehen. Und dann brach er in Tränen aus.

[2] niederträchtig: gemein

[3] die Pore: feine Hautöffnung

3 Was hast du über Nick und Joselle erfahren? Mache dir Notizen.

4 Überlege, was geschehen sein könnte, dass Nick plötzlich so wütend reagiert. Schreibe deine Vermutungen auf.

5 Was müsste geschehen, damit Nick und Joselle wieder Freunde werden? Notiere deine Gedanken.

6 Bereite die Textabschnitte zum Vorlesen vor. Versuche, die Textstellen mit wörtlicher Rede so vorzutragen, dass man die Gefühle und die Stimmungen der Personen erkennen kann.

Darstellen, vortragen, vorlesen ...

1 Schreibe auf, was die Schülerinnen und Schüler bei ihrer Buchvorstellung tun. Bilde mit den Wörtern aus beiden Kästen Sätze, z. B.
Sie lesen den Klappentext ihres Lieblingsbuches vor.

Textstellen – Ausschnitt aus einer Geschichte – Gedicht – Inhalt eines Buches – Kapitel aus einem Buch – Biografie des Autors – Klappentext – Einleitung – Schluss – Szene – Inhaltsverzeichnis

vorlesen – darbieten – vortragen – darstellen – vorstellen – zusammenfassen – darlegen – erklären – wiedergeben

→ **Seite 100, 103, 177, 248,**
Arbeitstechnik „Ein Wörternetz knüpfen“

2 Sammelt in der Klasse Verben zum Wortfeld „sprechen“. Sie sollen diese Bedeutungen haben:
laut *oder* sehr laut sprechen; leise *oder* sehr leise sprechen; undeutlich sprechen; stockend sprechen; schrill sprechen; sprechen, damit andere etwas aufschreiben; sprechen, damit andere gehorchen.

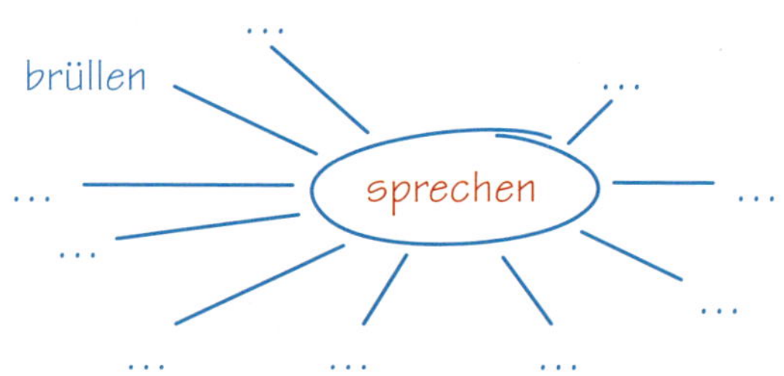

3 Erkläre die Bedeutung der Wörter, z. B. Das Wort „brüllen“ bedeutet so laut zu sprechen, wie es bei größter Anstrengung möglich ist.

4 „Holen Sie den Krankenwagen.“
Sprecht den Satz auf unterschiedliche Art und Weise. Lasst die anderen raten, welches Verb aus dem Wortfeld „sprechen“ dazu passt, z. B. *brüllen, flüstern, stottern, murmeln, nuscheln.*

Merke

Wörter mit ähnlicher Bedeutung bilden ein **Wortfeld**, z. B. gehören die Wörter *vorlesen, vortragen, darstellen, zu Gehör bringen, zum Besten geben, wiedergeben, darlegen* zum Wortfeld „darbieten“.

5 Übernimm die Tabelle in dein Heft und trage die folgenden Verben aus dem Wortfeld „gehen" ein:
schlendern, trampeln, trippeln, marschieren, trotten, stapfen, eilen, tänzeln, schreiten, wandern, schleichen, spazieren

TIPP!
Manchmal kannst du ein Wort in mehrere Spalten einsetzen.

langsam	elegant	mit großen Schritten	mit kleinen Schritten
schlendern	...	...	...

laut	schnell	leise
...	...	...

6 Probiert an dem folgenden Text aus, wie es wirkt, wenn ihr verschiedene Wörter des Wortfelds „gehen" einsetzt. Arbeitet in Gruppen:
- Eine Gruppe setzt Verben ein, die langsame und ruhige Bewegungen ausdrücken.
- Die andere Gruppe setzt Verben ein, die schnelle und geräuschvolle Bewegungen ausdrücken.

Schreibt die Texte auf.

Die Lehrerin geht in die Klasse. Alle Kinder gehen sofort zu ihren Plätzen und setzen sich. Wenn der Unterricht zu Ende ist, gehen die Schülerinnen und Schüler durch Flure. In der Pause gehen einige auf den Schulhof, einige gehen zum Schulkiosk, andere gehen zu den Toiletten. Nach dem Klingelzeichen gehen die meisten die Treppen hinauf. Etliche Schüler gehen in ihre Klasse, andere gehen noch zu ihren Freunden in die Nachbarklasse.

7 Lest eure Texte in der Klasse vor. Wie wirkt dieser Schulalltag auf euch, wenn ihr „langsame" Verben einsetzt? Wie wirkt er, wenn ihr „schnelle" Verben einsetzt? Und wie gefällt euch der Text, so, wie er hier abgedruckt ist? Begründet.

8 Überarbeite den Text so, dass alle Verben gut „passen". Du kannst auch Verben verwenden, die nicht zum Wortfeld „gehen" gehören, z. B. *rennen, eintreten, steigen ...*

Pausengespräche

Es ist große Pause. Weil es regnet, sind die Kinder in ihren Klassenzimmern. Mesut hat Tafeldienst. Justus zeigt Tobias sein neues Handy. Linda isst eine Tafel Schokolade. Nils und Jens streiten sich um ein Basecap. Ina schreibt Hausaufgaben ab.

1 Lest die Aussagen.
Vervollständigt die Begleitsätze. Wählt dazu passende Verben aus dem Kasten aus, z. B. *Nils schreit: „Mann, lass das! Gib das wieder her!"*

Nils …: „Mann, lass das! Gib das wieder her!"
Mesut …: „Wo ist denn der Schwamm? Hat jemand den Schwamm gesehen?"
Ina …: „Ich werde noch verrückt! Ich kapiere das einfach nicht!"
Linda …: „Hier, Jenny, willst du auch ein Stück?"
Jens …: „Hol es dir doch!"
Justus …: „Guck mal, ich hab ein neues Handy."
Ina …: „Hatten wir noch was in Mathe auf?"
Nils …: „Du immer mit deinen blöden Spielchen! Gib es doch her!"
Jenny …: „Oh ja, danke. Ich liebe Vollmilch!"
Mesut …: „Jetzt muss ich schon wieder zum Hausmeister rennen!"
Tobias …: „Cool, was hat das denn gekostet?"
Jens …: „Hier fang, wenn du kannst!"
Justus …: „Es hat nichts gekostet, es ist das alte von meinem Vater. Der hat sich gestern ein neues gekauft."

anbieten | prahlen | auffordern | befehlen | bestätigen | brüllen | sich empören | fordern | korrigieren | jammern | fragen | sich erkundigen | schimpfen | sich vergewissern | schreien | rufen

2 Vergleicht eure Sätze. Lest die wörtliche Rede mit der passenden Betonung vor.

Weitere Bücher werden vorgestellt

Schreibe die Texte als Partner- oder Selbstdiktate. Du kannst entscheiden, ob du jeweils nur den ersten Teil oder den gesamten Text nutzen willst.

Diktat 1:

Twig im Dunkelwald

Ich stelle ein Buch von Paul Stewart vor.
Twig wächst bei den Waldtrollen Spelda und Tuntum auf, die ihn vor langer Zeit als hilfloses Baby gefunden hatten. Er will herausfinden, wer er ist und woher er kommt. (40 Wörter)

„Du warst vom Augenblick deiner Geburt an anders", begann seine Pflegemutter wie immer. „Mit vier Monaten konntest du schon laufen", sagte sie, und Twig hörte ihr an, wie stolz sie darauf war. „Aber", sagte Spelda, „obwohl du den anderen körperlich so weit voraus warst, sprechen wolltest du nicht. Drei Jahre warst du alt und hattest noch kein einziges Wort gesagt!" Twig fröstelte. Er wusste, ein Waldtroll, der ohne Namen starb, war für alle Ewigkeit zu einem Leben in der Luft verdammt. Das Problem war nur, dass das Ritual[1] der Namengebung erst stattfinden konnte, wenn das Kind das erste Wort gesagt hatte. (101 Wörter)

[1] das Ritual: eine wichtige Handlung, die nach einer festgelegten Ordnung durchgeführt wird

Diktat 2:

738 Tage, 2 Quadratmeter

738 Tage, mehr als zwei Jahre lang, lebte die Amerikanerin Julia Hill an einem wirklich extremen Ort. In 54 m Höhe hatte sie sich eine Plattform auf einem Redwood-Baum in den Wäldern Kaliforniens gebaut. Sie wollte verhindern, dass der riesige und uralte Baum, der einen Wert von 100.000 Euro hat, abgeholzt wurde. (51 Wörter)

Sie fing das Regenwasser auf und kochte auf einem kleinen Campingkocher. Über ein Handy stand sie in Verbindung mit der Außenwelt und gab viele Interviews. Und schließlich setzte sie sich gegen die Holzfirma durch. Der Baum blieb stehen. Über ihre Erlebnisse schrieb sie ein Buch. Es heißt „Die Botschaft der Baumfrau". (51 Wörter)

18 Miteinander leben

Mi chiamo Chiara.
Sono una italiana.

Benim adým Aydýn.
Ben Türkiyeden geldim.

Меня зовут Надя.
Я из России.

Je m'appelle Jacques.
Je viens du Kongo.

Me llamo Maria.
Yo soy de España.

My name is Indira.
I'm from India.

„Miteinander leben" ist das Thema dieses Kapitels. Ihr schreibt selbst Texte über ausländische Freundinnen oder Freunde. Ihr experimentiert mit Sprache, schreibt Gedichte und Geschichten oder bastelt Verschenktexte. Dabei habt ihr die Möglichkeit, selbstständig in einem Projekt zu arbeiten. Wie das geht, erfahrt ihr auf der nächsten Seite. Ihr könnt auch sofort allein oder gemeinsam mit den Arbeitsblättern (ab Seite 223) beginnen.

1 Versucht herauszufinden, worum es in den Bildunterschriften auf der Seite 220 geht. Probiert aus, ob ihr sie übersetzen könnt. Beschreibt, was euch geholfen hat.

2 Bittet Schülerinnen oder Schüler aus eurer Klasse, die andere Sprachen kennen, die Texte vorzulesen und zu übersetzen.

3 Menschen aus verschiedenen Nationen leben miteinander; Reisen ins Ausland sind keine Seltenheit mehr.
Mithilfe des Internets sind wir mit der ganzen Welt verbunden. Deshalb begegnen uns im Alltag immer mehr Wörter aus anderen Sprachen.
Tragt Wörter aus anderen Sprachen zusammen, die euch einfallen.
Sammelt sie an der Tafel.

4 Übersetzt diese Wörter in möglichst viele Sprachen. Beprecht, wo ihr Ähnlichkeiten feststellt.

Selbstständiges Arbeiten im Projekt

→ **Seite 115,**
Ein Fest oder ein Projekt planen

1 Planung

- Wir lesen die Arbeitsblätter auf den nächsten Seiten durch.
- Wir suchen Bücher, Geschichten, Gedichte, Sprüche ... zu den Themen „Freundschaft“, „Zusammenleben mit anderen“ und „Frieden“.
- Zusätzlich können wir auch Lieder oder Tänze aus anderen Ländern suchen, Rezepte sammeln, Menschen zum Thema befragen ...
- Wir legen unseren Schwerpunkt fest.
- Wir entscheiden, ob wir allein oder mit anderen arbeiten wollen.
- Wir beschließen, wie wir das Ergebnis präsentieren (z. B. mit einer Ausstellung, einem Buch oder einer Vorführung).
- Wir stellen einen Zeitplan auf und verteilen die Aufgaben.

→ **Seite 251,**
Arbeitstechnik „Im Team zusammenarbeiten“

2 Erarbeitung

- Wir wählen die Materialien aus, die zu unserem Thema passen.
- Wir überlegen, wie wir mit den Texten arbeiten wollen. Die Arbeitsblätter geben Anregungen dazu.
- In der Arbeitsgruppe besprechen wir Arbeitsergebnisse und Probleme und helfen uns gegenseitig.
- Wir bereiten die Präsentation vor.

→ **Seite 248,**
Arbeitstechnik „Arbeitsergebnisse präsentieren“

3 Präsentation – Vorstellung der Ergebnisse

- Wir präsentieren unsere Arbeitsergebnisse so, dass es für die anderen interessant ist.
- Wir erklären, wie wir vorgegangen sind.
- Wir beschreiben, was wir gelernt haben.

Arbeitstechnik

Checkliste zur Projektarbeit

1. Planung
- ☑ Material zum Thema besorgen
- ☑ die Arbeitsweise und die Art der Präsentation festlegen
- ☑ einen Zeitplan erstellen und die Aufgaben verteilen

2. Erarbeitung
- ☑ wichtige Informationen und spannendes Material zusammentragen
- ☑ Informationen und andere Materialien interessant aufbereiten
- ☑ die Präsentation vorbereiten

3. Präsentation
- ☑ das Ergebnis und den Weg dahin vorstellen

Arbeitsblatt 1

Herbert Lutz

Die fremden Schafe

Es war einmal eine Schafherde. Alle Schafe dieser Herde hatten blaue Augen, weiße Haut und ein gelbes gelocktes Fell.

Eines Tages holte der Besitzer zwei Schafe aus der Herde heraus und nahm sie auf eine Reise mit. Und als er zurückkam, brachte er zwei andere Schafe mit. Diese beiden Schafe hatten aber braune Augen, eine schwarze Haut und ein dunkles langhaariges Fell. Die Schafherde betrachtete die Neuen misstrauisch: „Die sehen aber komisch aus", sagte ein Schaf. „Da hast du Recht", erwiderte ein anderes. „Was die für ein zotteliges Fell haben. Wahrscheinlich werden die immer Haare verlieren und wir bekommen die dann beim Weiden in den Mund. Pfui!" „Und wie schwarz die sind!", rief ein drittes. „Sicher sind sie so, damit wir sie bei Nacht nicht sehen und sie uns besser das Futter stehlen können!" „Ja, genau, so sieht kein anständiges Schaf aus!", blökte daraufhin die ganze Herde und begann die fremden Schafe zu knuffen und zu boxen. Was die weißhäutige Schafherde nicht wusste, war, dass zur selben Zeit ein paar hundert Kilometer entfernt eine schwarzhäutige Schafherde vor zwei weißhäutigen Schafen stand und ganz Ähnliches sagte und tat.

1 Schreibe die Fabel um. Beginne so:
Es war einmal eine Schafherde. Alle Schafe dieser Herde hatten braune Augen, schwarze Haut und …

2 In einer Fabel sprechen Tiere und zeigen etwas über das Verhalten von Menschen. Welches Verhalten soll hier deutlich gemacht werden? Ordne die Begriffe unten den markierten Textstellen zu.

Gewalt | Misstrauen | Verallgemeinerung
Vorurteile | Angst vor Fremden | Überheblichkeit

3 Formuliere Sätze, mit denen du dein Arbeitsblatt gestalten könntest, z. B. *Viele Menschen haben Vorurteile.*

Arbeitsblatt 2

1 Entwirf Sprechblasen, die das Wichtigste einer Freundschaft zwischen Jungen enthalten, z. B.
Mit einem besten Freund …

2 Gestalte auf einem DIN-A3-Blatt ein „ABC der Freundschaft", in dem du beschreibst, wie du dir eine Freundin oder einen Freund vorstellst, z. B.

Eine Freundin/ein Freund
A - kzeptiert mich so wie ich bin
B - ringt mich zum Lachen
C - heckt sofort, wenn ich nicht gut drauf bin
D - enkt …
E - …

3 Schreibe einen Text für eine Anzeige, mit der du dich um Freundschaft bewirbst, z. B.

> *Biete Freundschaft*
> *Ich bin ziemlich witzig, sehr zuverlässig und kann Geheimnisse für mich behalten. Ich biete interessante Schachpartien und Skitouren im Winter. Außerdem koche ich gern mal für meine Freunde leckere Gerichte.*

Arbeitsblatt 3

Karlhans Frank
Du und ich

Du bist anders als ich, ich bin anders als du,
Gehen wir aufeinander zu,
schauen uns an, erzählen uns dann,
was du gut kannst, was ich nicht kann,
was ich so treibe, was du so machst,
worüber du weinst, worüber du lachst,
ob du Angst spürst bei Nacht, welche Sorgen ich trag,
welche Wünsche du hast, welche Farben ich mag,
was traurig mich stimmt, was Freude mir bringt,
wie wer was bei euch kocht, wer was wie bei uns singt.
Und plötzlich erkennen wir – waren wir blind? –,
dass wir innen uns äußerst ähnlich sind.

1 Lies das Gedicht. Überlege, wem das Gedicht auch gefallen würde.

2 Gestalte das Gedicht als Schmuckblatt, z. B.
- in Schönschrift abschreiben,
- mit verschiedenen Farben abschreiben,
- mit dem Computer schreiben und gestalten,
- mit einer Zeichnung illustrieren,
- mit passenden Fotos illustrieren (mit eigenen oder mit Fotos aus Zeitschriften)
- …

Verschenke das Schmuckblatt.

3 Sucht euch eine Partnerin oder einen Partner. Sprecht das Gedicht mit verteilten Rollen. Legt fest, wer welche Sätze sprechen soll und welche Sätze ihr gemeinsam vortragen wollt. Übt das Sprechen so lange, bis ihr euch nicht mehr versprecht.

4 Nehmt den Vortrag auf und speichert ihn auf einem Tonträger ab.

Arbeitsblatt 4

Hans Manz

Was Worte alles können

erklären
verraten
verschweigen
Missverständnisse ausräumen
täuschen
preisgeben
Misstrauen schaffen
Herzen öffnen
verletzen
trösten
verführen
verwirren
Zugang finden
auf taube Ohren stoßen
Barrieren überwinden
aufmuntern
vernichten
ablenken
ermüden
Zwietracht säen
Frieden stiften
nörgeln
angreifen
erheitern
traurig machen
enttäuschen
Erwartungen wecken
wärmen usw.

1 Stelle dir vor, was HÄNDE, BLICKE … alles können. Schreibe alles, was dir dazu einfällt, wie in der Vorlage auf – schon hast du ein Gedicht!

2 Gestalte ein Verschenk-Gedicht. Schreibe dazu ganz klein geschriebene Texte und klebe sie auf Streichholzschachteln, kleine Dosen, Flaschen … Wisst ihr schon, wer sich über so ein selbst gemachtes Geschenk freut?

Arbeitsblatt 5

Die einzige Antwort auf Krieg ist Frieden.

Es gibt keinen Weg zum Frieden. Der Friede ist der Weg.
(Mahatma Gandhi)

Frieden kannst du nur haben, wenn du ihn gibst.
(Marie von Ebner-Eschenbach)

Der Friede in der Welt
beginnt mit einer leise zugemachten Tür.

Zum Frieden braucht's zwei. Zum Krieg reicht einer.
(Sprichwort der Beduinen)

Make love – not war.

Give peace a chance.

**Shall de Krieg mit'n Naber upholln,
muss du Free maken.**

1 Übersetze einige Sprüche in andere Sprachen oder Dialekte. Überlege, wer dir dabei helfen könnte.

2 Gestaltet Sprüche zum Frieden auf großen Papierstreifen oder auf einem Spruchband. Wo wollt ihr es aufhängen?
- in der Schule …
- in der Klasse …
- …

Kalles Brief

1 Lies den kurzen Auszug aus dem Kinderbuch „Oma" von Peter Härtling. Beantworte anschließend die Fragen zum Text schriftlich.

Peter Härtling

Oma (Ausschnitt)

Kalles Eltern sind bei einem Autounfall ums Leben gekommen. Seitdem lebt Kalle bei seiner Oma.

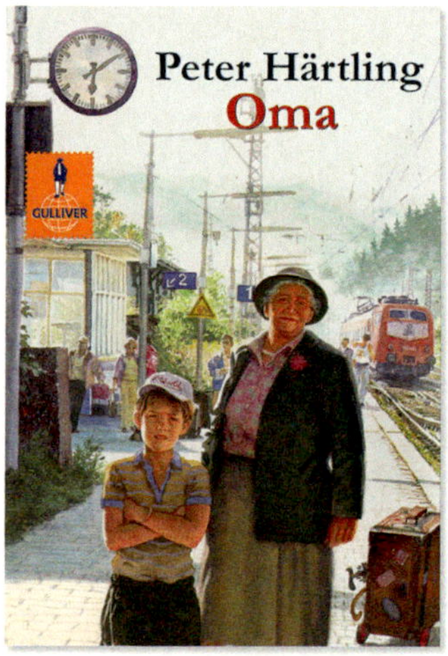

Oma beteiligt sich fast an jedem Preisausschreiben, das in den Zeitungen oder Illustrierten steht. Dabei hat sie Kalle angesteckt. Oft schicken sie die Lösungen doppelt ein. Kalle hat schon einmal gewonnnen: einen Sturzhelm, knallgelb, der ihm viel zu groß war und der jetzt an einem Haken in seinem Zimmer hängt. Als das Paket mit dem Helm kam, ärgerte sich Oma. Kaum fängst du an damit, gewinnst du auch schon. Ich mache das Jahre und kriege nichts.

Kalle tröstete sie: Du bekommst sicher einmal den ersten Preis.

Sie bekam ihn auch. Sie wusste gar nicht mehr, für welches Preisausschreiben, da sie mindestens zwölf laufen hatte. Der Erfolg wurde ihr zunächst telegrafisch mitgeteilt: „Sie erhalten eine Freiflugkarte für einen Rundflug über München. Wir gratulieren." Was soll das heißen? fragte Oma Kalle.

Na ja, dass du in einem Flugzeug einen großen Kreis über München machst. Das ist doch klar.

Das lehne ich ab, sagte Oma. Ich will einen Ersatzpreis.

Warte doch erst einmal ab, sagte Kalle.

Mit dem Telegramm hatte sich die Firma beeilt; danach hörten sie tagelang nichts. Oma, die den Preis richtig fürchtete, konnte an nichts anderes mehr denken. [...]

Auf dem Schulweg dachte Kalle darüber nach, wie er Oma von ihrer Angst befreien könnte. Er beschloss, an die Firma, die den Preis vergab, zu schreiben. Am Nachmittag, als Oma Prospekte austrug, schrieb er den Brief. [...]

2 Beantworte die Fragen zum Text schriftlich.

1. Welcher gemeinsamen Beschäftigung gehen Kalle und seine Oma gerne nach?
2. Was für einen Preis hat Kalle bekommen?
3. Warum ist die Oma böse, als Kalle einen Preis bekommt?
4. Was für einen Preis hat die Oma gewonnen?
5. Wie erfährt die Oma von ihrem Preis?

3 *„Oma, die den Preis richtig fürchtete, konnte an nichts anderes mehr denken …"* – Wie verstehst du diesen Satz? Erkläre das Verhalten der Großmutter in einigen Sätzen. Beschreibe, was die Oma denken und fühlen könnte.

4 Schreibe auf, was Kalle unternehmen will, um die Großmutter von ihrer Angst zu befreien. Was hältst du von diesem Plan? Begründe deine Meinung.

5 Kalle will an die Firma, die den Preis an die Oma vergeben hat, einen Brief schreiben. Schreibe diesen Brief für Kalle zunächst als **Entwurf:**

1. Überlege zuvor, was er der Firma mitteilen müsste. Halte die wichtigsten Informationen in einem Wörternetz fest.
2. Kalle will sich zunächst vorstellen. Schreibe auf, wie er sich beschreiben könnte.
3. Beschreibe aus der Sicht von Kalle, was passiert ist.
4. Kalle möchte, dass die Firma Verständnis für die Gefühle seiner Großmutter hat. Schreibe auf, wie er seine Oma darstellen könnte.
5. Formuliere, welchen Vorschlag Kalle der Firma unterbreitet, um der Großmutter zu helfen. Denke daran, dass es sich um eine Bitte handelt.

6 Überarbeite deinen Briefentwurf und formuliere nun den vollständigen Brief mit Briefanfang und Briefabschluss. Achte auf einen guten Ausdruck und fehlerfreies Schreiben.

> Sehr geehrte Damen und Herren,
> ich möchte mich zunächst kurz vorstellen: Ich …

7 Erfinde eine Fortsetzung der Geschichte. Schreibe, wie die Sache mit Omas Gewinn weitergeht und wie sie endet. Denke daran, dass du auch die Gedanken und Gefühle der beteiligten Personen darstellen und die direkte/wörtliche Rede verwenden solltest.

Die alten Ägypter

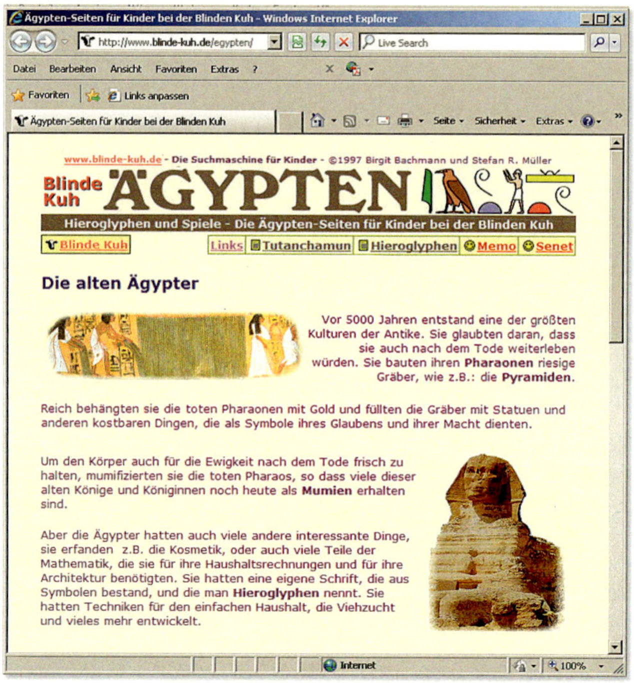

Ägypten-Seiten für Kinder bei der Blinden Kuh - Windows Internet Explorer

http://www.blinde-kuh.de/egypten/

www.blinde-kuh.de - Die Suchmaschine für Kinder - ©1997 Birgit Bachmann und Stefan R. Müller

Blinde Kuh ÄGYPTEN

Hieroglyphen und Spiele - Die Ägypten-Seiten für Kinder bei der Blinden Kuh

Blinde Kuh | Links | Tutanchamun | Hieroglyphen | Memo | Senet

Die alten Ägypter

Vor 5000 Jahren entstand eine der größten Kulturen der Antike. Sie glaubten daran, dass sie auch nach dem Tode weiterleben würden. Sie bauten ihren **Pharaonen** riesige Gräber, wie z.B.: die **Pyramiden**.

Reich behängten sie die toten Pharaonen mit Gold und füllten die Gräber mit Statuen und anderen kostbaren Dingen, die als Symbole ihres Glaubens und ihrer Macht dienten.

Um den Körper auch für die Ewigkeit nach dem Tode frisch zu halten, mumifizierten sie die toten Pharaos, so dass viele dieser alten Könige und Königinnen noch heute als **Mumien** erhalten sind.

Aber die Ägypter hatten auch viele andere interessante Dinge, sie erfanden z.B. die Kosmetik, oder auch viele Teile der Mathematik, die sie für ihre Haushaltsrechnungen und für ihre Architektur benötigten. Sie hatten eine eigene Schrift, die aus Symbolen bestand, und die man **Hieroglyphen** nennt. Sie hatten Techniken für den einfachen Haushalt, die Viehzucht und vieles mehr entwickelt.

1 Lies den Text aus dem Internet. Vervollständige die Sätze mithilfe der Angaben aus dem Text. Schreibe die Sätze auf.

1. … entstand eine der größten Kulturen der Antike.
2. Die Ägypter mumifizierten die toten Pharaonen, um …
3. Die Mathematik brauchten die Ägypter …
4. Die Schrift der Ägypter bestand …

2 Sieh dir den Aufbau der Internetseite und ihre Informationen genau an. Welche Aussagen sind richtig, welche sind falsch? Notiere.

1. Der Alleinverantwortliche für diese Internetseite ist Stefan R. Müller.
2. Die genaue Adresse der Seite lautet www.blinde-kuh.de.
3. Auf der Seite werden verschiedene Links angeboten.
4. Die fett gedruckten Wörter im Text zeigen an, welche Links auf der Seite angeboten werden.

3 Schreibe die Sätze ab und setze dabei die Verben im Präteritum ein.

1. Die Schrift der alten Ägypter (besteht) aus Hieroglyphen.
2. Die alten Ägypter (kennen) bereits Papier.
3. Sie (verwenden) dafür Papyrusstauden.
4. Die Papyrusstauden (werden) kurz über der Erde abgeschnitten.

4 Die alten Ägypter hatten nicht nur sehr früh eine Schrift, sie kannten auch schon Papier. Dessen Herstellung veranschaulicht die folgende Abbildung. Ordne auf deren Grundlage die Abschnitte der unten aufgeführten Vorgangsbeschreibungen.

A Diese Streifen werden in sich kreuzenden Lagen auf eine glatte und steinerne Unterlage so ausgelegt, dass sie ein regelmäßiges Viereck ergeben.

B Das nun freigelegte Mark wird in dünne Streifen geschnitten.

C Zum Schluss werden mehrere dieser so entstandenen einzelnen Papyrusblätter nebeneinander gelegt und an den Seiten miteinander verklebt, so dass man sie zu einer Papierrolle zusammenrollen kann.

D Zunächst wird von den dreikantigen Stauden mit einem dicken und scharfen Messer die Rinde entfernt.

E Die Papyrusstauden werden geerntet, indem die einzelne Staude mit einem scharfen Messer oder einer Sichel kurz über der Erde abgeschnitten wird. Sie werden gebündelt zur Weiterverarbeitung gebracht.

F Über die gekreuzten Papyrusstreifen wird anschließend ein saugfähiges Decktuch gelegt. Darauf hämmert man mit einem Schlegel aus Holz gleichmäßig an allen Stellen. Dadurch wird der Saft aus den Stauden gedrückt, wodurch die Papyrusstreifen miteinander verkleben und langsam austrocknen.

G Mit einem Polierstein wird das Papier anschließend geglättet.

Favoriten im Fernsehen

1 Lies den Text über die Sendung „Deutschland sucht den Superstar".

DSDS

Einer der Favoriten für das junge publikum ist „Deutschland sucht den Superstar". Mit spannung und wechselnden Gefühlen verfolgen viele „DSDS" bis zum finale, bei dem aus über 30 000 teilnehmenden nur ein Sieger oder eine Siegerin hervorgeht.
Bei dieser Sendung sind jedoch nicht nur die Kandidaten wichtig, die oft etwas gewöhnungsbedürftig sind, sondern auch die Jurymitglieder. Die rollen bei der Jury sind klar verteilt. Während Dieter Bohlen in seiner Rolle als produzent gerne das Ekel spielt, ist die weitere Jurybesetzung eher verständnisvoll. Aber Juroren müssen natürlich auch eine langjährige erfahrung im Musikgeschäft und auf der Bühne haben.
Deutschlandweit werden die Talente unter den 16- bis 30-Jährigen aufgespürt. Dafür rollt ein mobiles Studio von Stadt zu Stadt. In zwanzig Städten können nachwuchssänger und -sängerinnen ihre begabung unter Beweis stellen. Beurteilt werden sie von Musikredakteuren und Produzenten. Die Jury um Dieter Bohlen nimmt ihre arbeit erst mit dem Beginn der eigentlichen Show auf.

2 Großschreibung In dem Text sind zehn Nomen fälschlicherweise kleingeschrieben. Finde sie und schreibe sie richtig mit dem entsprechenden Artikel auf.

3 Unhörbares *h* Lies zunächst jeden Satz aufmerksam durch. Bei zehn Wörtern fehlt das unhörbare *h*. Finde sie und schreibe sie richtig auf.

1. Du hast einen Film empfolen bekommen und möchtest mer über seinen Inhalt erfaren.
2. Also nutzt du das Internet, da du genug Anung davon hast, wie man ein Kinoprogramm aufruft.
3. Nachdem du das aktuelle Datum eingegeben hast, wälst du den Film aus.
4. Du erfärst, dass er änlich gut wie sein Vorgänger sein muss.
5. Kurz entschlossen holst du dir noch etwas Essbares aus dem Külschrank, schwingst dich auf dein Farrad, um dich mit dem Kinofilm für die gute Mathearbeit zu belonen.

4 Ein *f* oder *v*?

a) Schreibe alle Wörter in den ersten beiden Abschnitten richtig auf.
b) Wie viele *f-Wörter* und wie viele *v-Wörter* findest du im Abschnitt 3 und wie viele im Abschnitt 4?

Toy Story 3

1. Andy ist auch in diesem **?**ilm die Hauptperson. **?**or nicht allzu langer Zeit waren seine Spielzeuge seine liebsten **?**ertrauten. Inzwischen wurden sie **?**on seinem Computer abgelöst. Seinen alten Ge**?**ährten ge**?**ällt das überhaupt nicht. Sie **?**erabreden: „Einen Umzug auf den Dachboden **?**inden wir nicht schlecht."
2. Doch dann **?**angen die Probleme an. **?**ast landen die Spiel**?**iguren auf dem Müll, weil Andys Mutter den **?**alschen Sack für die Müllab**?**uhr bereitgestellt hat. Die Spielzeuge **?**ertrauen darau**?**, dass sie doch noch ihr Glück **?**inden. „In der Kindertagesstätte können wir **?**ielleicht besser leben", meinen sie.
3. Einige Spielfiguren werden **?**on bekannten Schauspielern wie z. B. von Tom Hanks gesprochen. Sie sind alle aus den **?**orgängerfilmen bekannt und mit un**?**erwechselbaren Eigenschaften ausgestattet. „Die Szenenbilder", ruft ein Spielzeug, „ge**?**allen mir gut."
4. Toy Story 1 wurde Mitte der neunziger Jahre aufge**?**ührt. Es war der erste abend**?**üllende Animationsfilm[1] nur aus dem Computer. Die Geschichte von Toy Story 3 ist nicht nur lustig, sondern **?**or allem spannend. Das Ende ist sehr ge**?**ühlsbetont. „Den Film", rät Andy, „solltest du dir mit der ganzen **?**amilie ansehen."

[1] der Animationsfilm: Figuren, die aus unterschiedlichen Materialien sein können, werden in einem Film zum Leben erweckt

5 Zeichensetzung bei direkter/wörtlicher Rede

Schreibe die folgenden Sätze ab. Ergänze die fehlenden Satz- und Redezeichen.

Supermodel gesucht

1. Marco fragt etwas unsicher ✎ Was gefällt dir eigentlich an dieser Topmodel-Serie ✎
2. Galina antwortet ihm ✎ Viele Mädchen interessieren sich dafür ✎
3. ✎ Das ist doch keine Erklärung ✎ meint Marco ✎
4. ✎Da hast du recht ✎ stimmt Galina zu ✎ aber ich finde die Serie auch spannend und interessant ✎
5. ✎ Aber was findest du daran spannend und interessant ✎ will Marco wissen ✎
6. ✎ Spannend sind die ungewöhnlichen Dinge ✎ die die Mädchen machen sollen ✎ erklärt Galina ✎ und interessant ist, wer weiterkommt ✎
7. ✎ Erklär das doch einmal genauer ✎ bittet Marco ✎
8. Galina berichtet ✎ Ein Mädchen musste sich einmal eine Spinne auf die Hand setzen lassen ✎

Rechtschreibung, Grammatik und Sprachbetrachtung

Wortarten

→ **Seite 25 ff., 38, 66, 94 f., 190, 230,** Wiederholung aus Klasse 5

1. Verben (Verb)

- informieren darüber, was jemand tut *(ich schreibe, lese, …)*, was geschieht *(es regnet, donnert, …)*, in welchem Zustand jemand/etwas ist *(er liegt, sitzt, …)*.
- haben einen **Infinitiv** (eine **Grundform**) *(lesen, schreiben, hören)*
- haben **Personalformen** *(ich singe, du singst, er/sie/es singt, wir singen, ihr singt, sie singen)*.
- bilden **Zeitformen** *(ich schwimme, ich schwamm, ich bin geschwommen)*.
- werden **konjugiert (gebeugt)**:

Person	**Präsens**	**Präteritum**	**Perfekt**	**Plusquam-perfekt**	**Futur**
1. Person Singular	ich gehe	ich ging	ich bin gegangen	ich war gegangen	ich werde gehen
2. Person Singular	du gehst	du gingst	du bist gegangen	du warst gegangen	du wirst gehen
3. Person Singular	er/sie/es geht	er/sie/es ging	er/sie/es ist gegangen	er/sie/es war gegan-gen	er/sie/es wird gehen
1. Person Plural	wir gehen	wir gingen	wir sind gegangen	wir waren gegangen	wir werden gehen
2. Person Plural	ihr geht	ihr gingt	ihr seid gegangen	ihr wart gegangen	ihr werdet gehen
3. Person Plural	sie gehen	sie gingen	sie sind gegangen	sie waren gegangen	sie werden gehen

→ **Seite 25,** Wiederholung aus Klasse 5

Präsens

Das **Präsens** verwendet man,

- wenn man über etwas spricht, das gerade geschieht *(sie geht, sie sieht …)*,
- wenn man etwas sagt, das immer gilt *(ich heiße …)* oder
- wenn man über etwas spricht, das in der Zukunft geschieht *(Morgen fahre ich nach Hause.)*.

Perfekt und Präteritum

→ **Seite 27 ff.**, Wiederholung aus Klasse 5

- Das **Perfekt** und das **Präteritum** verwendet man, wenn man von etwas Vergangenem erzählt oder über Vergangenes berichtet *(ich bin gelaufen, ich habe gehört; ich lief, ich hörte).*
- Die Wörter ***haben*** und ***sein*** dienen zur Bildung des Perfekts *(ich habe gelesen, ich bin gefahren).* Sie heißen deshalb **Hilfsverben.**

Die Verben der Fortbewegung *(fahren, fliegen, gehen, laufen, reiten, schwimmen …)* und die Verben *sein, werden, bleiben, kommen, reisen* bilden das Perfekt mit ***sein*** *(ich bin gegangen, ich bin gewesen, ich bin geblieben).*
Alle anderen Verben bilden das Perfekt mit ***haben*** *(ich habe geschrieben, ich habe erzählt, ich habe eingekauft).*

Plusquamperfekt

→ **Seite 38 f.**

Das **Plusquamperfekt** verwendet man, wenn man von einem Geschehen erzählt oder über ein Geschehen berichtet, das noch vor dem geschehen ist, was man im **Präteritum** ausdrückt *(Nachdem die Wächter den Heulton* ***gehört hatten***, ***rannten*** *sie los.).*
Beim Bilden des Plusquamperfekts braucht man die Hilfsverben ***haben*** und ***sein*** im Präteritum *(hatten, waren).*

Futur

→ **Seite 40 f.**

Das **Futur** bezeichnet das, was in der Zukunft geschehen wird.
- Es wird mit dem Hilfsverb ***werden*** und dem Infinitiv des Verbs gebildet *(Morgen werde ich anrufen.).*
- Oft wird das Futur durch das Präsens ersetzt *(Morgen rufe ich an.).*

Modalverben

→ **Seite 54**

Die Wörter ***können, mögen, dürfen, müssen, wollen, sollen*** sind **Modalverben.**

2. Nomen

→ **Seite 14, 64, 167 ff., 241,** Wiederholung aus Klasse 5

- werden großgeschrieben.
- bezeichnen **Lebewesen** *(Schüler, Schülerin, Vater, …)*; **Dinge** *(Tisch, Garten, Kugelschreiber, …)*; **Ideen, Gefühle, Zustände** *(Physik, Freude, Hunger, Schnee, …).*
- sind **männlich/maskulin** (Himmel), **weiblich/feminin** (Wolke) oder **sächlich/neutral** (Wetter).
- haben im Satz **Begleiter**, und zwar: bestimmte Artikel *(der, die, das)*; unbestimmte Artikel *(ein, eine, …)*; besitzanzeigende Fürwörter *(mein, dein, sein, ihr, unser, euer, …).*
- stehen im **Singular**/in der **Einzahl** oder im **Plural**/in der **Mehrzahl.**
- stehen im Satz in einem bestimmten **Fall/Kasus** und haben dann **Deklinationsendungen** *(des Kindes, den Kindern, …)* → siehe Seite 236 oben.

Deklination der Nomen

Fall/Kasus	Singular/Einzahl		Plural/Mehrzahl
	männlich/sächlich	weiblich	
1. Fall/Nominativ	der Hund/ das Schaf	die Kuh	die Hunde/ die Schafe/ die Kühe
2. Fall/Genitiv	des Hundes/ des Schafes	der Kuh	der Hunde/ der Schafe/ der Kühe
3. Fall/Dativ	dem Hund/ dem Schaf	der Kuh	den Hunden/ den Schafen/ den Kühen
4. Fall/Akkusativ	den Hund/ das Schaf	die Kuh	die Hunde/ die Schafe/ die Kühe

→ **Seite 65, 67, 94 ff.,** Wiederholung aus Klasse 5

3. Adjektive

- bezeichnen **Eigenschaften** und **Merkmale** *(alt, klein, gelb).*
- können zwischen Artikel und Nomen stehen und haben dann Endungen *(das kleine Männchen, ein junges Mädchen).*
- können meist **gesteigert** werden *(glücklich, glücklicher, am glücklichsten).*
- werden beim **Vergleichen** verwendet:
  Die Grundstufe verwendet man in Verbindung mit **wie** *(Er ist so* ***groß wie*** *du.).*
  Die 1. Vergleichsstufe verwendet man in Verbindung mit **als** *(Sie ist* ***größer als*** *ihre Schwester.).*

→ **Seite 67**

- Nach den Wörtern *etwas, alles, nichts, manches, viel, wenig* werden Adjektive wie Nomen gebraucht. Sie werden deshalb großgeschrieben *(Wir wünschen dir* ***alles Gute****.).*

→ **Seite 181**

4. Adverbien

- sind **nicht veränderbar** *(heute, abends, dort, hier, gern, deshalb).*
- können mit *Wann? Wo? Wie lange? Wie oft? Wie? Warum?* erfragt werden.
- werden häufig als Adverbialbestimmungen verwendet.

→ **Seite 64, 145**

5. Artikel

- treten als **Begleiter** des Nomens auf *(****der*** *Affe,* ***ein*** *Floh, ...).*
- werden unterteilt in
  bestimmte Artikel *(der, die, das)* und
  unbestimmte Artikel *(ein, eine, einer).*

6. Präpositionen → **Seite 81 f.**

Die Wörter *an, auf, aus, bei, durch, gegen, hinter, vor, in, nach, über, zu* sind **Präpositionen/Verhältniswörter.** Nach diesen Wörtern stehen Nomen:
- im **Dativ** (3. Fall) *(Der Koffer steht in der Kammer/auf dem Boden.)* → *Wo?*
- im **Akkusativ** (4. Fall) *(Er bringt den Koffer in den Keller/auf den Boden.)* → *Wohin?*

Manchmal verschmelzen die Präpositionen mit dem Artikel *(an + dem → am; an + das → ans; in + dem → im; in + das → ins; zu + dem → zum; zu + der → zur; bei + dem → beim; von + dem → vom).*

7. Pronomen → **Seite 118 ff., 145,** Wiederholung aus Klasse 5

Man unterscheidet unter anderem:

- **Personalpronomen (persönliche Fürwörter):** *ich, du, er, sie es, wir, ihr, sie* sowie die gebeugten Formen *mir, mich, ihm, ihn, ihr, euch, uns, …*
  Personalpronomen können im Text stellvertretend für Nomen stehen, damit diese nicht ständig wiederholt werden müssen
  (Janina schreibt der Lehrerin einen Brief. Janina möchte mit der Lehrerin sprechen. Sie möchte mit ihr sprechen.).

- **Possessivpronomen (besitzanzeigende Fürwörter):**
  mein, dein, sein, ihr, unser, euer, …
  Possessivpronomen können als Begleiter von Nomen auftreten.
  Sie geben dann an, zu wem etwas gehört *(mein Heft, deine Eltern, seine Freundin, ihr Haustier, unsere Lehrer, eure Klasse, ihr Vorschlag).*

- **Demonstrativpronomen (hinweisende Fürwörter):** *dieser, jener, …* → **Seite 118**
  Demonstrativpronomen können als Begleiter von Nomen auftreten
  (diese Lehrerin).

- **Fragepronomen:** *wer, was, wie, welcher, …* → **Seite 118**

- **Anredepronomen:** *du, dir, dich, Sie, Ihnen, Ihres, Ihren*
  Anredepronomen schreibt man groß, wenn man jemanden mit „Sie" anspricht
  (Sie, Ihr, Ihre, Ihnen).

Wortfamilie, Wortbildung und Wortfeld

1. Wortfamilie/Wortbildung → **Seite 92 ff.,** Wiederholung aus Klasse 5

Zu einer Wortfamilie gehören verwandte Wörter mit gleichem oder ähnlichem Wortstamm *(**fahr**en, weg**fahr**en, **Fahr**rad, Auf**fahr**t).*

Viele Wörter bestehen aus verschiedenen Wortbausteinen. → **Seite 93 f.**
Wörter mit demselben Wortstamm/Grundbaustein gehören zu einer Wortfamilie *(**schreib**en, **Schreib**er, ver**schreib**en, be**schreib**en, Be**schreib**ung).*

→ **Seite 92**

Neue Wörter können durch Zusammensetzung aus zwei oder mehreren Wörtern gebildet werden. Bei **zusammengesetzten Wörtern** können *s, es, er* oder *n* **Verbindungsbausteine** sein *(Rinderbraten, Rettungsweste, Zitronenfalter)*.

→ **Seite 93 ff.**

Am **Endbaustein** erkennt man oft die Wortart.

→ **Seite 216 f.,** Wiederholung aus Klasse 5

2. Wortfeld

Zu einem Wortfeld gehören Wörter mit ähnlicher Bedeutung *(sagen, flüstern, sprechen, murmeln)*. Man kann mithilfe eines Wörternetzes Wörter zu einem Wortfeld sammeln.

Satzarten

Man unterscheidet:

→ Wiederholung aus Klasse 5

1. Aussagesätze

Sie werden verwendet, wenn man etwas **mitteilen** will *(Sarah geht ins Kino.)*.

→ Wiederholung aus Klasse 5

2. Aufforderungssätze

Sie werden verwendet, wenn man jemanden um etwas **bitten** oder jemanden zu etwas **auffordern** will.
Nach Aufforderungssätzen steht ein Ausrufezeichen oder ein Punkt
(Gib den Ball ab! Lest den Text.).

→ Wiederholung aus Klasse 5

3. Fragesätze

Sie werden verwendet, wenn man **etwas wissen** will.
Bei den Fragesätzen unterscheidet man:
- **Entscheidungsfragen** *(Kommst du aus Frankreich?)*
- **W-Fragen** mit den Fragefürwörtern *Wer? Was? Wessen? Wem? Wen? Welcher? Wo? Woher? Wohin? Wann? Wie? Warum?…*
  (Woher kommst du? An wen denkst du?)

→ **Seite 158 f., 233,** Wiederholung aus Klasse 5

Sätze in direkter/wörtlicher Rede

In Texten wird ein Gespräch in direkter/wörtlicher Rede wiedergegeben und mit **Anführungszeichen** gekennzeichnet.
Wer etwas sagt und wie es gesagt wird, steht im Begleitsatz:
Sebastian sagt: *„Jetzt bin ich an der Reihe."*
Begleitsatz: *„direkte/wörtliche Rede"*

Der **Begleitsatz** kann **vor, nach und zwischen** der direkten/wörtlichen Rede stehen. Die Anführungszeichen stehen immer am Anfang der direkten/wörtlichen Rede unten und am Schluss der direkten/wörtlichen Rede oben.

1. Begleitsatz **vor** der direkten/wörtlichen Rede:

________: „~~~~~~~.“
________: „~~~~~~~?“
________: „~~~~~~~!“

2. Begleitsatz **nach** der direkten/wörtlichen Rede:

„~~~~~~~“, ________.
„~~~~~~~?“, ________.
„~~~~~~~!“, ________.

3. Begleitsatz **zwischen** der direkten/wörtlichen Rede:

„~~~~~~~“, ________, „~~~~~~~.“

Satzglieder

Wörter und Wortgruppen, die man in einem Satz **umstellen** kann, ohne dass sich dessen Bedeutung verändert, heißen **Satzglieder,** z. B.
Jede Nacht hören die Teilnehmer des Ferienlagers einen Heulton.
Die Teilnehmer des Ferienlagers hören jede Nacht einen Heulton.
Einen Heulton hören die Teilnehmer des Ferienlagers jede Nacht.

→ **Seite 178 ff.,** Wiederholung aus Klasse 5

1. Das Prädikat

→ **Seite 179,** Wiederholung aus Klasse 5

- bildet in jedem Satz den **Satzkern**, um den sich die Satzglieder gruppieren *(Paola schreibt ihrer Freundin.).*
- wird aus einer Verbform gebildet *(zog, ging).*
- steht im Aussagesatz an der **zweiten Stelle**.
- kann auch aus zwei Teilen bestehen und Satzglieder wie eine Klammer umschließen *(Sie hat Geburtstag gefeiert. Die Katze leckte die Milch auf.).*

2. Das Subjekt

→ **Seite 179,** Wiederholung aus Klasse 5

- besteht aus Nomen oder Pronomen im **1. Fall** (Nominativ) *(Alex will Tierpfleger werden. Deshalb geht er oft in den Zoo.).*
- erfragt man mit ***Wer?*** oder ***Was?*** *(Wer will Tierpfleger werden? → Alex. Wer geht oft in den Zoo? → Er.)*

3. Das Dativobjekt

→ **Seite 179,** Wiederholung aus Klasse 5

- besteht aus Nomen oder Pronomen im **3. Fall** (Dativ).
- erfragt man mit ***Wem***? *(Ferhat hilft seiner Schwester.).*

4. Das Akkusativobjekt

→ **Seite 179**

- besteht aus Nomen oder Pronomen im **4. Fall** (Akkusativ).
- erfragt man mit ***Wen?*** oder ***Was?*** *(Anna isst Erdbeerkuchen.).*

→ Seite 180 ff.

5. Adverbialbestimmungen

Adverbialbestimmung der Zeit (Temporalbestimmung)
Man erfragt sie mit ***Wann? Seit wann? Wie oft? Wie lange?***
(Tobias geht jeden Mittwoch zum Training.)

Adverbialbestimmung des Ortes (Lokalbestimmung)
Man erfragt sie mit ***Wo? Wohin? Woher?***
(Marcus fährt mit dem Fahrrad zum Kino.)

Adverbialbestimmung der Art und Weise (Modalbestimmung)
Man erfragt sie mit ***Wie? Auf welche Weise?***
(Sie schreibt das Wort mit großen Buchstaben.)

Adverbialbestimmung des Grundes (Kausalbestimmung)
Man erfragt sie mit ***Warum? Weshalb? Aus welchem Grund?***
(Deshalb kann man es gut lesen.)

→ Seite 167 ff.

6. Attribute

Wenn man Nomen genauer beschreiben will, nennt man ihre **Eigenschaften** und **Besonderheiten**.

Wörter und Wortgruppen, die diese Eigenschaften ausdrücken, können vor dem Nomen stehen *(ausgezeichnete Segelflieger, vierzig Jahre)*.
Sie können aber auch nach dem Nomen stehen *(die Nahrung der Geier, eine Körperlänge von 3,30 Metern)*.

Solche Beifügungen zum Nomen heißen **Attribute.** Sie stehen vor oder hinter dem Bezugswort *(das listige* ***Tier****, ein* ***Tier*** *mit besonderem Charakter)*.

Man erfragt ein Attribut mit ***Was für ein/eine?*** oder ***Welcher? Welche? Welches?***

→ Seite 168, 204

7. Attributsätze (Relativsätze)

Ein Attribut kann auch ein ganzer Satz sein. Er heißt deshalb **Attributsatz.**
(Die Ameise, die sich ans andere Ufer retten konnte, kam mit dem Leben davon.)

Attributsätze werden mit den Relativpronomen *der/die/das* oder *welcher/welche/welches* eingeleitet. Man nennt sie deshalb auch **Relativsätze.**
(Der Fuchs, ***der*** *die Situation erkannt hatte, schmeichelte dem Raben.)*

Rechtschreibstrategien

→ Seite 12,
Wiederholung aus Klasse 5

1. Beim Schreiben mitsprechen

1. Achte darauf, langsam und deutlich zu schreiben.
2. Gliedere dabei die Wörter in Silben und sprich Silbe für Silbe wie ein Roboter mit.

3. Lies nach jedem Wort noch einmal genau, was du geschrieben hast.
4. Verbessere die Wörter, die du falsch oder undeutlich geschrieben hast.

2. Ableiten

→ **Seite 13, 104 ff.,** Wiederholung aus Klasse 5

1. Am Wortende b – p?, d – t?, g – k? → verlängern
   - Bei Nomen hilft: Plural (Mehrzahl) bilden *(Kind – Kin der; Gruß – Grü ße)*.
   - Bei Adjektiven hilft: durch ein *e* verlängern *(gelb – gel be)*.
   - Bei Verben hilft: Infinitiv (Grundform) bilden *(du legst – lie gen)*.
2. t-Signal beim Verb → Infinitiv (Grundform) bilden, in Silben sprechen *(kippt ↔ kippen; schreibt ↔ schreiben)*
3. ä – e?, äu – eu? → verwandte Wörter mit ***a/au*** suchen *(täglich – Tag; Bäume – Baum)*
4. Ein h? → h am Silbenanfang hörbar machen *(zieht → ziehen; dreht → drehen)*

3. Großschreibung von Nomen

→ **Seite 14, 64, 232, 235 f.,** Wiederholung aus Klasse 5

So kann man prüfen, ob ein Wort großgeschrieben wird:

1. Könnte man das, was das Wort bezeichnet, sehen oder anfassen?
2. Kann man das Wort mit einem der Artikel *der, die, das* kombinieren?
3. Endet das Wort auf *-keit, -nis, -schaft, -ung, -heit, -tum*?
4. Lässt sich direkt vor das Wort ein Adjektiv setzen, welches sich dabei verändert (Einfügetest)?

→ **Seite 66**

Kann man eine dieser Fragen mit „ja" beantworten, wird das Wort großgeschrieben.

Beispiel für den Einfügetest:
DAS? VERLASSEN? → schnell → das schnelle Verlassen

Nach den Wörtern *etwas, alles, nichts, manches, viel, wenig* werden Adjektive wie Nomen gebraucht. Sie werden deshalb großgeschrieben *(Wir wünschen dir alles Gute.)*.

→ **Seite 67**

4. Merken

Wörter mit ä

→ **Seite 15, 106, 156**

Zu einigen Wörtern mit *ä* gibt es **keine** verwandten Wörter mit *a*. Diese Wörter muss man sich einprägen:
allmählich, Bär, Dämmerung, gähnen, gebären, Käfer, Käfig, Käse, während.

Wörter mit ß

→ **Seite 143**

Nach **lang** gesprochenem ***a/ä, o/ö, u/ü*** sowie nach ***ie, ei*** und ***au/äu*** schreibt man für einen (scharfen) s-Laut ein ***ß:*** *saßen, mäßig, Soße, Blöße, Ruß, süß, schießen, heiß, außen, äußern.*

Schreibung von Eigennamen

→ Seite 83

Eigennamen bezeichnen eine bestimmte Person oder eine bestimmte Sache, z. B. Straßen, Gebäude, Flüsse und Institutionen *(Braunstraße, Fernsehturm, Elbe, Universität)*.
Wenn Adjektive und Präpositionen (Verhältniswörter) als Teile von Eigennamen verwendet werden, schreibt man sie groß *(Breite Straße, Vor dem Alten Tor, Grünes Gewölbe, Gasthof Zum Goldenen Löwen)*.
Bindestriche setzt man bei Zusammensetzungen mit mehreren oder mehrteiligen Namen *(Ernst-Reuter-Platz, Johann-Sebastian-Bach-Schule, Sankt-Marien-Kirche, Friedrich-Schiller-Straße)*.

Worttrennung am Zeilenende

→ Seite 130

Mehrsilbige Wörter trennt man nach Sprechsilben, die sich beim langsamen Sprechen von selbst ergeben *(Re-gen-ton-ne, Ba-de-man-tel)*.
Einzelne Buchstaben am Wortanfang oder Wortende werden jedoch nicht abgetrennt *(Über-see, Abend-rot)*.
Zusammengesetzte Wörter werden nach ihren sprachlichen Bestandteilen getrennt *(Schluss-szene, Glas-auge, Trenn-übung, See-elefant, Straußen-ei, Druck-erzeugnis)*.

→ Seite 131

Man trennt: ***pf*** und ***st*** *(A**p**-**f**el, Ki**s**-**t**e)*.
Nicht getrennt werden: ***ch*** *(ko-**ch**en)*, ***ck*** *(ba-**ck**en)*, ***sch*** *(Ti-**sch**e)*, ***ph*** *(Pro-**ph**et)*, ***th*** *(ka-**th**olisch)*.

Schreibung von das/dass

→ Seite 144 ff.

Das Wort ***das*** ist ein unbestimmter Artikel, es kann aber auch ein Pronomen sein. Das Wort kann durch andere Wörter ersetzt werden, z. B. durch *dieses, jenes, welches. (Das Buch, das du mir geliehen hast, gefällt mir gut.* → *Das Buch, welches du mir geliehen hast, gefällt mir gut.)*

Das Wort ***dass*** kann nicht durch ein anderes Wort ersetzt werden.
Der ***dass-Satz*** kann auch am Anfang des Satzes stehen
(Experten behaupten, dass es in Zukunft fast nur noch Bücher auf CD-ROM geben wird.
Dass es in Zukunft fast nur noch Bücher auf CD-ROM geben wird, behaupten Experten.).
Dann steht im Hauptsatz das konjugierte (gebeugte) Verb vorn.

Komma bei Aufzählungen

→ **Seite 202 ff.,** Wiederholung aus Klasse 5

1. Die einzelnen Glieder (Wörter oder Wortgruppen) einer Aufzählung werden durch **Kommas** voneinander getrennt, z. B.
   Im Zirkus gab es Affen, Pinguine, Lamas, Elefanten, Zebras, Löwen.
   Im Zirkus gab es lustige Affen, niedliche Pinguine, spuckende Lamas, Elefanten mit großen Ohren, eine Gruppe Zebras, mehrere Löwen.

2. Ein ***und*** oder ***oder*** ersetzt das Komma, z. B.
   Lösche den Durst mit Wasser, Tee <u>oder</u> Fruchtsäften.

Im Wörterbuch nachschlagen

Abkürzungen und Zeichen im Wörterbuch

→ **Seite 188 ff.**

Erklärungen zu den verwendeten Zeichen und Abkürzungen findet man meist in den „Hinweisen für den Benutzer“:

- Ein senkrechter Strich dient zur Angabe der Silbentrennung, z. B. **Amei|sen|hau|fen.**
- Ein Strich unter einem Vokal kennzeichnet die lange, betonte Silbe, z. B. **A̲meise.**
- Ein Punkt unter einem Vokal kennzeichnet die kurze, betonte Silbe, z. B. **Ạmsel.**

Verbformen

→ **Seite 190**

In vielen Wörterbüchern stehen schwierige konjugierte (gebeugte) Formen des Verbs bei dem dazugehörigen Infinitiv (Grundform), z. B. *stram | peln < strampelst, strampelte, hat/ist gestrampelt.*

Liste unregelmäßiger Verben

Grundform	Präsens	Präteritum	Perfekt
befehlen	du befiehlst	ich befahl	ich habe befohlen
beißen	du beißt	ich biss	ich habe gebissen
biegen	du biegst	ich bog	ich habe gebogen
binden	du bindest	ich band	ich habe gebunden
bitten	du bittest	ich bat	ich habe gebeten
blasen	du bläst	ich blies	ich habe geblasen
bleiben	du bleibst	ich blieb	ich bin geblieben
brechen	du brichst	ich brach	ich habe gebrochen
brennen	du brennst	ich brannte	ich habe gebrannt
bringen	du bringst	ich brachte	ich habe gebracht
denken	du denkst	ich dachte	ich habe gedacht
dürfen	du darfst	ich durfte	ich habe gedurft
essen	du isst	ich aß	ich habe gegessen
fahren	du fährst	ich fuhr	ich bin gefahren
fallen	du fällst	ich fiel	ich bin gefallen
fangen	du fängst	ich fing	ich habe gefangen
finden	du findest	ich fand	ich habe gefunden
fliegen	du fliegst	ich flog	ich bin geflogen
fliehen	du fliehst	ich floh	ich bin geflohen
fließen	es fließt	es floss	es ist geflossen
fressen	es frisst	es fraß	es hat gefressen
frieren	du frierst	ich fror	ich habe gefroren
geben	du gibst	ich gab	ich habe gegeben
gehen	du gehst	ich ging	ich bin gegangen
geschehen	es geschieht	es geschah	es ist geschehen
gewinnen	du gewinnst	ich gewann	ich habe gewonnen
gießen	du gießt	ich goss	ich habe gegossen
graben	du gräbst	ich grub	ich habe gegraben
greifen	du greifst	ich griff	ich habe gegriffen
haben	du hast	ich hatte	ich habe gehabt
halten	du hältst	ich hielt	ich habe gehalten
hauen	du haust	ich haute	ich habe gehauen
heißen	du heißt	ich hieß	ich habe geheißen
helfen	du hilfst	ich half	ich habe geholfen
kennen	du kennst	ich kannte	ich habe gekannt
klingen	es klingt	es klang	es hat geklungen
kommen	du kommst	ich kam	ich bin gekommen
können	du kannst	ich konnte	ich habe gekonnt
kriechen	du kriechst	ich kroch	ich bin gekrochen
lassen	du lässt	ich ließ	ich habe gelassen
laufen	du läufst	ich lief	ich bin gelaufen
lesen	du liest	ich las	ich habe gelesen
liegen	du liegst	ich lag	ich habe gelegen
lügen	du lügst	ich log	ich habe gelogen
messen	du misst	ich maß	ich habe gemessen
mögen	du magst	ich mochte	ich habe gemocht
müssen	du musst	ich musste	ich habe gemusst
nehmen	du nimmst	ich nahm	ich habe genommen

Grundform	Präsens	Präteritum	Perfekt
pfeifen	du pfeifst	ich pfiff	ich habe gepfiffen
raten	du rätst	ich riet	ich habe geraten
reißen	du reißt	ich riss	ich habe gerissen
reiten	du reitest	ich ritt	ich bin geritten
rennen	du rennst	ich rannte	ich bin gerannt
riechen	du riechst	ich roch	ich habe gerochen
rufen	du rufst	ich rief	ich habe gerufen
schieben	du schiebst	ich schob	ich habe geschoben
schießen	du schießt	ich schoss	ich habe geschossen
schlafen	du schläfst	ich schlief	ich habe geschlafen
schlagen	du schlägst	ich schlug	ich habe geschlagen
schleichen	du schleichst	ich schlich	ich bin geschlichen
schließen	du schließt	ich schloss	ich habe geschlossen
schneiden	du schneidest	ich schnitt	ich habe geschnitten
schreiben	du schreibst	ich schrieb	ich habe geschrieben
schreien	du schreist	ich schrie	ich habe geschrien
schweigen	du schweigst	ich schwieg	ich habe geschwiegen
schwimmen	du schwimmst	ich schwamm	ich bin geschwommen
sehen	du siehst	ich sah	ich habe gesehen
sein	du bist	ich war	ich bin gewesen
singen	du singst	ich sang	ich habe gesungen
sinken	du sinkst	ich sank	ich bin gesunken
sitzen	du sitzt	ich saß	ich habe gesessen
sprechen	du sprichst	ich sprach	ich habe gesprochen
springen	du springst	ich sprang	ich bin gesprungen
stechen	du stichst	ich stach	ich habe gestochen
stehen	du stehst	ich stand	ich habe gestanden
stehlen	du stiehlst	ich stahl	ich habe gestohlen
steigen	du steigst	ich stieg	ich bin gestiegen
sterben	er stirbt	er starb	er ist gestorben
stinken	es stinkt	es stank	es hat gestunken
stoßen	du stößt	ich stieß	ich habe gestoßen
streichen	du streichst	ich strich	ich habe gestrichen
streiten	du streitest	ich stritt	ich habe gestritten
tragen	du trägst	ich trug	ich habe getragen
treffen	du triffst	ich traf	ich habe getroffen
trinken	du trinkst	ich trank	ich habe getrunken
tun	du tust	ich tat	ich habe getan
vergessen	du vergisst	ich vergaß	ich habe vergessen
verlieren	du verlierst	ich verlor	ich habe verloren
verzeihen	du verzeihst	ich verzieh	ich habe verziehen
wachsen	du wächst	ich wuchs	ich bin gewachsen
waschen	du wäschst	ich wusch	ich habe gewaschen
werden	du wirst	ich wurde	ich bin geworden
werfen	du wirfst	ich warf	ich habe geworfen
wissen	du weißt	ich wusste	ich habe gewusst
ziehen	du ziehst	ich zog	ich habe gezogen
zwingen	du zwingst	ich zwang	ich habe gezwungen

Arbeitstechniken

→ **Seite 25 ff., 38 ff., 190, 192, 234 f.,** Wiederholung aus Klasse 5

Test zum Erkennen von Verben

So kannst du prüfen, ob ein Wort ein Verb ist:
- Kann man das Wort mit *ich* und *du* kombinieren?
- Verändert sich dabei die Endung des Wortes?

Kannst du beide Fragen mit „ja" beantworten, ist das Wort ein Verb.

→ **Seite 65 ff., 94 ff.,** Wiederholung aus Klasse 5

Tests zum Erkennen von Adjektiven

1. Fast alle Adjektive kann man mit *sein (ich bin …, du bist …, er ist …)* kombinieren: *Er ist dünn.*
2. Die meisten Adjektive kann man steigern: *Der König war reich. Der König wollte noch reicher werden. Der König wollte am reichsten sein.*
3. Adjektive kann man zwischen einen Artikel und ein Nomen setzen. Dabei muss man an das Adjektiv eine Endung anfügen: *klein + Männchen* → *das kleine Männchen, ein kleines Männchen.*

→ **Seite 69, 107, 109, 219**

Ein Selbstdiktat schreiben

Bei einem Selbstdiktat geht man so vor:
1. Lies zuerst den ganzen Text, um den Inhalt zu verstehen.
2. Lies danach den ersten Satz und präge ihn dir ein.
3. Decke den Text ab und schreibe den Satz aus dem Gedächtnis. Sprich leise oder „in Gedanken" mit. Schwierige Wörter sprichst du am besten nach Silben getrennt.
4. Danach kommt der zweite Satz: wieder *lesen, abdecken, aufschreiben* usw.

→ **Seite 9, 63, 173**

Eine Rückmeldung geben

1. Höre beim Vortrag aufmerksam zu. Du kannst dir auch Notizen machen.
2. Nenne zuerst alles, was gut gelungen ist.
3. Beschreibe dann, was dir aufgefallen ist, ohne es zu bewerten.
4. Gib am Schluss deine Tipps so, dass sie dem anderen helfen.

→ **Seite 49**

Sich streiten und sich einigen

1. Setze dich nur mit Worten und nicht mit Fäusten auseinander.
2. Gehe respektvoll mit anderen um und bleibe sachlich.
3. Erkenne an, dass andere Menschen eine andere Sicht und andere Interessen haben können.
4. Bemühe dich um eine Lösung des Streits, die für beide Seiten fair ist.

→ **Seite 18 ff., 30 ff., 98 ff.,** Wiederholung aus Klasse 5

Eine Geschichte erzählen

1. Fang nicht sofort mit dem Erzählen an. Warte, bis alle zuhören.
2. Nenne den Ort, an dem deine Geschichte spielt.
3. Beschreibe die Personen oder Tiere deiner Geschichte genau und gib ihnen Namen.

4. Gestalte deine Geschichte für die Zuhörer spannend – es muss etwas passieren!
5. Erzähle der Reihe nach, benutze einen Stichwortzettel.

Von Erlebnisssen erzählen

→ Seite 18 ff.

1. Wähle ein Erlebnis aus, das für andere interessant ist.
2. Denke daran, dass die Zuhörer von dem, was du erzählen willst, noch nichts wissen.
3. Mache deine Geschichte spannend. Versuche, die Spannung langsam zu steigern, und komme nach dem Höhepunkt zügig zum Ende.
4. Gestalte deine Erzählung durch passende und auch ungewöhnliche Wörter. Bilde verständliche Sätze, die nicht zu lang sind.
5. Achte auf Mimik und Gestik; mit deiner Körpersprache kannst du die Erzählung eindringlicher gestalten.
6. Beachte die Reaktionen deiner Zuhörer: Komme zur Sache oder steigere die Spannung, wenn das Interesse nachlässt. An manchen Stellen kannst du auch eine Frage stellen, auf die du aber gar keine Antwort erwartest. Das erhöht die Aufmerksamkeit deiner Zuhörer.

Einen Dialogtext auswendig lernen

→ Seite 59

1. Lies einen Satz, decke ihn ab und wiederhole ihn auswendig.
2. Lerne zuerst nur einen Satz, danach zwei, dann drei usw.
3. Bitte eine Partnerin oder einen Partner, den Text der anderen Darsteller zu lesen oder nimm ihn mit einem Aufnahmegerät auf.
4. Präge dir für deinen Einsatz jeweils das letzte Wort deines Vorredners ein.

Ein Rollenspiel durchführen

→ Seite 47 ff.

In einem Rollenspiel lernen alle: Spieler *und* Beobachter.

Die Spieler
übernehmen eine Rolle. Ihr Verhalten wird vorher abgesprochen.
Sie spielen nicht sich selbst, bringen aber ihre Erfahrungen mit ein.

Die Beobachter
beobachten und beurteilen die angebotenen Lösungen.
Sie beurteilen aber nicht die schauspielerische Leistung.

Das Vorlesen eines Textes vorbereiten

→ Seite 8 f., 143, 173

1. Lies den Text einige Male halblaut.
2. Mache bei jedem Satzzeichen eine Pause.
3. Senke bei einem Punkt die Stimme.
4. Entscheide, wo du laut und wo du eher leise sprichst.
5. Überlege dir, welche Stellen du besonders betonst.

Arbeitsergebnisse präsentieren

1. Überlege dir vorher, wie du deine Präsentation interessant und anschaulich machen kannst (mit Bildern, Geräuschen, Gegenständen, Plakaten, …).
2. Wenn du einen Text vorträgst, markiere dir vorher mit Zeichen, welche Wörter du betonen willst, wo du Pausen machst, wo du laut und leise sprichst.
3. Atme ruhig durch, bevor du beginnst. Sprich laut und deutlich und nicht zu schnell.
4. Unterstütze deinen Vortrag mit passenden Handbewegungen.
5. Schau deine Zuhörer an.

→ Wiederholung aus Klasse 5

Ein Plakat gestalten

Ein Plakat soll einen schnellen Überblick geben, auch aus größerer Entfernung. Deshalb muss es sehr übersichtlich sein.

1. Probiere verschiedene Schriften, Schreibwerkzeuge und Materialien aus.
2. Teile den Platz ein: Wo soll die Überschrift stehen und wo der Text? Benutze Hilfslinien.
3. Nenne in der Überschrift das genaue Thema.
4. Schreibe nur die wichtigsten Informationen auf (möglichst wenig Text).
5. Schreibe so groß, dass man den Text auch aus einiger Entfernung lesen kann.
6. Wenn du Bilder und Zeichnungen einfügst, müssen sie auch groß und gut erkennbar sein.

→ **Seite 100, 103, 177, 216,** Wiederholung aus Klasse 5

Ein Wörternetz knüpfen

Mithilfe eines Wörternetzes kannst du Ideen für eine Geschichte sammeln.

1. Schreibe ein wichtiges Wort, das in der Geschichte vorkommen soll, in die Mitte des Blattes.
2. Überlege, welche Wörter dir dazu einfallen.
3. Schreibe sie um das Wort herum.

Ein Wörternetz kannst du auch nutzen, wenn du z. B. Wörter zu einem Wortfeld sammeln willst.

→ **Seite 18 ff. 98 ff.,** Wiederholung aus Klasse 5

Interessant und spannend schreiben

1. Denke daran, dass die Leser deine Geschichte nicht kennen. Schreibe, wann und wo sie sich ereignet hat und wer daran beteiligt war.
2. Die Geschichte wird spannender, wenn du solche Zeitangaben verwendest: *plötzlich, auf einmal, gerade als, …*
3. Auch durch Adjektive kannst du die Spannung erhöhen: *stockdunkel, gefährlich, …*
4. Erinnere dich daran, was du während des Erlebnisses gedacht und gefühlt hast, z. B. *Was war das? Ob das gut geht? Ich hatte Herzklopfen. Ich zitterte, …*
5. Schreibe auch, was gesprochen wurde. Verwende die direkte/wörtliche Rede.
6. Gib deiner Geschichte eine Überschrift, die neugierig macht, aber nicht zu viel verrät.

Eine Geschichte mithilfe eines Erzählplans weiterschreiben ✎

→ Seite 33, 90 f.

1. Überlege, welche Möglichkeiten es für den Fortgang der Geschichte gibt (z. B. wie die Personen handeln könnten). Entscheide dich für eine Möglichkeit. Schreibe deine Entscheidung auf.
2. Überlege, was dann passieren könnte. Dabei kommst du wieder an einen Entscheidungspunkt. Notiere deine Entscheidung.
3. Durchdenke auf diese Weise die gesamte Geschichte. Halte die einzelnen Erzählschritte fest und entwirf so deinen Erzählplan.
4. Gehe am Schluss mithilfe des Erzählplans deine Geschichte in Gedanken durch: Passt alles zusammen? Fehlt etwas?
5. Schreibe die Geschichte nun anhand deines Plans auf.

Eine Schreibkonferenz durchführen ✎

→ Seite 99, Wiederholung aus Klasse 5

1. Setzt euch in Gruppen zusammen.
2. Einer aus der Gruppe liest seine Geschichte vor. Dann können die anderen Fragen stellen, falls etwas in der Geschichte unklar sein sollte.
3. Besprecht gemeinsam folgende Fragen und gebt dem Verfasser eine Rückmeldung: *Was hat euch besonders gut gefallen? Was hat euch nicht gefallen? Konntet ihr der Geschichte bis zum Schluss folgen oder gab es „Erzähllöcher"? Passt die Überschrift zum Text? Weckt sie das Interesse der Zuhörer/Leser?*
4. Der Verfasser macht sich Notizen und überarbeitet anschließend seine Geschichte. Dabei achtet er auf die sprachliche Richtigkeit.

Ein Gedicht wirkungsvoll vortragen

→ Seite 139 ff.

1. Übe den Gedichtvortrag vor einem Spiegel: Schaue dich an und kontrolliere deine Haltung.
2. Stehe entspannt und selbstbewusst. Achte auf ein angemessenes Sprechtempo, mache an den passenden Stellen Pausen.
3. Warte beim Vortrag vor Zuhörern so lange, bis es ganz ruhig geworden ist.
4. Schaue während deines Vortrags die Zuhörer an.
5. Unterstütze deinen Vortrag durch Mimik und Gestik.
6. Bleibe nach dem Vortrag noch einen Moment stehen, bis sich die Spannung bei den Zuhörern gelöst hat.

Eine Einladung schreiben ✎

→ Seite 113

1. Inhalt

- Nenne das Ereignis, zu dem du einlädst.
- Gib an, wer das Ereignis veranstaltet und wer einlädt.
- Informiere über das Datum, die Uhrzeit und den Veranstaltungsort.
- Gib an, ob die Besucher sich anmelden sollen und ob ein Eintrittspreis erhoben wird.

2. Form

Entscheide, welche Form die Einladung haben soll (Einladungskarte, Einladungsbrief, Plakat, Flyer, E-Mail, Anzeige in einer Zeitung).

3. Gestaltung

- Ordne die Inhalte klar und übersichtlich auf dem Papier an (Tabelle, fortlaufender Text).
- Hebe wichtige Inhalte besonders hervor (Überschrift als Blickfang, Unterstreichungen, große Schrift, Farben).
- Entscheide, ob Zeichnungen oder Bilder verwendet werden sollen.

→ **Seite 184, 187,** Wiederholung aus Klasse 5

Einen längeren Text lesen und verstehen

1. Lies die Überschrift: Was erzählt sie dir?
2. Gibt es Bilder zum Text? Was zeigen sie dir?
3. Lies den ganzen Text Abschnitt für Abschnitt. Überlege nach jedem Abschnitt, was darin steht. Wenn du dir unsicher bist, lies ihn noch einmal.
4. Wichtige Informationen kannst du mit W-Fragen herausfinden. Du kannst auch jedem Abschnitt eine Überschrift geben.
5. Welche Wörter oder Sätze helfen dir, den Inhalt des Textes einzuprägen? Schreibe sie auf oder unterstreiche auf Folie.
6. Welche Wörter oder Sätze verstehst du noch nicht? Kläre sie!

→ **Seite 159,** Wiederholung aus Klasse 5

Einen Text mithilfe von W-Fragen verstehen

1. Immer, wenn du beim Lesen zu einer wichtigen Information kommst, stellst du dazu eine kurze W-Frage *(Wer tut etwas? Wann ereignet es sich? Wo passiert es? Was geschieht? Warum kommt es dazu?)*.
2. Beantworte die Frage und notiere die Antwort in Stichworten. Lies nun weiter bis zur nächsten Information.
3. Fasse nach dem Lesen den Text anhand deiner Notizen mit eigenen Worten zusammen.

→ **Seite 153, 208**

Ein Diagramm lesen und verstehen

1. Lies die Überschrift. Formuliere in einem Satz, was das Diagramm zeigt.
2. Notiere, um welche Art von Diagramm es sich handelt und woran du die Ergebnisse ablesen kannst (Größe des Kreisausschnittes, Höhe der Säulen, Länge der Balken).
3. Prüfe, welche weiteren Angaben das Diagramm enthält.
4. Notiere, was du über den höchsten und den niedrigsten Wert herausfinden kannst.
5. Formuliere alle Daten in Sätzen.

Sich schnell über den Inhalt eines Buches informieren

→ **Seite 195,** Wiederholung aus Klasse 5

1. Sieh dir den Titel und die äußere Gestaltung des Umschlages an. Überlege, was du so über den Inhalt erfährst.
2. Lies den Klappentext des Buches.
3. Überfliege das Inhaltsverzeichnis. Daraus erfährst du zum Beispiel, ob es um eine zusammenhängende Geschichte geht oder ob das Buch mehrere Geschichten enthält.
4. Prüfe, ob das Buch am Anfang oder Ende kurze Informationen zum Autor/zur Autorin enthält. Auch diese Informationen verraten oft etwas über den Inhalt.

Ein Buch vorstellen

→ **Seite 212 ff.**

1. Suche dir ein Buch aus, das dir gefällt.
2. Wähle eine geeignete Textstelle aus, die du vorlesen willst.
3. Prüfe beim ersten lauten Lesen, wie viel Zeit du dafür benötigst.
4. Übe nun das Vorlesen. Lies die besonders schwierigen Textstellen mehrmals. Achte auf deutliche Aussprache, angemessenes Lesetempo und passende Betonung.
5. Überlege dir, mit welchen Worten du deine Buchvorstellung einleiten möchtest und wie du zu dem ausgewählten Textausschnitt hinleiten willst.
6. Übe die Einleitung, als würdest du einen Vortrag halten.
7. Schreibe dir Redekärtchen mit Stichpunkten. Denke auch an die Begrüßung der Zuhörer und den Dank am Ende.
8. Übe deine Präsentation.

Checkliste zur Projektarbeit

→ **Seite 222,** Wiederholung aus Klasse 5

1. **Planung**
   - ☑ Material zum Thema besorgen
   - ☑ die Arbeitsweise und die Art der Präsentation festlegen
   - ☑ einen Zeitplan machen und die Aufgaben verteilen
2. **Erarbeitung**
   - ☑ wichtige Informationen und spannendes Material zusammentragen
   - ☑ Informationen und andere Materialien interessant aufbereiten
   - ☑ die Präsentation vorbereiten
3. **Präsentation**
   - ☑ das Ergebnis und den Weg dahin vorstellen

Im Team zusammenarbeiten

→ **Seite 222**

1. Halte dich an das, was ihr vereinbart habt.
2. Grenze niemanden aus und lass auch andere Meinungen gelten.
3. Bringe deine Ideen ein.
4. Sei bereit, Schwächeren zu helfen.
5. Stelle deine Interessen für das gemeinsame Ziel zurück.

Autorenverzeichnis

Andersen, Hans Christian wurde 1805 in Odense/Dänemark geboren und starb 1875 in Kopenhagen. Mit dem Buch „Märchen, für Kinder erzählt" wurde er als Schriftsteller weltberühmt. Seine bekanntesten Märchen sind „Das Mädchen mit den Schwefelhölzern" und „Das hässliche Entlein".

Die Prinzessin auf der Erbse, Seite 172, 173

Äsop lebte etwa in der Mitte des 6. Jahrhunderts vor Christi Geburt in Thrakien/Griechenland, angeblich als Sklave. Nach seiner Freilassung soll er großen Ruhm erlangt haben. Er ist einer der bekanntesten Fabeldichter.

Der Löwe, der Eber und die Geier, Seite 160, 161
Der Löwe und die Mücke, Seite 164

Browne, Anthony wurde 1946 in Sheffield/England geboren und ist ein bekannter Illustrator und Autor von Kinderbüchern. Für seine vielen Bilderbücher erhielt er bereits zahlreiche internationale Auszeichnungen. Besonders beliebt sind die Bücher über den Schimpansen „Willy".

Der Tunnel, Seite 30, 31

Busta, Christine wurde 1915 in Wien geboren, wo sie 1987 auch starb. Sie führte ein schweres, entbehrungsreiches Leben. Bereits im Alter von 14 Jahren musste sie selbst für ihren Lebensunterhalt sorgen. In ihren Gedichten verarbeitete sie ihre Erfahrungen. Christine Busta wurde mit zahlreichen Literaturpreisen für ihr dichterisches Schaffen geehrt.

Der Sommer, Seite 137

Erhardt, Heinz gehörte zu den beliebtesten Komikern Deutschlands. 1909 in Riga geboren, lebte er abwechselnd in Lettland, Russland und Deutschland. In den dreißiger Jahren des 20. Jahrhunderts trat er mit komischen Texten und selbst komponierten Liedern auf und erhielt im Berliner „Kabarett der Komiker" sein erstes Engagement. Während des II. Weltkrieges schrieb er Friedensgedichte. Nach Kriegsende zog Erhardt nach Hamburg, wo er als Moderator fürs Radio und später auch für Film und Fernsehen arbeitete. Der Entertainer, Schauspieler und Dichter starb im Alter von 70 Jahren in Hamburg-Wellingsbüttel.

Die Made, Seite 135

Frank, Karlhans wurde 1937 in Düsseldorf geboren und starb 2007 in Gelnhaar (Hessen). Er war Schriftsteller, arbeitete aber auch als Regisseur und Übersetzer. Neben zahlreichen Geschichten und Gedichten für Kinder und Erwachsene schrieb er auch Hörspiele und Filmdrehbücher.

Du und ich, Seite 225

Fühmann, Franz wurde 1922 in Rokytnice/Rochlitz in Böhmen geboren und starb 1984 in Berlin. In der DDR war er ein bekannter Autor und veröffentlichte vor allem Romane und Essays für Erwachsene. Sehr beliebt waren aber auch seine Kinder- und Jugendbücher.

Die Geschichte vom kleinen Und, Seite 90

Goethe, Johann Wolfgang (von) wurde 1749 in Frankfurt am Main geboren und starb 1832 in Weimar. Er gilt als der bedeutendste deutsche Dichter. Sein berühmtestes Werk ist das Drama „Faust", doch auch viele seiner anderen Theaterstücke werden heute noch gespielt. Darüber hinaus schrieb Goethe auch Romane („Die Leiden des jungen Werther") und naturwissenschaftliche Abhandlungen. Viele seiner Balladen (u.a. der „Erlkönig") und Gedichte sind sehr bekannt.

Gefunden, Seite 132
Erlkönig, Seite 140

Grimm, Jacob wurde 1785 in Hanau geboren und starb 1863 in Berlin. Er war ein bedeutender Sprach- und Literaturforscher und gilt als Begründer der Wissenschaft von der deutschen Sprache und Literatur. Zusammen mit seinem Bruder Wilhelm veröffentlichte er die Kinder- und Hausmärchen (1812–1815 in zwei Bänden) sowie das Deutsche Wörterbuch.

Grimm, Wilhelm wurde 1786 in Hanau geboren und starb 1859 in Berlin. Er gilt als der eigentliche Sammler der deutschen Märchen und Sagen, die er zusammen mit seinem Bruder Jacob herausgab.

Der Froschkönig (Ausschnitt), Seite 175
Der süße Brei, Seite 176
Hänsel und Gretel (Ausschnitt), Seite 181

Grosche, Erwin wurde 1955 in Anröchte geboren. Er ist Schauspieler, Sprecher, Kabarettist, Musiker und Autor von Kinder- und Jugendbüchern. Seine Reime und Lautgedichte für Kinder und Erwachsene, seine Gebetbücher, Geschichten und Bühnentexte sind oft skurril und komisch, lautmalerisch und voller Poesie. Grosches Bücher wurden in zahlreiche Sprachen übersetzt. Er ist Botschafter der *Stiftung Lesen* und wurde u.a. mit dem *Peter-Hille-Literaturpreis für Kabarett und poetische Kleinkunst* geehrt. Erwin Grosche lebt und arbeitet in Paderborn.

Der Föhn, Seite 139

Hacks, Peter stammt aus Breslau, wo er 1928 geboren wurde. Er studierte Soziologie, Philosophie, Literatur- und Theaterwissenschaft in München. 1955 siedelte Hacks in die DDR über. Er arbeitete als Schriftsteller, Essayist und Übersetzer, schrieb Hör- und Fernsehspiele und gehörte schon bald zu den bedeutendsten und einflussreichsten Dramatikern der DDR. Er starb 2003 in der Nähe von Groß Machnow.

Der Herbst steht auf der Leiter, Seite 136

Härtling, Peter wurde 1933 in Chemnitz geboren. Nach dem II. Weltkrieg arbeitete er zunächst als Redakteur für verschiedene Zeitungen. Er war Cheflektor des S. Fischer Verlages in Frankfurt am Main. Seit 1974 arbeitet Peter Härtling als freier Schriftsteller. Er schreibt vorwiegend Lyrik und Prosa. Bekannt sind seine zahlreichen Romanbiografien z.B. über Friedrich Hölderlin, Franz Schubert und Robert Schumann. 2003 erhielt Peter Härtling für sein Gesamtwerk den *Deutschen Bücherpreis*.

Oma (Ausschnitt), Seite 228

Henkes, Kevin wurde 1960 in Racine/Wisconsin, USA geboren. Er begann früh mit dem Malen und gestaltete mit 19 Jahren sein erstes Bilderbuch, das 1981 veröffentlicht wurde. Seitdem hat er zahlreiche Kinderbücher geschrieben und illustriert. In Deutschland wurde er vor allem mit dem 1996 erschienenen Kinder- und Jugendroman „... und dann kam Joselle" bekannt, der in vielen Schulen zur offiziellen Lektüre gehört.

... und dann kam Joselle (Ausschnitt), Seite 214, 215

Kästner, Erich wurde 1899 in Dresden geboren und starb 1974 in München. Er schrieb viele Werke für Erwachsene, zählt aber zu den beliebtesten Kinder- und Jugendbuchautoren Deutschlands. Zu seinen bekanntesten Werken gehören „Emil und die Detektive", „Das doppelte Lottchen", „Pünktchen und Anton" und „Das fliegende Klassenzimmer", die auch alle verfilmt wurden. Seine zahlreichen Gedichte voller Humor und Zeitkritik werden ebenfalls gern gelesen.

Die Sache mit den Klößen, Seite 142

Kilian, Susanne wurde 1940 in Berlin geboren und lebt in Wiesbaden. Sie war Lehrerin und Buchhändlerin und schreibt Geschichten für Kinder- und Jugendliche.

Träumen, Seite 22, 23

La Fontaine, Jean de wurde 1621 in Château-Thierry/ Frankreich geboren und starb 1695 in Paris. Er entstammte dem niederen Adel. Er studierte Jura und begann zu dichten. Weltberühmt wurde La Fontaine durch seine über 200 Fabeln. Da die meisten davon in Versform geschrieben sind, wird er häufig auch als „König der Verse" bezeichnet.

Der Wolf und der Storch, Seite 162
Die Taube und die Ameise, Seite 169

Luther, Martin wurde 1483 in Eisleben geboren, wo er 1546 auch starb. Der Augustinermönch und spätere Theologieprofessor leitete mit seinen 95 Thesen die Reformation der katholischen Kirche ein. Auf der Wartburg bei Eisenach übersetzte er während seiner Verbannung das Alte und Neue Testament ins Deutsche und legte damit die Grundlage für die Neuhochdeutsche Schriftsprache.

Der Fuchs, Seite 171

Lutz, Herbert wurde 1950 in Calw geboren und lebt in Bad Teinach. Er ist Verlagslektor und Autor.

Wielands Flucht, Seite 186, 187
Die fremden Schafe, Seite 223

Maar, Paul wurde 1937 in Schweinfurt geboren und lebt in Bamberg. Er schreibt fast nur für Kinder und Jugendliche und illustriert seine Bücher meist selbst. Besonders bekannt sind seine Geschichten vom „Sams", die auch verfilmt wurden.

Eine Woche voller Samstage (Ausschnitt), Seite 60, 61

Manz, Hans wurde 1931 in Wila/Schweiz geboren und lebt als freier Schriftsteller und Journalist in Zürich und in der Toskana. Bekannt wurde er durch seine Sprachspielbücher, etwa das „Sprachbuch für Kinder und Neugierige: Die Welt der Wörter". Daneben veröffentlichte er Erzählungen, einen Roman und verschiedene Kinderbücher.

Was Worte alles können, Seite 226

Mörike, Eduard wurde 1804 in Ludwigsburg geboren und starb 1875 in Stuttgart. Er war zunächst Geistlicher und schrieb nach seiner vorzeitigen Pensionierung viele Naturballaden und Naturgedichte, aber auch Geschichten und Romane.

Septembermorgen, Seite 132

Morgenstern, Christian wurde 1871 in München geboren. Er studierte Jura, Kunstgeschichte und Philosophie in Berlin und arbeitete als Journalist, Dramaturg und Übersetzer. Berühmtheit erlangte er mit seinem lyrischen Schaffen. Besonders seine Gedichtsammlung „Galgenlieder" zeugen vom Sinn fürs Groteske, von Humor und außerordentlichem Sprachwitz. Morgenstern starb 1914 in Meran.

Der Schnupfen, Seite 137

Petzoldt, Leander Zum Leben dieses Autors gibt es keine gesicherten Informationen.

Tom und der Neue (Hörspiel von Leander Petzoldt nach Mark Twain), Seite 50, 51

Rhenius, Barbara
Zur Biografie dieser Autorin gibt es keine gesicherten Informationen.

Geisterstunde, Seite 138

Ringelnatz, Joachim wurde 1883 in Wurzen geboren und starb 1934 in Berlin. Er übte etwa dreißig Berufe aus und fuhr sein Leben lang als Matrose zur See. Von seinen Erlebnissen und Erfahrungen versuchte er als Kabarettist auf der Bühne, als Maler und als Schriftsteller zu erzählen. Sein dichterisches Werk ist sehr vielfältig. Berühmt wurde seine humoristische Gedichtsammlung „Kuddel Daddeldu". Ringelnatz veröffentlichte aber auch Erzählungen, Grotesken, Märchen und Kinderbücher. Während der Zeit des Faschismus galt sein Werk als „entartet".

Die Seifenblase, Seite 134

Schnurre, Wolfdietrich wurde 1920 in Frankfurt am Main geboren und starb 1989 in Kiel. Er arbeitete als Theater- und Filmkritiker und wurde in Deutschland vor allem durch seine zahlreichen Kurzgeschichten bekannt. Er schrieb zudem Fabeln, Hör- und Fernsehspiele, Romane und Kinderbücher.

Mein Umgang mit Geistern, Seite 8, 9

Stewart, Paul wurde 1955 in London geboren. Nach seinem Studium arbeitete er zunächst als Lehrer. Er begann Kinderbücher zu schreiben. Mit seinen „Klippenland-Chroniken" wurde er sehr bekannt. Sie wurden in zahlreiche Sprachen übersetzt. Stewart lebt als freier Schriftsteller in Brigthon/England.

Twig im Dunkelwald (Ausschnitt), Seite 219

Tolkien, John Ronald Reuel wurde 1892 in Bloemfontein/Südafrika geboren und starb 1973 in Bournemouth/England. Er gilt als einer der bedeutendsten „Fantasy"- Autoren, besonders durch seine Trilogie „Der Herr der Ringe", die er in den 1950er-Jahren schrieb. Die Verfilmung der drei Teile war sehr erfolgreich und hat das Werk nach über 50 Jahren auch als Buch wieder zu einem Bestseller werden lassen.

Der kleine Hobbit (Ausschnitt), Seite 212, 213

Tolstoi, Leo N. wurde 1828 in Jasnaja Poljana/Russland geboren und starb 1910 in Astapowo/Russland. Er war ein bedeutender russischer Dichter. Zahlreiche seiner oft mehrteiligen Romane wurden weltberühmt, so zum Beispiel „Krieg und Frieden" oder „Anna Karenina".

Der große Bär, Seite 178

Twain, Mark, mit richtigem Namen Samuel Langhorne Clemens, wurde 1835 in Florida/Missouri, USA geboren und starb 1910 in Redding/Connecticut, USA. Seine Werke gehören zu den wichtigsten in der amerikanischen Literatur. Seine Romane „Die Abenteuer Tom Sawyers" und „Die Abenteuer und Fahrten des Huckleberry Finn" sind bis heute vor allem bei jugendlichen Lesern sehr beliebt.

Tom und der Neue (Hörspiel von Leander Petzoldt nach Mark Twain), Seite 50, 51

Uhland, Ludwig wurde 1787 in Tübingen geboren, wo er 1862 auch starb. Er war ein deutscher Dichter, Politiker und Literaturwissenschaftler. Besondere Berühmtheit erlangten seine Gedichte und Balladen, denen oft mittelalterliche Sagen zugrunde liegen.

Frühlingsglaube, Seite 132

Textarten

Bericht

Bei einem Bericht wird ein Ereignis oder Geschehen in sachlicher Sprache und meist im Präteritum dargestellt. Der Berichtende verzichtet dabei auf eine Wertung des Geschehens und überlässt es dem Hörer oder Leser, sich eine eigene Meinung zu bilden. Mithilfe der W-Fragen kann man einem Bericht die notwendigen Informationen entnehmen.

Exkursion in die Hauptstadt, 78

Bildzeichen (Piktogramm)

Ein grafisch gestaltetes Zeichen, das der Betrachter möglichst schnell verstehen soll.

Bildzeichen, 74, 75

Brief

Briefe sind schriftliche Mitteilungen, die von einem Absender (der den Brief verschickt) an einen Adressaten (der den Brief erhält) geschickt werden. Die wichtigsten Briefformen sind Privatbriefe und Geschäftsbriefe. Vor allem bei Geschäftsbriefen müssen bestimmte Regeln für den Aufbau eingehalten werden. Zunehmend nutzen viele Menschen die Möglichkeiten des Internets und verschicken E-Mails (siehe **Kleines Computerlexikon, Seite 159**).

Briefe aus einer Schülerzeitung (Muster), 69
Einladungen (Muster), 110–113, 116, 120
Sorgenbriefkasten (Muster), 55

Erzählung/Geschichte

In der Literatur versteht man unter Erzählungen – im Gegensatz beispielsweise zum Roman – kürzere Texte, zu denen z. B. Märchen, Kurzgeschichten und Novellen gehören. Inhaltlich gibt es dabei keine Einschränkungen. Eine genaue Zuordnung der Erzählung ist oft sehr schwer. So sollte sie zum Beispiel einen Umfang von etwa sechs bis 60 Seiten haben. Häufig bezeichnet man kürzere Texte auch als Geschichten.

Das Schulfest, 64

Der kleine Hund, 36
Der Tunnel, Anthony Browne, 30, 31, 34
Die Geschichte vom kleinen Und, Franz Fühmann, 90
Die gestohlene Armbanduhr, 11
Ein Fall für Inspektor Meyersberger, 11
Erinnerungen, 14
Geburtstagsparty (Erzählanfänge), 20
Herbst, 17
In der neuen Schule, 77
Mein Umgang mit Geistern, Wolfdietrich Schnurre, 8, 9
So ein Schreck!, 29
Spinnengeschichte (ohne Titel), 19
Träumen, Susanne Kilian, 22, 23
Vorsicht Einbrecher!, 10
Zum Glück nur ein Traum, 28

Fabel

In diesen kurzen Geschichten treten meist Tiere auf, die wie Menschen sprechen und handeln und unterschiedliche Eigenschaften (zum Beispiel Neid, Geiz, Dummheit, Klugheit oder Faulheit) besitzen. Am Ende kommt es zu einer überraschenden Wendung (Pointe). Oft formuliert der Dichter außerdem eine Lehre. Damit will er den Leser zu einem bestimmten Verhalten anregen.

Der Fuchs, nach Martin Luther, 171
Der Löwe, der Eber und die Geier, nach Äsop, 160, 161
Der Löwe und die Mücke, nach Äsop, 164
Der Wolf und der Storch, nach La Fontaine, 162
Die fremden Schafe, Herbert Lutz, 223
Die Taube und die Ameise, La Fontaine, 169
Maus und Frosch, 163

Gedicht

In der Antike begleiteten fahrende Sänger ihren Vortrag auf der „Lyra", einem Saiteninstrument. Deshalb heißt der Oberbegriff für alle Gedichtformen Lyrik. Gedichte sind meist kürzere Texte in einer besonderen Gestaltung. Die Einteilung in Strophen und Verse, ein besonderer Sprachrhythmus, gereimt oder auch ungereimt, Wiederholungen von Wörtern oder Sätzen, eine bildreiche Sprache und bildhafte Anordnungen sind kennzeichnend für die Textart Gedicht.

Der Föhn, Erwin Grosche, 139
Der Herbst steht auf der Leiter, Peter Hacks, 136
Der Sommer, Christine Busta, 137
Der Schnupfen, Christian Morgenstern, 137
Die Made, Heinz Erhardt, 135
Die Sache mit den Klößen, Erich Kästner, 142
Die Seifenblase, Joachim Ringelnatz, 134
Du und ich, Karlhans Frank, 225
Erlkönig, Johann Wolfgang von Goethe, 140
Frühlingsglaube, Ludwig Uhland, 132
Gefunden, Johann Wolfgang von Goethe, 132
Geisterstunde, Barbara Rhenius, 138
Septembermorgen, Eduard Mörike, 132
Was Worte alles können, Hans Manz, 226

Gespräch

Wenn sich mehrere Personen in ständigem Wechsel miteinander unterhalten, nennt man das ein Gespräch. Sind es nur zwei Personen, dann nennt man dieses Gespräch einen Dialog.

Mutter und Anna, 54
Pausengespräche, 218
Szenen zum Nachspielen (aus dem Schulalltag), 58, 59
Tom und der Neue (Hörspiel von Leander Petzoldt nach Mark Twain), 50, 51

Jugendbuch

Als Kinder- und Jugendliteratur bezeichnet man Bücher, die für junge Menschen zwischen drei und etwa 18 Jahren geschrieben werden. Allerdings gibt es nicht immer eine klare Alterstrennung. So lesen auch viele Erwachsene zum Beispiel gerne Märchen oder Fantasy-Romane, während Jugendliche durchaus auch Gedichte oder Erzählungen verstehen, die ursprünglich nicht für sie geschrieben wurden. Im 18. und 19. Jahrhundert dienten Jugendbücher fast nur der Erziehung. Die heutige Jugendliteratur möchte unterhalten, spannende und interessante Geschichten erzählen, die natürlich auch zum Nachdenken anregen sollen. Das Zusammenleben der Menschen, schulische und familiäre Probleme, geschichtliche Ereignisse, Freundschaft und erste Liebe, lustige Situationen, abenteuerliche Expeditionen und kriminalistische Ermittlungen sind nur einige der vielfältigen Themen heutiger Kinder- und Jugendliteratur.

Märchen

„Es war einmal" – wenn eine Geschichte mit diesen Worten beginnt, weiß der Leser sofort, dass es sich nur um ein Märchen handeln kann. Die Handlung ist fantastisch, Tiere können sprechen, Hexen und Zauberer erfüllen Wünsche oder bestrafen böse Menschen. Über Jahrhunderte hinweg haben sich die Menschen immer wieder diese Geschichten erzählt. Jeder hat die Handlung etwas ausgeschmückt. Diese sogenannten Volksmärchen wurden erstmals im 19. Jahrhundert von den Brüdern Grimm gesammelt und veröffentlicht. Später haben Dichter wie Hans Christian Andersen oder Wilhelm Hauff neue Märchen geschrieben (sie heißen deshalb Kunstmärchen). Sie sind heute bei Jung und Alt genauso beliebt.

Sachtext: Sachtexte sind keine literarischen Texte wie Romane oder Erzählungen; sie erzählen also keine „erfundenen" Geschichten. Meist beschäftigen sie sich mit einem bestimmten Thema (zum Beispiel aus der Geschichte, dem Sport oder den Naturwissenschaften) und sollen dem Leser Informationen dazu geben. Sachtexte gibt es in den unterschiedlichsten Formen – vom Lexikonartikel bis zum Fachbuch, von Gesetzestexten bis hin zu Protokollen, Zeitungsmeldungen, Anleitungen oder Unfallberichten. Sie können auch Fotos, Illustrationen oder grafische Übersichten enthalten.

Sage

Märchen und Sagen haben manche Gemeinsamkeiten, z. B. die mündliche Überlieferung. Sagen sind jedoch fast immer an einen bestimmten Ort gebunden oder spielen in einer mehr oder weniger genau bestimmten Zeit. Geschichtliche Ereignisse oder Gestalten stehen im Mittelpunkt der Handlung. Im Gegensatz zum Märchen wird oft so sachlich erzählt, dass der Leser selbst die unglaubwürdigsten Ereignisse als wahr empfindet.

Spielszene (Szenisches Spiel)

In einem Film oder einem Theaterstück spricht man von einer Szene, wenn in einem Zeitabschnitt die Personen und der Ort der Handlung gleich bleiben. Spielszenen sind sozusagen sehr kurze Theaterstücke ohne großen Aufwand. Zu ihnen zählt man auch Dialoge (ein Gespräch zwischen zwei Personen), pantomimische Stücke (eine Szene ohne Worte, nur mit Mimik und Gestik) sowie Stegreifspiele (eine Szene, die vorher nicht geprobt wird). Ohne Publikum sollte eine Spielszene natürlich nicht aufgeführt werden.

Spruch (Ausspruch)

Früher wurden vor allem Gedichte oder Dramen durch Sinn- und Denksprüche unterbrochen oder beendet. Viele dieser „geflügelten Worte" sind auch heute noch bekannt. In der heutigen Zeit werden Aussprüche von Persönlichkeiten (zum Beispiel von Künstlern oder Politikern) aber auch in vielfältiger Form aus Texten oder Reden entnommen.

Zeitungsmeldung

Eine Meldung informiert sehr kurz, sachlich und ohne eine persönliche Meinung über ein Ereignis. Sie enthält Antworten auf die W-Fragen: Wer? Was? Wann? Wo? Warum? Meist steht eine Meldung im Präteritum. Ein Bericht enthält darüber hinaus einige zusätzliche Informationen zum Geschehen.

Kleines Computerlexikon

Adressbuch

In einem elektronischen Adressbuch kannst du zum Beispiel die E-Mail-Adressen deiner Freunde oder anderer wichtiger Kontaktpersonen sowie weitere Angaben zu ihnen speichern. Dieses Programm läuft unter MS-Windows, der Zugriff erfolgt vor allem durch die bekannten Anwendungen Word Outlook (Outlook Express) oder Access.

Automatische Weiterleitung

Wenn du eine Webadresse eingibst, kann es sein, dass du unmittelbar oder nach einer bestimmten Zeit automatisch auf eine andere (neue oder aktualisierte) Webseite weitergeleitet wirst. Dies kann zum Beispiel geschehen, wenn es sich bei deiner Eingabe um eine veraltete Web-Adresse handelt, der Besitzer also „umgezogen" ist. In vielen Fällen findest du auf der „leeren" Seite dazu eine kurze Information. Manchmal erfolgt die automatische Weiterleitung aus gestalterischen Gründen (zum Beispiel öffnet sich eine kurze Begrüßungsseite, bevor man auf die tatsächliche Seite gelangt). Das gefällt jedoch nicht immer allen Besuchern der Seite, vor allem, wenn sie diese häufig aufrufen.

Datei-Anhang

Einer E-Mail kannst du eine Datei (zum Beispiel ein Word-Dokument) anhängen und mit versenden. Eine Datei ist eine Sammlung von Informationen mit jeweils ähnlichem Inhalt. Das können zum Beispiel Zeichen, Texte oder Bilder sein. Man nennt diese Informationen Daten. Sie werden in einem „Speicher" aufbewahrt, damit man sie wieder lesen oder auch verändern kann. Der Begriff Datei ist von dem Wortpaar Daten/Kartei abgeleitet. Man spricht deshalb von einem Kunstwort.

E-Mail

Im Internet kannst du blitzschnell, ohne Briefmarken, Nachrichten versenden oder erhalten. Mit der elektronischen Post (electronic mail = E-Mail) lassen sich aber nicht nur Texte, sondern auch Bilder, Musik und sogar Videos mithilfe von angehängten Dateien in die ganze Welt verschicken.

E-Mail-Adresse

Die persönliche Postadresse ist für dich als Benutzer (User) im Internet wichtig, damit du dich eindeutig identifizieren (ausweisen) kannst. Außerdem benötigst du sie häufig als Zugangsberechtigung, um an bestimmte Informationen zu gelangen. Eine E-Mail-Adresse besteht aus drei Teilen: Name (tatsächlicher oder Fantasiename), Symbol @, Name des Internetserviceanbieters (zum Beispiel: marko.frisch@verline.de).

Internet

Das Internet ist ein weltweiter Verbund von Computersystemen. Den Inhalt des Internets bestimmen seine Dienste. Das World Wide Web (WWW) oder auch kurz nur Web, ist der wichtigste und bekannteste Dienst. Häufig wird er daher auch als Bezeichnung für das Internet gebraucht.

Kindersuchmaschine

Im Internet gibt es spezielle Suchmaschinen für Kinder (*Blinde Kuh*, *Helles Köpfchen* und andere). Sie helfen bei der Suche nach altersgerechten Informationen und schützen gleichzeitig vor Links zu Seiten, die für Kinder und Jugendliche nicht geeignet sind.

Link/Online-Link

Auf vielen Internetseiten befinden sich oftmals Querverweise. Ein solcher Hyperlink (Kurzform: Link) verknüpft dabei verschiedene Dokumente unterschiedlicher www-Seiten. Dies geschieht mithilfe einer besonderen Programmiersprache (HTML). Durch Anklicken eines solchen Links gelangst du direkt zu dem auf der entsprechenden www-Seite angebotenen Dokument.

Rechtschreibprüfung

Wenn du in einem Textverarbeitungsprogramm arbeitest, lassen sich Rechtschreib-, Tipp- und grammatische Fehler leicht erkennen und korrigieren. Dabei hilft dir die Rechtschreibprüfung, die du so einstellen kannst, dass sie dir schon während des Schreibens die jeweiligen Fehler anzeigt. Aber auch eine Überprüfung nach dem Schreiben ist möglich.

SMS-Nachrichten

Nicht nur über das Handy kannst du eine SMS (Short Message Service = Kurzmitteilung) verschicken, auch über einen E-Mail-Dienst im Internet ist das möglich. Dabei gibt es sehr unterschiedliche Angebote (manche sind sogar kostenlos), sodass sich ein Vergleich lohnt.

SPAM-Filter

Das Versenden von E-Mails, die wertlos („Müll") sind, nennt man „Spamming". Solche Massen-E-Mails (z. B. Werbemails) verstoßen oft gegen die Regeln des Anstands im Internet. Deshalb solltest du bei der Auswahl eines E-Mail-Dienstes darauf achten, ob er einen SPAM-Filter anbietet, der den Empfang unerwünschter E-Mails verhindert bzw. einschränkt.

Suchmaschine

Diese Webadressen helfen dir bei der Suche nach Informationen im Internet. Du kannst Begriffe, Themen oder Namen eingeben und erhältst dann eine geordnete Übersicht aller Internetseiten, auf denen du etwas zu deinem Suchwort findest.

Speicherkapazität

Dabei handelt es sich um die maximale Informationsmenge, die du in einem Speicher aufbewahren kannst. Sie wird in Bit/Byte (Megabyte, Gigabyte, ...) gemessen, wobei diese Angaben zumeist auf dem binären System, und nicht auf dem dir vom Mathematikunterricht bekannten Dezimalsystem, beruhen.

Textverarbeitungsprogramm

Diese Programme ermöglichen dir das Schreiben und Verändern von Texten im Computer. Der von dir über die Tastatur eingegebene Text wird auf dem Bildschirm angezeigt. So kannst du während des Schreibens jederzeit zum Beispiel Wörter ändern, einen Satz an eine andere Stelle setzen, einen Text löschen oder an jeder beliebigen Stelle einfügen. Häufig ist auch eine Rechtschreibprüfung möglich.

Virenscanner

Elektronische Viren ermöglichen einen unerlaubten Zugriff auf andere Computer, tauchen als Unruhestifter in Form von E-Mail-Kettenbriefen auf (Hoax) oder werden unbemerkt in einem E-Mail-Programm installiert und als Datei-Anhang an alle Leute aus dem Adressenverzeichnis des E-Mail-Programms geschickt. Ein Antivirenprogramm (auch Virenscanner oder Virenschutz genannt) ist eine Software, die bekannte Computerviren sowie sogenannte Computerwürmer und Trojanische Pferde (Malware) aufspürt, blockiert und eventuell auch beseitigt. Zwar werden Virenscanner ständig weiterentwickelt, da dies aber auch für die Malware zutrifft, kann ein Virenscanner nicht hundertprozentig vor allen erdenklichen Viren und Würmern schützen. Deshalb solltest du als Computernutzer immer aufmerksam und wachsam sein, wenn du „online" bist.

Register

Textquellenverzeichnis

S. 8/9 Schnurre, Wolfgang: Mein Umgang mit Geistern. Aus: Schnurre, Wolfdietrich: Schnurren und Murren. Georg Bitter Verlag, Recklinghausen 1974; **S. 10** Nach R. W. Brednich. Aus: Der Goldfisch beim Tierarzt und andere sagenhafte Geschichten von heute. Hrsg. von R. W. Brednich. Omnibus, München 1996, S. 137; **S. 11** Nach R. W. Brednich. Aus: Der Goldfisch beim Tierarzt und andere sagenhafte Geschichten von heute. Hrsg. von R. W. Brednich. Omnibus, München 1996, S. 81f.; **S. 19** Aus: Richter, Jutta: Der Tag, als ich lernte die Spinnen zu zähmen. dtv, München 2002, S. 22f.; **S. 22/23** Kilian, Susanne: Träumen. Aus: Kilian, Susanne: Kinderkram. Kinder-Gedanken-Buch. Erzählungen und Texte. Verlag Beltz und Gelberg, Weinheim 1987, S. 34.; **S. 30/31** Aus: Browne, Anthony: Der Tunnel. Übers. von Peter Baumann. Lappan Verlag, Oldenburg 1969; **S. 50/51** Petzoldt, Leander: Tom und der Neue. Hörspiel. Aus: Lesezeichen Grundausgabe. Ernst Klett Schulbuchverlag, Stuttgart/Leipzig 1982, S. 60ff.; **S. 60/61** DAS SCHULFEST. Aus: Maar, Paul: Eine Woche voller Samstage. Oetinger Verlag, Hamburg 1973, S. 89ff.; **S. 64** Aus: Huneke, Hans-Werner: 120 neue Diktate 5/6. Ernst Klett Verlag, Leipzig/Stuttgart/Düsseldorf, S. 80. [bearbeitet für Übungen zur Rechtschreibung]; **S. 90** Fühmann, Franz: Die Geschichte vom kleinen Und. Aus: Geschichten 5/6. Hrsg. v. Kaspar H. Spinner. Diesterweg, Frankfurt a. M. 1990, S. 90ff. © Hinstorff Verlag, Rostock (Originalausgabe); **S. 99** Aus: Neue Zürcher Zeitung vom 10.10.1994; **S. 101** Zum Weinen. Nach: Leipziger Volkszeitung vom 29. März 1995, S. 24.; **S. 102** Nach: Das fahrende Skelett. Aus: Die Spinne in der Yucca-Palme. Hrsg. v. R. W. Brednich. C. H. Beck, München 1990; **S. 126** Screenshot. Nach: www.wasistwas.de (20.10.2010); **S. 127** Auszug Inhaltsverzeichnis. Aus: WAS IST WAS. Band 55. Dr. Ernst Künzl: Das alte Rom. Tessloff Verlag, Nürnberg 2010, S. 3; **S. 132** Uhland, Ludwig: Frühlingsglaube. Aus: Ludwig Uhland: Dichtungen, Briefe, Reden. Eine Auswahl. Hrsg. v. W. Scheffler. J. F. Steinkopf Verlag, Stuttgart 1963; Mörike, Eduard: Septembermorgen. Aus: Eduard Mörike. Werke in einem Band. Hrsg. v. Herbert G. Göpfert. Hanser Verlag, München 1977, S. 29; Goethe, J.W. von: Gefunden. Aus: Goethe, J.W. von : Das große deutsche Gedichtbuch. Von 1500 bis zur Gegenwart. Hrsg. v. Karl Otto Conrady. Artemis & Winkler, München/Zürich 1991, S. 247; **S. 134** Ringelnatz, Joachim: Die Seifenblase. Aus: War einmal ein Bumerang. Altberliner Verlag 1990, S. 20; **S. 135** Erhardt, Heinz: Die Made. Aus: Das große Heinz Erhardt Buch. Fackelträger Verlag, Hannover 1970, S. 82; **S. 136** Hacks, Peter: Der Herbst steht auf der Leiter. Aus: Hacks, Peter: Der Flohmarkt. Gedichte für Kinder. Kinderbuchverlag Berlin, 1965; **S. 137** Morgenstern, Christian: Der Schnupfen. Aus: Morgenstern, Christian: Gedichte-Verse- Sprüche. Lechner Verlag, Limassol 1993, S. 179; Busta, Christine: Der Sommer. Aus: Busta, Christine: Die Sternenmühle. Otto Müller Verlag, Salzburg 1959; **S. 138** Rhenius, Barbara: Geisterstunde. Aus: Wolfgang Menzel (Hg.): Pusteblume. Das Lesebuch. 4. Schuljahr. Schroedel Schulbuchverlag GmbH, Hannover 1995, S. 28 (Originalbeitrag); **S. 139** Grosche, Erwin: Der Föhn. Aus: Erwin Grosche: Der Badewannenkapitän. Gedichte und Geschichten für Kinder. dtv junior extra, Deutscher Taschenbuchverlag, München 2002, S. 62; **S. 140** Goethe, J.W. von: Erlkönig. Aus: Deutsche Balladen. Hrsg. v. Hartmut Laufhütte. Philipp Reclam jun., Stuttgart 2000, S. 66; **S. 142** Kästner, Erich: Die Sache mit den Klößen. Aus: Erich Kästner: Das verhexte Telefon. Atrium Verlag, Zürich 2000; **S. 146** Sternenflüstern. Aus: DB mobil Nr. 01/2003, S. 63–69. [bearbeitet für Übungen zu s, ss oder ß]; **S. 154** Wichtigkeit der Medien 2009: Jungen (sehr wichtig/wichtig). Aus: JIMplus 2009; Autoren: Sabine Feierabend und Thomas Rathgeb. Hg.: Medienpädagogischer Forschungsverbund Südwest, c/o LFK, Thomas Rathgeb, Rotebühlstr. 121, 70178 Stuttgart; Wichtigkeit der Medien 2009: Mädchen (sehr wichtig/wichtig). Aus: JIMplus 2009; Autoren: Sabine Feierabend und Thomas Rathgeb. Hg.: Medienpädagogischer Forschungsverbund Südwest, c/o LFK, Thomas Rathgeb, Rotebühlstr. 121, 70178 Stuttgart; Internet: Nutzungshäufigkeit 2007/2008/2009 (täglich/mehrmals pro Woche). Aus: JIMplus 2009; Autoren: Sabine Feierabend und Thomas Rathgeb. Hg.: Medienpädagogischer Forschungsverbund Südwest, c/o LFK, Thomas Rathgeb, Rotebühlstr. 121, 70178 Stuttgart; **S. 155** Inhaltliche Verteilung der Internetnutzung 2009. Aus: JIMplus 2009; Autoren: Sabine Feierabend und Thomas Rathgeb. Hg.: Medienpädagogischer Forschungsverbund Südwest, c/o LFK, Thomas Rathgeb, Rotebühlstr. 121, 70178 Stuttgart; **S. 160** Nach Äsop: Der Löwe, der Eber und die Geier. Aus: Fabeln des Aesop. Nacherzählt von Rudolf Hagelstange. Otto Maier Verlag, Ravensburg 1976, S. 26. [vereinfacht und gekürzt]; **S. 162** Nach: Jean de La Fontaine: Der Wolf und der Storch. Aus: Inkiow, Dimiter: Die Katze lässt das Mausen nicht und andere Fabeln des Äsop. Franz Schneider Verlag, München 1991, S. 120–122; **S. 163** Maus und Frosch. Aus: Gehrts, Barbara: Wer ist der König der Tiere? Fabeln aus aller Welt. Loewe Verlag, Bayreuth 1973, S. 225; **S. 164** Nach Äsop: Der Löwe und die Mücke. Unter: http://www-user.uni-bremen.de/~griese/fabeln/aesop.htm (dort Nr. 31). Bearb. von Gerd Griese; **S. 169** Jean de La Fontaine: Die Taube und die Ameise. Übers. von Hille & Partner GbR ©. Unter: http://gutenberg.spiegel.de/?id=5&xid=671&kapitel=14&cHash=bb6b0be2bataubamei#gb_found [für Übungen zur Rechtschreibung leicht bearbeitet] (28.09.2010); **S. 171** Nach: Martin Luther: Der Fuchs. Aus: Der Fuchs und der Rabe. Antike Fabeln. Übers. von Johannes Irmscher. Aufbau Verlag, Berlin/Weimar 1981, S. 46. [für Übungen zur Rechtschreibung leicht bearbeitet und vereinfacht]; **S. 172/173** Hans Christian Andersen: Die Prinzessin auf der Erbse. Aus: Hans Christian Andersens Märchen, Lechner Publishing Ltd., Limasol 1998, S. 205f.; **S. 175** Aus: Brüder Grimm: Kinder- und Hausmärchen, Teil 1. Insel Taschenbuch, Frankfurt a. M. 1979, S. 33–39; **S. 176** Brüder Grimm: Der süße Brei. Aus: Das große deutsche Märchenbuch. Hrsg. von Helmut Brackert. Albatros Verlag, Düsseldorf 2002, S. 218f.; **S. 178** Leo N. Tolstoi: Der große Bär. Aus: Tolstoi, Leo: Volkserzählungen. Übers. von Hans Klassen. Bauer, Stuttgart 1985; **S. 181** Hänsel und Gretel. Aus: Das große deutsche Märchenbuch. Hrsg. von Helmut Brackert. Albatros Verlag, Düsseldorf 2002, S. 150f. [für Übungen zur Rechtschreibung leicht bearbeitet]; **S. 182** Das Rübchen. Nach: Das Rübchen. Ein Märchen nach Alexei Tolstoi. Abel & Müller Verlag, Leipzig 1967, bearb. von Uta Man; **S. 183** Auszüge aus: Kinder- und Hausmärchen, gesammelt durch die Gebrüder Grimm. Winkler Verlag, München 1990, 13. Auflage (Schneewittchen, Das goldene Schloss, Rotkäppchen, König Drosselbart, Das Waldhaus, Frau Holle, Siebenschön, Die Sterntaler). [bearbeitet für Übungen zur Sprachbetrachtung]; **S. 184/185** Die Gründung Roms. Unter: http://gutenberg.spiegel.de/index.php?id=5&xid=2336&kapitel=9&cHash=22a691836broms#gb_found (28.09.2010); **S. 186/187** Wielands Flucht. Nacherzählt von Herbert Lutz. Aus: Klemm, Gustav Friedrich: Die Werkzeuge und Waffen, ihre Entstehung und Ausbildung. Zentralantiquariat der DDR, Leipzig 1978, S. 209–211; **S. 188** Wörterbuchseite. Aus: Fidibus. Wörterbuch Deutsch. Ernst Klett Schulbuchverlag GmbH, Leipzig 2005, S. 21; **S. 195** Lust auf Inline-Skating. Aus: Edwards, Chris: Lust auf Inline-Skating. Dt. Fassung von Günther Görtz, Pietsch Verlag, Stuttgart 1997, Klappentext (Originaltitel: The Young Inline Skater, Dorling Kindersley Limited, London.); **S. 196** Inhaltsverzeichnis. Edwards, Chris: Lust auf Inline-Skating. Dt. Fassung von Günther Görtz, Pietsch

Textquellenverzeichnis (Fortsetzung)

Verlag, Stuttgart 1997, S. 4. (Originaltitel: The Young Inline Skater, Dorling Kindersley Limited, London.); **S. 197** Glossar. Aus: Edwards, Chris: Lust auf Inline-Skating. Dt. Fassung von Günther Görtz, Pietsch Verlag, Stuttgart 1997, S. 35. (Originaltitel: The Young Inline Skater, Dorling Kindersley Limited, London.); Register. Aus: Edwards, Chris: Lust auf Inline-Skating. Dt. Fassung von Günther Görtz, Pietsch Verlag, Stuttgart 1997, S. 35. (Originaltitel: The Young Inline Skater, Dorling Kindersley Limited, London.); **S. 198** Verletzungsfrei fallen. Aus: Edwards, Chris: Lust auf Inline-Skating. Dt. Fassung von Günther Görtz, Pietsch Verlag, Stuttgart 1997, S. 22/23. (Originaltitel: The Young Inline Skater, Dorling Kindersley Limited, London.); **S. 199** Der kontrollierte Sturz. Aus: Edwards, Chris: Lust auf Inline-Skating. Dt. Fassung von Günther Görtz, Pietsch Verlag, Stuttgart 1997, S. 22/23. (Originaltitel: The Young Inline Skater, Dorling Kindersley Limited, London.); **S. 200** Stürze genau wie Sprünge üben. Aus: Saarbrücker Zeitung vom 24.10.2002; **S. 212/213** Aus: Tolkien, J.R.R.: Der kleine Hobbit. dtv, München 2003, S. 100–102. Übers. Walter Scherf. © Gerstenberg, 1997 (Originalausgabe); **S. 214/215** Aus: Henkes, Kevin: … und dann kam Joselle. Übers. von Eva Riekert. dtv, München 2002, u.a. Klappentext; **S. 219** Aus: Steward, Paul: Twig im Dunkelwald. Carlsen Verlag, Hamburg 2001; 738 Tage, 2 Quadratmeter. Aus: DB mobil Nr. 01/2003, S. 63–69; **S. 223** Lutz, Herbert: Die fremden Schafe. Aus: Leo 6, Ernst Klett Schulbuchverlag, Leipzig 1998, S. 40. [für Übungen zur Rechtschreibung leicht bearbeitet]; **S. 225** Frank, Karlhans: Du und ich. Aus: Schau mal – die Sterne! Ein Buch fürs Leben. Hrsg. v. Uli RothfusS. Silberburg Verlag, Tübingen 1998, S. 148; **S. 226** Manz, Hans: Was Worte alles können. Aus: Manz, Hans: Die Welt der Wörter. Beltz & Gelberg, Weinheim/Basel 1991; **S. 227** Zitat von Mahatma Ghandi. http://zitate.net/zitat_1070.html (28.09.2010); **S. 227** Zitat von Marie von Ebner-Eschenbach. Aus: Das große Buch der Zitate. Hrsg. v. Hans-Horst Skupy. Wissen Media Verlag GmbH, Gütersloh/München 2008, S. 285; **S. 228** Aus: Härtling, Peter: Oma. Weinheim und Basel. Beltz Verlag 1991, S. 72–79; **S. 230** Screenshot: www.blinde-kuh.de, Stichwort: Ägypten. Nach: www.blindekuh.de/egypten/(18.04.2008).

Bildquellennachweis

Einband Getty Images (Paul Figura/Stone), München; **6** Klett-Archiv (Grit Kleindienst), Stuttgart; **18** Klett-Archiv (Grit Kleindienst), Stuttgart; **43** Klett-Archiv (Helmut Obermann, Ettlingen), Stuttgart; **60** aus: Paul Maar. Eine Woche voller Samstage. Text von Paul Maar. Einband und Illustrationen von Paul Maar. © Verlag Friedrich Oetinger, Hamburg 1973; **74** URW, Hamburg; **74.unten** iStockphoto (Grant Dougall), Calgary, Alberta; **75.1** Fotolia LLC (xiver), New York; **75.2** Fotolia LLC (xiver), New York; **82** Keystone (Zick, Jochen), Hamburg; **86** Klett-Archiv (Grit Kleindienst), Stuttgart; **114** Getty Images (Stone), München; **125** Karzauninkat, Stefan, Hamburg; **126** http://www.wasistwas.de/suchergebnisse.html?tx_ansearchit_form%5Bsword%5D=r%C3%B6mer © Tessloff Verlag, Nürnberg; **127** Cover des WAS IST WAS Bandes 55, Titel: Das alte Rom, Tessloff Verlag, Nürnberg Auflage: 2010; **128.oben** Mauritius Images, Mittenwald; **128.unten und 129** Microsoft Word. Microsoft product screen shot reprinted with permission from Microsoft Corporation **150.oben links** Picture-Alliance (dpa/Jörg Carstensen), Frankfurt; **150.oben rechts** Picture-Alliance (CBS/Monty Brinton/Landov), Frankfurt; **150.unten links** ddp images GmbH (pwe), Hamburg; **150.unten rechts** Ullstein Bild GmbH (Adolph), Berlin; **154 und 155 alle Diagramme** nach: JIM-Studie 2009, Hg.: Medienpädagogischer Forschungsverbund Südwest, Stuttgart (Autoren: Sabine Feierabend und Thomas Rathgeb) www.mpfs.de; **166.Mitte** Mauritius Images (Reinhard), Mittenwald; **166.oben** Corbis (Chase Swift), Düsseldorf; **166.unten** Mauritius Images (age fotostock), Mittenwald; **194.oben links** Landessportbund Berlin e.V., Berlin; **194.oben rechts** aus: Hansjörg Rey/Thomas Rögner, No Way. Bike, Trial, Tricks. Für alle Mountainbiker. Delius Klasing Verlag, Bielefeld, 2004.; **194.unten links** Meyer & Meyer Fachverlag & Buchhandel GmbH, Aachen; **194.unten rechts** Jürgen Kittsteiner, Peter Neumann: Klettern an der Boulderwand © 2002 Kallmeyer in Verbindung mit Klett/Erhard Friedrich Verlag GmbH, Seelze – Velber; **195 und 198** Klett-Archiv (Peter Nierhoff, Köln), Stuttgart; **199.oben** Klett-Archiv (Peter Nierhoff, Köln), Stuttgart; **199.unten** Klett-Archiv, Stuttgart; **201** Imago, Berlin; **208** f1 online digitale Bildagentur (Ojo Images), Frankfurt; **209** Buchcover: Andreas Schlüter: Level 4 – Die Stadt der Kinder, Umschlagillustration: Karoline Kehr © Deutscher Taschenbuch Verlag GmbH & Co. KG, München; **211** Stadtbibliothek Essen; **212** J.R.R. Tolkien: Der Kleine Hobbit. Copyright 1974 für das Umschlagbild von Klaus Ensikat: Deutscher Taschenbuch Verlag, München; **214** Kevin Henkes: … und dann kam Joselle © für das Cover von Carolin Beyer: Deutscher Taschenbuch Verlag, München; **220.oben links** Getty Images (Jerome Tisne), München; **220.oben Mitte** Corbis (Rob Lewine), Düsseldorf; **220.oben rechts** Getty Images (TAXI/Kate Powers), München; **220.unten links** Mauritius Images (AGE), Mittenwald; **220.unten Mitte** Getty Images (James Darell), München; **220.unten rechts** Getty Images RF (Ryan McVay), München; **224** Ullstein Bild GmbH (Imagebroker.net), Berlin; **228** Verlag Beltz & Gelberg, Weinheim; **230** Blinde Kuh, Hamburg

Sollte es in einem Einzelfall nicht gelungen sein, den korrekten Rechteinhaber ausfindig zu machen, so werden berechtigte Ansprüche selbstverständlich im Rahmen der üblichen Regelungen abgegolten.

Grammatische Grundbegriffe (Übersicht)

Begriff	Erklärung	Beispiel
Adjektiv, das	Eigenschaftswort, Wie-Wort	*klein, groß, dick*
Adverb, das	Umstandswort	*heute, sehr, vielleicht*
Adverbialbestimmung	Satzglied; Umstandsbestimmung z. B. des Ortes, der Zeit, der Art und Weise oder des Grundes, antwortet auf die Fragen „Wo?", „Wohin?", „Wann?", „Wie lange?", „Wie?", „Auf welche Art und Weise?", „Warum?"	Er kam *dahin* (Ort). Sie treffen sich um 9 Uhr (Zeit). Es regnete *ununterbrochen* (Art und Weise).
Akkusativ, der	Kasus (Fall); Wen-Fall, 4. Fall	der Nachbar – *den Nachbarn* die Nachbarn – *die Nachbarn*
Akkusativobjekt, das	Satzglied, antwortet auf die Frage „Wen oder was?"	Sie traf *Paul* (*Wen* oder *was*) vorm Kino.
Anredepronomen, das	Anredefürwort	*du, ihr, Sie, Ihnen*
Artikel, bestimmter	Begleiter des Nomens, Geschlechtswort	*die* Frau, *der* Tisch, *das* Haus
Artikel, unbestimmter	Begleiter des Nomens, Geschlechtswort	*ein* Haus, *ein* Stuhl, *eine* Frau
Attribut, das	Beifügung, nähere Bestimmung eines Bezugswortes	ein *schönes* Haus
Aufforderungssatz, der	Satz, der verwendet wird, wenn man um etwas bittet oder wenn man jemanden zu etwas auffordert; steht mit Ausrufezeichen, selten mit Punkt, am Ende.	Gib den Ball ab! Lies den Text!
Aussagesatz, der	Satz, der verwendet wird, um etwas mitzuteilen	Sarah geht ins Kino.
Dativ, der	Kasus (Fall); Wem-Fall, 3. Fall	der Nachbar – *dem Nachbarn* die Nachbarn – *den Nachbarn*
Dativobjekt, das	Satzglied, antwortet auf die Frage „Wem?"	Sie gibt *ihm* (*Wem?*) etwas.
Deklinationsendungen, die	Endungen der Nomen in einem bestimmten Kasus/Fall	der Hund (Nominativ), des Hund*es* (Genitiv), den Hund*en* (Dativ Plural)
Demonstrativpronomen, das	hinweisendes Fürwort	*dieser, diese, dieses*
direkte Rede, die	wörtliche Rede	Peter sagt: *„Ich fahre mit dem Rad zur Schule."*
Endbaustein, der	Wortteil, der bei zusammengesetzten Wörtern verwendet werden kann; steht nach dem Wortstamm	*-bar, -ig, -isch, -lich, -los, -sam, -en, -eln, -ern, -er, -heit, -keit, -nis, -ung, -tum*
Fragesatz, der	Satz, der verwendet wird, wenn man etwas wissen will, vgl. Entscheidungsfrage, W-Frage	Kommst du aus Frankreich? Wie komme ich bitte zum Bahnhof?
Futur I, das	Zeitform des Verbs zum Ausdrücken der Zukunft	ich *werde singen*, du *wirst kommen*
Genitiv, der	Kasus (Fall); Wes-Fall, 2. Fall	das Buch – *des Buches* die Bücher – *der Bücher*
Hauptsatz, der	selbstständiger Satz, kann für sich allein stehen	Das Haus dort drüben ist rot.
Hilfsverb, das	Verb, das auch zur Bildung des Perfekts verwendet wird	*haben, sein, werden*
Infinitiv, der	Grundform des Verbs, ungebeugte Form des Verbs	*gehen, schwimmen, spielen*
Kasus, der	Fall	Nominativ, Genitiv, Dativ, Akkusativ
Komparativ, der	1. Vergleichsstufe (des Adjektivs); Steigerungsstufe, Mehrstufe	schön – *schöner* – am schönsten
Konjugation, die	Beugung des Verbs	ich *ging*, du *schwimmst*
Konjunktion, die	Bindewort, verbindet Satzteile oder Teilsätze	*und, oder, aber, sondern, denn, als, bis, weil, wenn, obwohl, dass*
Konjunktionalsatz, der	Nebensatz, der durch eine Konjunktion eingeleitet wird	Ich wünsche mir, *dass Paul mich heute abholt.*
Nebensatz, der	unselbstständiger Satz, kann nicht für sich allein stehen	Ich esse die Suppe, *die ich gekocht habe.*
Nomen, das	Namenwort, Dingwort, Hauptwort, Substantiv	*Lisa, Ankunft, Tisch*
Nominativ, der	Kasus (Fall); Wer-Fall, 1. Fall	Der Mann – *die Männer*
Objekt, das	Satzergänzung, Satzglied; vgl. Akkusativobjekt, Dativobjekt	